汉代文化研究

赖少伟◎著

文化发展出版社
Cultural Development Press
·北京·

图书在版编目（CIP）数据

汉代文化研究 / 赖少伟著 . -- 北京 ：文化发展出版社，2024. 9. -- ISBN 978-7-5142-4476-2

Ⅰ . K234.03

中国国家版本馆 CIP 数据核字第 20243JF105 号

汉代文化研究

赖少伟 著

责任编辑：岳智勇　　责任校对：侯　娜

责任印制：邓辉明　　封面设计：守正文化

出版发行：文化发展出版社（北京市翠微路 2 号 邮编：100036）

网　　址：www.wenhuafazhan.com

经　　销：全国新华书店

印　　刷：天津和萱印刷有限公司

开　　本：710mm×1000mm　1/16

字　　数：200 千字

印　　张：11.75

版　　次：2025 年 3 月第 1 版

印　　次：2025 年 3 月第 1 次印刷

定　　价：72.00 元

I S B N：978-7-5142-4476-2

◆ 如有印装质量问题，请电话联系：010-58484999

前　言

崛起于渭河南岸的汉都长安城，经过汉初近百年建设，以其蜿蜒如斗状的高大城墙、雄伟壮丽的宫阙楼阁、四通八达的交通要道、商贸繁荣的东西两市、星罗棋布的陂池苑囿，成为当时规模最为宏大的世界都市。在这座充满历史气息的古城里，汉代的政治家在秦末的废墟之上励精图治、休养生息，创造了“文景之治”和“汉武盛世”；张骞等外交家开辟了“丝绸之路”，促进了东西方经济文化交流；卫青、霍去病、李广等军事家出师北征，昭君等出塞和番，促进和维护了汉匈两大民族的稳定团结；司马相如、扬雄等文学家，写出了皇皇大赋，张扬了民族精神，从而大振国力和民魂，创造了一出出威武雄壮的历史活剧，激扬起令后人不断惊叹的大汉雄风。至今，我国的主要民族为汉族，主要民族语言为汉语，文字为汉字，它们都彰显着汉王朝对中华民族历史的巨大影响和贡献。

汉代主体文化产生于中华文化史的重要阶段，其发展昌盛，传承悠久，影响深远。概括言之，汉代文学成就辉煌，其中散文特色鲜明、赋体风貌侈丽、诗歌新颖优秀、传记体式成熟、小说开始萌生；汉代史学著述丰盈，如《史记》《汉书》《汉纪》等，可以说是历代史籍的楷模；汉代哲学也颇发达，当年有诸子学说、黄老学派、伦理纲常议论，最终儒学成为独尊的官方哲学。

本书内容共六章。第一章为汉代文化概述，介绍了汉代制度文化与物质文化、汉代精神文化以及汉代文化特色与形成原因；第二章介绍的是汉代思想与学术，主要内容包括汉代思想学术发展概述、汉代学校教育以及纬书与汉代经学；第三章为汉代文学，主要内容有汉代文学概述、汉代散文、汉赋与汉诗、汉代传记以及汉代小说与戏剧；第四章介绍了汉代艺术，包括汉代雕塑艺术、汉代绘画艺术、汉代乐舞百戏文化以及汉代瓦当文化；第五章介绍了汉代风俗文化，主要内容有汉代风俗文化概述、汉代孝文化、汉代丧葬文化、汉代婚俗文化以及汉代礼俗文化；第六章为汉代社会生活，介绍了汉代服饰文化、汉代饮食文化以及汉代居住文化与出行文化。

在撰写本书的过程中，笔者参考了大量的学术文献，得到了许多专家学者的帮助，在此表示真诚感谢。由于笔者水平有限，书中难免有疏漏之处，希望广大同行及时指正。

赖少伟

2024 年 2 月

目录

第一章 汉代文化概述

我国古代社会发展达到的第一个高峰就是汉代。汉代的发展成果不仅让人们感到骄傲和自豪，也是我国引发全世界关注的起点。在我国的两汉时期，当时的人们借助丝绸之路的力量，凭借辉煌的文化赢得了全世界的尊重。目前，汉族是全世界范围内人数最多的民族，因此汉语也成为全世界使用人数最多的语言。在汉文化的影响下，中华民族的文化得以在历史长河中不断发展繁荣，而外国学者对我国文化的专项研究就叫作汉学研究。本章将从汉代制度文化与物质文化、汉代精神文化、汉代文化特色与形成原因三个方面展开对汉代文化的研究。

第一节 汉代制度文化与物质文化

一、制度文化

在西汉初期，秦朝的统治者暴虐无道，再加上连年的战争，导致了社会经济的衰败，社会结构变得不稳定。因此汉初时期的人口逐年下降，城市人口仅剩下原来的三分之一左右，甚至出现了“自天子不能具钧驷，而将相或乘牛车，齐民无藏盖”[①]的现象。西汉政权在这一社会背景下，亟待解决的问题是维持社会的稳定，繁荣社会的经济。

我国历史上首次实行中央集权专制统治的朝代是秦朝，这一体制也被后人称为“秦制”。汉朝在其统治时期也大体延续了这一套制度。所谓“汉承秦制”，主要指的是“至于高祖，光有四海，叔孙通颇有所增益减损，大抵皆袭秦故。自天子称号下至佐僚及宫室官名，少所变改”[②]，这就是汉朝统治者对“秦制”的继承和发扬。

---

① 司马迁．史记[M]．北京：中华书局，1959．

② 司马迁．史记[M]．北京：中华书局，1959．

换句话说，西汉政治制度虽然在继承的过程中也做出了一些改变，但基本上还是延续了秦朝制度的特点。在汉朝推翻秦朝的统治之后，“皇帝”这一称呼被保留了下来，百官体系也没有太大的变动，政府的运作方式基本得以延续。如果从统治者个人的角度出发，我们对比分析汉武帝刘彻和秦始皇的统治举措后，可以明显发现汉文化与秦文化是一脉相承的关系。

在西汉初期，国家的统治体制仍是中央集权制。皇帝作为最高统治者，在其之下设有“三公”，分别是丞相、太尉和御史大夫，分管不同领域的工作。在“三公”的架构之下，设有“九卿”，负责社会治理和皇宫内部的各项事宜。在保留秦朝郡县制度的基础上，汉朝初期汉高祖刘邦还对诸侯进行分赏，使得郡县和诸侯国并存在一个国家中。郡县官制大体上还是以秦朝时期的官制为主，封国官职则模仿了中央的行政制度。乡、里仍然是县级以下的基层组织。

汉武帝在位期间，为了加强中央对基层的统治，设立了州一级的行政机构，“州”主要起到的是监督作用，管理郡及郡以下的行政机构。这一制度在西汉时期逐渐发展，到东汉时期得以正式确立。在公元前 106 年，郡之上设置了 13 个州部，每个州部都配有刺史，州部负责郡内的各项事务。此时的州部还没有成为真正的行政区，主要的作用是监察。在东汉末年，社会动荡不安。汉中平年间，朝廷对刺史的选拔更为严格，刺史需要被派到地方负责管理一州的军民事务。这一举措标志着州正式成为行政区划。从这时起，我国地方行政体制由过去的郡县二级制度转变为州、郡、县三级制度。

郡国并行制的实行为社会稳定带来了隐患，诸侯的野心不断膨胀，对天子的位置发起了挑战，迫使汉朝政府开始采取多种措施对诸侯的势力进行打压。自公元前 202 年至公元前 195 年，汉高祖以谋反之罪处决了韩信、彭越、英布、臧荼等诸侯，将张敖降为列侯，韩王信逃至匈奴，仅剩下吴芮这一实力最弱的诸侯。伴随着废黜异姓王行动的展开，汉高祖吸取灭亡的秦朝因孤立无援而失败的教训，陆续册封了九个刘姓的诸侯，以取代异姓王的地位，希望同姓诸侯能够协助皇帝巩固汉朝的统治。实际上，实行封国制对中央集权一定会产生削弱的作用。随着经济的发展和社会的进步，诸侯的势力范围逐渐扩大，形成了“尾大不掉”的局面。汉文帝和汉景帝分别推行了减少诸侯势力的“众建诸侯而少其力”政策和“削藩”政策，并平息了七国之乱。汉王朝对七国之乱的镇压严重降低了诸侯势力对中央集权的影响。汉武帝登基后，继续实行强化中央集权的统治政策，持续削弱地方割据势力。在公元前 127 年，汉武帝接受了主父偃的提议，发布了“推恩令”，其目的在于减少单个诸侯国的影响范围。在“推恩令”的影响下，较大的诸侯国只有几座城市，较小的诸侯国领地仅有几十里（1 里 =500 米）。随后，汉武帝实施了“左官律”，并推行“附益”之法。“左官律”规定的主要内容是，在诸侯王国担任官职的人员不能够进入中央政府任职，他们的地位永远无法超过中央任命的官员。“左官律”颁布的目的在于将全国的人才纳入中央，防止诸侯国笼络更多的人才。“附益”之法更是将诸侯国和中央官吏相割裂，防止中央官吏与诸侯结党营私。在公元前 112 年，汉武帝以诸侯献上的“酎金”质量不佳为由，削去了一半列侯的爵位。至此，封爵制度已经是名存实亡了，一些王侯仅有封号，他们对封地失去了统治权。在以上措施的实行下，汉初以来诸侯分裂割据的问题已经得到了有效解决。

为了稳固汉朝的统治江山，西汉朝廷增强了皇室的武装力量。在皇宫周围设立南北军，起到保卫中央安全的作用，因此南北军也被称为常备军，卫尉和中尉分别是南军和北军的统领。地方上也有相应的武装力量，在不同的地区，根据当地的特点，设立预备军，预备军有步兵和骑兵两类，平时由地方官员负责日常管理及相关的事务。

我国的法律最早出现在汉初时期。刘邦入关后，与百姓“约法三章”，但是这一约定不能算是国家层面上的法律制度。西汉政权成立后，刘邦指示萧何依照《秦律》制定本朝的《汉律》。萧何便在《秦律》的基础上新增了 3 章，删除了那些连坐制度，一共 9 章内容，因此《汉律》也被称为《九章律》。张家山汉简为学术界研究汉代初期的法律提供了重要的原始资料。

汉武帝为了加强中央集权，还在官吏制度方面进行了改革。为了加强中央集权，汉武帝对丞相的权力加以限制，所有的政务必须由他过目，并且九卿可以越过丞相向皇帝汇报。此外，还设置了中外朝的制度，“中朝”指的是皇帝亲自提拔的尚书、常侍等官员，这些官员是皇帝的智囊，替皇帝出谋划策，帮助皇帝进行决策。由此，丞相等高级官员的权力被削弱，成为朝廷的执行机关，不参与决策的制定。

为了巩固封建统治的基础，汉武帝对官员的选拔进行了改革。在汉初时期，官员的擢升主要有两个渠道：一是根据政绩任命官员；二是从郎官中选拔人才，即从中郎、侍郎、郎中、议郎等人员中选拔官员。郎官的任务是负责宫殿的安全并且随侍皇帝，一旦中央或地方官员产生了职位的空缺，就可以从郎官中选拔优秀者进行替补。郎官的选拔也有一定的弊病，即郎官多是贵族阶级，难以选拔出真正有才学的人才。汉武帝实施的官员选拔措施有：第一，推行察举制。在汉文帝时期虽然有“举贤”一说，但没有形成体系化的选拔制度。汉武帝开始确立明确的“举贤”制度，对那些由朝中官吏推荐的人进行考核后，任命他们担任一定的官职。在察举制实行了一定的时间之后，汉武帝开始考虑根据全国的人口数量进行选举，取消了对个人财产的要求，这有助于改进选拔制度；第二，实施“征辟”制度。皇帝亲自选拔并召见那些有能力但不愿意进入官场的人，在皇帝召见之后，合适的人才会被任命为官员。第三，实行“上书拜官”制度，各地官员和百姓可以将自己对社会治理的看法和意见形成书面文件，上书给朝廷，那些有见地的官员和百姓会被授以官职。此外，那些精通儒术，或者在考试中表现优异的博士弟子也可被录取为官。在公元前124年，汉武帝接受了董仲舒的献策，采用了公孙弘的方案，成立了太学，实行每年举行一次的考试制度，对于能够通晓一经以上者，可以任命为文学掌故，成绩优异的考生可以入选郎官。汉武帝凭借这些有力的措施，选拔了数量众多的人才，他们为国家的建设和社会的治理建言献策。因此，在汉武帝统治时期，人才辈出，史书记载“汉之得人，于兹为盛。儒雅则公孙弘、董仲舒、倪宽，笃行则石建、石庆，质直则汲黯、卜式，推贤则韩安国、郑当时，定令则赵禹、张汤，文章则司马迁、相如，滑稽则东方朔、枚皋，应对则严助、朱买臣，历数则唐都、洛下闳，协律则李延年，运筹则桑弘羊，奉使则张骞、苏武，将帅则卫青、霍去病，受遗则霍光、金日磾，其余不可胜纪”。① 与西汉不同，东汉官僚体制的改革是对中央集权的强化，通过取消丞相之职和削弱“三公”的权力来增强皇帝的决策权力。刺史成为权力最大的地方长官，并取消了地方军队。加强了内朝中宦官和外戚的影响力，与外朝形成抗衡的局面。东汉官僚体制的改革深刻影响了三国时期的官制。

外戚和宦官在两汉时期拥有极大的权力。外戚和宦官依附于皇权制度，并在一定程度上扰乱了朝政的秩序。在两汉时期，外戚和宦官相互交锋，时而是外戚掌握朝政大纲，时而是宦官执政。这一局面出现的原因是在两汉时期，很多皇帝在年幼时期登基，还不能够执政，太后把持着朝政，太后为了稳定朝堂中的各股势力，需要依靠本家族的力量强化统治，本家族的力量也就是外戚。在太后去世后，皇帝为了强化自己的统治力量，就需要在铲除外戚势力时借助宦官的力量。年幼的皇帝在宫中无所依靠，只能将宦官作为自己的武器，导致宦官势力得以壮大。然而，随着皇帝逝世，新一轮的交锋又开始了，在这一恶性循环之下，两汉的政治局面也受到了干扰。

① 陈朴，徐峰．汉书译注 [M]．2 版．上海：上海三联书店，2018．

二、物质文化

在两汉时期，社会的物质文化也得到了较大的发展，社会的发展历经了“文景之治”“汉武盛世”“昭宣中兴”“光武中兴”“明章之治”等多个繁荣阶段，汉朝经济蒸蒸日上。自公元前202年刘邦登基称帝至汉武帝统治时期，西汉的经济经历了几个繁荣期，这对物质文化建设起到了积极的作用。正如《史记》记载：“汉兴七十余年之间，国家无事，非遇水旱之灾，民则人给家足，都鄙廪庾皆满，而府库余货财……太仓之粟陈陈相因，充溢露积于外，至腐败不可食。众庶街巷有马，阡陌之间成群。”[①]这充分反映出汉代社会的繁荣景象。

（一）农业

农业的大发展主要借助于工具的技术提升，铁器和牛耕的广泛应用促进了农业的进步。一是水利设施的兴建。在汉代时期，关中地区为了便利灌溉开凿了几条较为宽广的渠道。在公元前129年，为了运输从关东而来的漕粮，水工徐伯带领几万名民工开始了漕渠的建设。漕渠的位置在渭河南岸，向东流入黄河，全长超过一百千米。在工程完成之后，不仅能够达到运输粮食的目的，漕渠所流经的两岸有万余顷（1公顷=0.01平方千米）地也能够得到灌溉。在修建漕渠时，朝廷也在招募民工修建龙首渠。这条水渠以陕西省澄城县状头村的洛水为源头，用来灌溉陕西省蒲城和大荔一带的田地。龙首渠途径商颜山，但是这片土壤较为疏松，如果使用传统的施工方法，很可能导致山地崩塌。为了解决这一问题，劳动人民创造性地发明了“井渠法”，成功地让龙首渠通过商颜山的地下，流向蒲城和大荔。龙首渠也是我国历史上第一条地下水渠。公元前111年，为了完善郑国渠的灌溉功能，又在这一渠道的上游修建了6条辅助渠道，即六辅渠。公元前95年，修建了白渠，将泾河水从谷口（今陕西省泾阳县）引至栎阳。白渠的长度共200里，灌溉的面积超过4500顷，水中泥沙含量丰富，有助于肥沃土地。此外，还利用汶水、黄河水和淮水进行灌溉。

东汉前期，政府十分重视水利的作用。在明帝统治时期，就有专人负责治理黄河，将被黄河淹没的地区改造成为肥沃的土地，和水利相关的工具和工程也得到了发展。在不同地域的东汉墓葬中，常常可以看到水田和池塘相组合的模型，有和水田连接的池塘，在一些水渠的出口处还设置了闸门。在汉灵帝统治时期，宦官毕岚将实践的经验进行了总结和归纳，创造了翻车和渴乌工具，使得当时的

① 司马迁. 史记[M]. 北京：中华书局，1959.

灌溉水平有了很大提升。在崔寔的《四民月令》中，描述了地主耕种的细节。这种乡村庄园的农业经营，将农时和节气作为耕种的根本，在平时的耕种过程中就十分注重除草施肥，并从土壤的不同性质出发，耕种不同的作物类型，种植的密度也因地制宜。通过定期翻耕晾晒田地，实行双季轮作，显著提高了土地的种植效率。

二是农耕技术的进步。在两汉时期，农业生产技术得到了快速的发展，代田法和区田法被发明出来。汉武帝时期，搜粟都尉赵过根据北方的干旱情况制定了一种耕种方法，叫作代田法。这种方法将1亩（1亩=666.6平方米）土地定制为6尺（1尺=0.33米），其中包括3个圳和3个垄，它们是交替排列的状态。在第一年种植时，将种子撒在圳底部，在耕作时逐步将垄上的土和草割入圳以培育幼苗的根系，直到夏天时，圳垄的高度已经相当。在第二年种植时，耕作的顺序是完全相反的。实践证明这种耕作方式对作物的生长是十分有利的，能够起到提高产量的效果。

代田法最初在三辅地区开始实施，后来被推广至全国各地。区田法是一种古代的耕作方式，最早的记录可追溯至成帝时期《氾胜之书》中的记载。详细操作步骤是在田地中间开凹槽或挖小坑，这些凹槽或小坑被称为“区”，然后在区的中心点进行种子的播种。在播种前，需要先进行溲种这一步骤，也即是完成施肥的过程。在播种后，需重视除草的作用，并确保适当的灌溉以保持土壤湿润。这种耕种方法的优势是在面积有限的耕种土地上提升单位产量。此外，这一方法适用于坡地的耕种，可以扩大实际的耕种范围。由于区田法对具体实施的要求较高，需要耗费大量的人力和物力，所以没有得到有效的推广。

东汉时期，豪绅大族经济是当时社会经济的重要组成部分。各地富豪和地主对土地进行了垄断，他们雇佣了大量的农民，建立了大型田庄，并推动了庄园经济的发展，有些地主甚至拥有私人武装，这些私人武装最后成了社会动荡的根源。

在两汉时期，由于社会的不断发展，社会经济也得到了长久的进步，当时的农业耕种技术足以满足接近6000万人口的生存需要。在秦朝末期，在战乱的影响下，人口减少。西汉初期，人口仅为1500万至1800万。在汉初时期，社会安定、经济繁荣，人口数量快速增长。我国历史人口达到了第一次高峰，到了唐代才打破了这一记录。

（二）手工业

两汉时期，手工业也迎来了发展的繁盛期，具有大规模、多种类的特点。

中华民族对世界文明的贡献是十分突出的，贡献之一就是纸张的发明。多年来，人们一直认为东汉蔡伦是纸张的发明者。这个看法主要是基于《后汉书·蔡伦传》中对造纸术的相关描述。在东汉之前，竹简和丝织品是人们记录事件、传播知识的载体，使用起来并不太方便。蔡伦将树皮、麻头、破布、旧渔网等材料相结合，制造出了一种新的书写材料——纸张。公元105年，蔡伦为皇帝献上了自己的发明，并受到皇帝的称赞。从那时起，纸张开始进入千家万户，便利了知识的普及与传播。人们为了赞颂这一功绩，便将纸称为“蔡侯纸”。但是，近年来大量考古挖掘资料显示，西汉时期就有了纸张的使用，如“灞桥纸”和“扶风纸（中颜纸）”，以及甘肃天水放马滩5号汉墓出土的天水西汉纸质地图等，有力地论证了这一论点。可见，东汉时期蔡伦只是对造纸术进行了改良，使得纸张制作的过程更为便捷。从魏晋时期开始，造纸术的应用范围开始扩大到国外。

汉代的砖瓦制作工艺精妙绝伦，不仅是用于工程的建筑材料，还具有较高的艺术价值，是过去的人们留给后代的宝贵财富。后人对空心砖和方砖上的图案进行了深入的研究。汉代瓦当上绘制的图案种类丰富、画面可爱，主要包括三种——文字瓦当、云纹瓦当、图像瓦当，这些瓦当做工精细，从侧面反映了当时的陶瓷制作技艺已经达到了一个较高的水平。四神瓦当是汉代砖瓦制作工艺的集大成者，它们在瓦当上各自刻有代表四方的四神兽：东方青龙、南方朱雀、西方白虎、北方玄武。

在西汉时期，我国就开始了对能源的探索，主要体现在对天然气的开采上。据《汉书·地理志》记载，汉武帝时期，江西和四川地区就有了数量众多的气井。西汉的冶铁技术水平高、规模大，《盐铁论》中有“采铁石鼓铸，煮海为盐。一家聚众，或至千余人”[①] 的记载，其规模可见一斑。在汉代，铁器成为当时最主要的生产工具。但在那个时期，铜矿的开采和冶炼都已经形成较大的规模，因此当时的铜产量高，出现了供大于求的问题，促进了铜器制造业的发展和繁荣。在西汉时期，普通农民也能够用得起铜制作的各类器具。著名的“长信宫灯”就是西汉时期的工艺品。长信宫灯的宫女形象栩栩如生，设计结构十分巧妙，且具有拆卸功能。灯盘可以随意旋转，灯罩可以根据需要打开或者是关闭，灯光的明度和照射的角度都是可以调节的。宫女的头部是可以拆除的，身体中空，右臂和烟道是互通的关系。蜡烛的烟从烟道进入，进入了宫灯内部，达到了清新室内空气的效果。在西汉时期，金属工艺品制作技艺就已经十分精湛了。在战国时期，我国

① 马非百．盐铁论简注[M]．北京：中华书局，1984．

工匠已经熟练掌握了错金银的工艺技术，西汉时期的匠人能将金、银制作成极细、极薄的金箔银箔和金线银线，这些金箔银箔和金线银线能够镶嵌在金属的器皿上，使得这些器皿具备较高的观赏性。

两汉时期的纺织工艺也已经达到了一个较高的水平。据葛洪辑抄的《西京杂记》记载，早在西汉时期，我国已经有了可以用来绣花的机器。西汉时期的衣物做工已经十分精致了。马王堆汉墓出土的各种衣物，数量和种类众多，而且保存的效果较好，为我们深入了解古代纺织技术提供了重要历史资料。1 号墓旁箱子里出土的织物，基本保存在竹筒中。除 15 件相当完整的衣物之外，还有 46 卷单层的织品。这些织物都以芦苇茎为主干卷放整齐，表现出相互匹配的效果。在 3 号墓中发现的丝织品和衣物虽不像 1 号墓那样保存完好，甚至都已经辨认不清楚形状了，但 3 号墓的衣物与 1 号墓的品种差不多，只是锦的颜色更为丰富。汉代纺织技术发展的代表性成果是素纱和绒圈锦。素纱蝉衣是我国纺织技术的代表作品，重量不足 49 克，其体现了当时我国缫纺技术的发展水准之高。西汉王朝高水平的丝织品深受亚洲和欧洲人的喜爱，因此他们愿意以昂贵的价格买走我国的丝织品，后来在这种来来往往的通商交易中逐渐形成了著名的丝绸之路，开辟了东西方经济和文化沟通的渠道。

汉代的玉器制造工艺也达到了较高的水平，尤其是礼器的制作具备了世界一流水准。汉代玉器在外观和手感上都无可挑剔。在汉代，钢材的广泛应用使得玉器的阴刻、阳刻、雕花、钻孔、打磨、抛光等技术都取得了显著进步，同时透雕、圆雕工艺也达到了较高的水平。在汉代，玉匠能够将一颗颗不起眼的石头雕刻为艺术珍宝，尤其是为皇室成员制作的礼制衣物，制作工艺达到了非常高的水准。在东汉时期，主要的手工业包含的范围十分广泛，包括煮盐、冶铁、铸铜、漆器和纺织等产业。这些产业平时主要由私人经营，生产技术随着经济繁荣得到了快速发展。较为重要的技术成果是“水排”，这台机器的主要材料是木头，需借助水力来驱动，鼓风的部分是由牛皮制作而成的。《后汉书·杜诗传》记载，建武时期，杜诗为南阳太守，“造作水排，铸为农器，用力少，见功多，百姓便之”[①]。冶铁技术也是东汉时期一项十分重要的技术成果，随着低温炼钢法的发明，东汉的冶铁技术也得到了快速的发展。在低温炼钢法的推广下，工业中的钢材使用变得更加普遍。因此，铁兵器最终取代了铜兵器的使用。

① 范晔. 后汉书[M]. 北京：中华书局，1965.

（三）商业

汉王朝也和历代王朝一样，实行“重农抑商”的政策，虽然《史记》中记载，“高祖乃令贾人不得衣丝乘车，重租税以困辱之”[①]，但实际上，西汉初年（公元前202年）还是采取了有利于商业发展的政策。于是“富商大贾周流天下，交易之物莫不通”[②]，商业贸易变得十分发达。商人具有较强的经商头脑，通过努力的经营，他们很快就积累了大量的财富。他们富足无比，凭借丰厚的财力，在其商业的影响范围内，结交、笼络当地的官员。在汉代的京都，商业贸易繁荣发展，促进了社会的整体发展。因为长安城内商业贸易活跃，所以政府部门在长安城中设立了东市和西市两种面向不同消费群体的市场，以满足商贸活动的需求，所以东市和西市也是当时的主要贸易场所。

市场周围布有围墙，汉代时期的人们所称的“立市”，就是在市场周围建立围墙的过程。当时的市场管理部门设在“市楼”。市楼中的官员负责对市场的交易秩序进行维护、管理大宗商品、统计商人的户籍，并按照法律的要求开启和关闭市场。负责市场日常事务的官员可以登上市楼，观察市场的情况。班固在他的《西都赋》中描写长安商业市场的盛况是“九市开场，货别隧分。人不得顾，车不得旋”。

长安和洛阳本就是当时的贸易中心，加上丝绸之路的开通，更加促进了长安和洛阳两个城市经济的发展。

在东汉时期，商品经济在稳定的社会环境中得到了发展。东汉中期的学者王符曾说：“今举俗舍本农，趋商贾，牛马车舆，填塞道路，游手为巧，充盈都邑，务本者少，浮食者众，‘商邑翼翼，四方是极。’今察洛阳，资末业者什于农夫，虚伪游手什于末业。是则一夫耕，百人食之，一妇桑，百人衣之，以一奉百，孰能供之！天下百郡千县，市邑万数，类皆如此。”[③]仲长统也指出，“豪人之室……船车贾贩，周于四方；废居积贮，满于都城。琦赂宝货，巨室不能容；马牛羊豕，山谷不能受”[④]。由此可见，市场上货物的往来数量令人惊叹。

《史记》对西汉时期的经济区域划分状况有所记载，当时西汉的经济区域已经形成了，而且在区域的中心都有大的城市。关中地区水热条件较好，且土地肥

① 司马迁．史记[M]．北京：中华书局，1959．
② 司马迁．史记[M]．北京：中华书局，1959．
③ 范晔．后汉书[M]．北京：中华书局，1965．
④ 范晔．后汉书[M]．北京：中华书局，1965．

沃，是全国最富裕的地方。经过实际测量，长安城的外围周长为 21 500 米。拥有12 个城门、8 条长街、9 条大道、160 闾里，数十万人口。当时的经济区域中心有洛阳、邯郸、临淄、宛（今河南省南阳市）、成都，这 5 个城市也是全国的都会。

第二节　汉代精神文化

一、思想

在西汉初期，当时的皇帝为了促进社会经济的发展，吸收了“无为而治”的思想，百姓安居乐业、社会繁荣、国家稳定。然而，长期“无为而治”的统治思想也为社会的发展带来了一定的弊端。汉武帝登基后，开始从儒家的治国思想中吸收经验，制定了“罢黜百家，独尊儒术”的政策，这使得儒家思想成为当时社会的主流思想，并延续至今。两汉时期，儒家思想受到了统治阶级的推崇，也因此而发扬光大。同时，统治阶级还扼杀了学术领域的自由思想，将与统治思想相左的学说遏制在摇篮里，严格控制思想学说的发展。从此以后，文化教育更具意识形态的特性，其开展过程和封建政治的要求紧密相连。文化教育也成为统治阶级的有力武器。

汉武帝在文化教育方面的重要举措是设立了太学，设置五经博士并招收弟子，这也是我国历史上首次开设的由读书获取功名的通道。太学的位置在汉长安城南的安门外，是当时的最高学府。根据董仲舒的观点，教化的核心在于太学这一机构。为了培养出能够为封建统治阶级服务的人才，太学对人才的选拔标准是十分严格的。博士弟子在后期逐渐演化为太学生。太常平时负责文化礼仪、宗教祭祀等事务，因此也负责选拔太学生的工作。在汉武帝执政时期，选拔博士弟子的数量较少，通常只有 50 名，要求年龄在 18 岁及以上，不仅要品行合格，还要自觉维护封建统治阶级的利益。读书人想要进入太学需要经过地方的推荐和太常的审查确认。在汉昭帝时期，博士弟子扩招为 100 人，后逐渐扩招到 1000 人和 3000 人的数量，到了东汉时期，太学生的人数已经达到了 10 000 人。

西汉末期，儒学思想开始具有神学的色彩，并愈演愈烈，整个社会都开始流行迷信学说，影响了学术的氛围。谶纬是庸俗经学和封建迷信的结合体。谶往往带有预言的性质，以天命和神的旨意为尊，并借助神的力量告知人们社会未来的状况。谶通常包含图像和文字，故被称为图谶。纬是指从宗教迷信的角度出发，对儒家学说的解释，纬书也是借助神的力量，对儒家经典加以解读。刘秀当时通过符瑞图谶来证明他的皇帝身份是顺应了“天命”，符合神的意愿。刘秀建立政权后，又进一步加深了对谶纬的崇拜，甚至将其用作治国施政的重要依据，任用官员和制定政策都要参考谶纬的结果。谶纬也成为注释儒家经典的根本参考。

二、宗教

道教和佛教这两种宗教在东汉时期兴起。在东汉时期，琅琊（今山东省临沂市）人宫崇进献了《太平清领书》170卷，该书被认为是我国最早的道教经典。《太平清领书》的内容可以见于目前流传于世的《太平经》。在东汉末年，道教产生了派别之分，主要分为了三大派别。三大派别之一是太平道，由张角担任教主，传教的范围在黄河流域。第二支为天师道，也被称为五斗米道，张修和张鲁是这一教派的教主，汉中、巴蜀地区是其传教的范围。第三支在长江下游地区传教，于吉为教主。

西汉末期，佛教思想开始进入中国。在东汉明帝时期，蔡愔前往印度学习佛学后返回祖国，在洛阳兴建了白马寺，开始进行佛经的翻译和编撰工作，他开创了我国翻译佛经的先河，汉译本佛经开始在我国流传。东汉末年，安息和月氏的僧人纷纷前来洛阳开展佛经翻译的工作。汉人严佛调研习古代经典著作，并积极参与到翻译工作中。从那时起，佛教的教义进入了我国社会，并影响了后人对佛教的学习。

三、科学技术

《九章算术》是西汉以前许多数学家研究的学术结晶。在西汉前期，数学家张苍、耿寿昌对《九章算术》进行了修改和删除。这本书一共有9个章节的内容，整理了200余道数学题的算法，其中详细描述了当时领先于世界的分数四则和比例算法。此外，还涉及各种面积和体积的计算方法，还在测量的过程中利用了勾股定理，以及开平方、开立方的运算方式。值得一提的是，《九章算术》还记载了负数概念以及正负数的加减法规则。

我国汉朝的天文学已具备了较高的水平，古籍中保存了大量的天象记录。在《淮南子》这部书里，记录了太阳黑子的相关内容，这也是世界上对太阳黑子的最早记载。在汉武帝时期，落下闳发明了浑天仪。在太初三年（公元前102年），制造出了日暑仪下漏刻（水钟），对28星宿进行了初步的测量。在宣帝统治时期，耿寿昌“铸铜为象，以测天文”。这些天文学界的成就也印证了我国是世界上最早发展天文学的国家之一。

在历法方面，汉代初期还是使用秦朝的《颛项历》，新年的起始在十月份。在汉武帝时期，开始使用《太初历》，并将正月作为一年的伊始，并在历法中引入了24节气，便利农耕。在成帝时期，刘歆将《太初历》作为新历法编制的基础，创作了《三统历》，《三统历》更为精密。

东汉天文学家张衡对浑天仪进行了改进并创造了地动仪，使得我国的天文学领先世界1000余年。欧洲直到1700多年后才发明出了类似于地动仪的仪器。另外，张衡是世界上首次对月食有所研究的科学家，他所著的《灵宪》阐述了月食的形成过程。

许慎的《说文解字》是第一部研究汉字的专著，他根据汉字的结构，将汉字进行了归纳，创立了500多个部首，并将9353个汉字按部首分类，论述了汉字的构造规律。张仲景的《伤寒杂病论》是中医学科的奠基之作。在古代，华佗开创了使用全身麻醉进行手术的先河，这一壮举堪称史无前例。

四、文学

汉赋产生于汉代，是一种有韵律的散文。在两汉时期，汉赋是当时最为流行的文学形式，代表了当时文学的最高水平。汉赋的特点在于结合了散文和韵文的形式，并重视叙述和描写的作用。从形式上来看，汉赋的关键在于铺陈文采；在赋体的写作中，重点在于描写事物的性质和表达自己的思想感情。汉赋的主题多样，描写的内容主要包括五种类型：宫殿城市、皇帝狩猎、旅途经历、表达遭遇挫折的感受、讨论动植物。汉赋描写主要的内容还是宫殿和帝王游猎。

作为一个大一统的国家，汉代的文学作品需要对国家和社会发展的景象进行表达，还需要抒发作者的内心情感，因此赋这一文学形式得以发展。赋较为适合描写皇室和都市的生活，这种文体是在受到荀子《赋篇》的影响并融合了楚辞的一些形式后得以形成的。在汉初贾谊的赋作中，楚辞的风格较为突出，因此他的赋作被称为骚体赋。枚乘的《七发》为汉大赋的形成奠定了基础。在汉武帝统治时期，作赋的风气较为流行，涌现出许多赋家及其代表作。例如，司马相如的《天子游猎赋》生动描绘了皇室园林和田猎的场景，而扬雄在《甘泉赋》和《羽猎赋》中也表达了同样的主题。这些赋文写得华丽夺目，往往以赞美和歌颂汉朝统治者的统治为主题。在东汉时期，班固创作了《东都赋》和《西都赋》，张衡则创作了《东京赋》和《西京赋》，这些作品被认为是散体大赋中的经典作品，代表了汉代文学的最高水平。随着汉代统治的衰落，大汉帝国不再强盛，一些有文采、有见识的人开始利用赋诗来表达情感、讽刺现实。张衡的《归田赋》、赵壹的《刺世疾邪赋》、蔡邕的《述行赋》等都是在这一社会背景下创作的。他们的作品已经突破了当时文体的限制，并影响了之后朝代的文学创作。

通常而言，汉赋的结构主要有三个部分，分别是序、本文、结尾，结尾部分也常被称为"乱"或"讯"。在汉赋的写作中，华丽的辞藻和丰富的修辞是作家常用的描述手法，以赞美汉朝的繁盛和统治者的文治武功，而略带讽刺意味的内容只会在结尾处轻描淡写地出现。

汉代的文学除汉赋以外，汉乐府民歌也是一种颇具盛名的文学形式。汉乐府民歌的题材十分多样，内容充满多元化。有一些诗歌揭示了官僚的残酷行径，反映了劳动人民在封建社会生存的苦难，体现了社会中存在的固有矛盾，传递了广大人民的内心渴望；有一些诗歌描绘了社会战争给人民带来的痛苦；有一些诗歌描绘了青年男女之间的悲欢离合；还有一些诗歌反映了社会动荡给人们带来的负面影响。在艺术的表达方面，汉乐府民歌多使用叙事的手法，故事性较为突出，语言简明扼要，不注重辞藻的堆砌，并且句式并不固定，包括了四言和杂言等形式。汉乐府民歌的主要贡献在于开创了五言体诗歌的形式，不仅影响了东汉文人的创作习惯，同时也为建安时期五言诗歌的繁荣奠定了基础。

汉代文人更擅长创作汉乐府民歌，而不擅长写诗。西汉时期的文人诗主要有楚歌，如刘邦的《大风歌》；同时也有风格典雅的四言诗，如韦孟《讽谏诗》。汉乐府民歌对其他文学的产生也起到了较大的作用，促进了五言诗的发展。然而，开五言诗之先河的是班固的《咏史》。随后，五言诗迎来了创作的高峰期，张衡的《同声歌》、秦嘉的《赠妇诗》、赵壹的《刺世疾邪诗》等名作都是在这一时期创作的。《古诗十九首》是汉代五言诗中具有最高成就的作品。《古诗十九首》的作者都是命运多舛的读书人，他们所写的诗大多是为了表达他们的忧愤之情，其诗在艺术的表达方面趋于成熟，因此在民间获得了较高的赞誉，成为我国文学史上五言诗的杰作。刘勰在《文心雕龙·明诗》中赞誉《古诗十九首》为五言诗最杰出的形式，并给予高度评价。

五、史学

在两汉时期，史学领域的研究有了长足的进步，《史记》和《汉书》是这一时期最为经典的两部作品，至今仍被人们传颂。

《史记》是由司马迁所著的经典之作。《史记》是中国历史上第一部使用纪传体编写体例的史书，记录了从黄帝时代到汉武帝时期的3000多年的历史。司马迁以其通晓天人之道，精通古今变迁的能力，创作了《史记》这一纪传体通史。《史记》总共有130篇文章，包括12本纪、30世家、70列传、10表、8书，大约526 500字。

《史记》的产生深刻影响了后代史学和文学的发展方式。后代的历史编纂受到了《史记》的影响，也逐渐开始使用纪传体编史的方法。《史记》也具有极高的文学价值，在中国文学史上具有较高的地位。因此，《史记》被鲁迅称赞为“史家之绝唱，无韵之离骚”[①]，与司马光的《资治通鉴》一起，受到了学者较高的赞誉，其他文学家也都给出了较高的评价。人们赞扬它是因为它不歪曲、夸大事实，其中的实录精神受到了研究者的一致称赞。从《史记》所具有的文学价值来看，司马迁在描述人物形象时，不仅运用了自身丰富的知识，而且融入了个人饱满的情感，从而使得《史记》成为中国传记文学的楷模。《项羽本纪》中的项羽、《李将军列传》中的飞将军李广、《廉颇蔺相如列传》中的蔺相如等人物，都是凭借司马迁的妙笔所塑造的。《史记》以其精湛的人物描写、多样的叙事结构和出色的语言表达，为后世的叙事写作提供了优秀的范本。

东汉时期班固所著的《汉书》可以与《史记》齐名。班固的出生地是如今的陕西省咸阳市扶风县。《汉书》是我国第一部纪传体断代史，也是继《史记》后最重要的史书记载，它和《史记》《后汉书》《三国志》并称为“前四史”。《汉书》记载了230年的历史，从汉高祖元年（公元前206年）记载到王莽地皇四年（公元23年），书中包括纪12篇、表8篇、志10篇、传70篇，共100篇文章，后人在编纂的过程中将《汉书》的内容划分为120卷。《汉书》内容翔实、文笔优美、独具特色，因其读后令人愉悦，因而被赞誉为“汉书下酒”。然而，由于作者班固是儒家理念的推崇者，他的写作风格较为保守，所以在成就上不及《史记》。

六、艺术

每种艺术形式都反映出创作时代的时代背景。除了画像石，汉代的艺术遗产还包括书法碑刻、印章、雕塑、音乐等艺术形式，它们以各自独特的风格展现了当时的审美艺术。尽管形式各异，但都反映出了共同的时代特点，展示了汉代的社会审美风貌。

两汉时期通过对先秦音乐管理机构的研究，吸纳了各地域音乐的精华，尤其

① 鲁迅. 汉文学史纲要[M]. 上海：上海古籍出版社，2005.

是楚国音乐的元素，大大提升了两汉音乐的艺术水平，音乐的形态得到了综合化的发展。相和歌的真挚情感、鼓吹乐的雄壮气势、祭祀乐的神秘神圣，以及乐舞百戏规模和形式的多样，都体现了汉代音乐的时代风骨。这种将多种技艺融合在一起的综合音乐艺术形式，体现了一个典型的音乐时代特征。两汉的音乐风格将生命力与“天人同构”理念充分地融合在了一起，使得时代的不同音乐风格相互交融并产生了丰富的韵味。

汉代建筑是我国建筑史上的精彩篇章，汉代的建筑风格追求的是“天人合一”与雄伟高大的风格。早在西汉天下初定时，萧何就营作未央宫，立东阙、北阙、前殿、武库、太仓，理由是“天子以四海为家，非壮丽无以重威，且无令后世有以加也”①，这体现了当时的统治阶级力求空前绝后的建筑风格。“其宫室也，体象乎天地，经纬乎阴阳，据坤灵之正位，放太紫之圆方”“据坤灵之宝势，承苍昊之纯殷，包阴阳之变化，含元气之烟熅”②，使得有限的建筑空间可以延展到无限的想象空间中去。

虽然汉代距今已有2000多年了，地面上的建筑大多已消失，但一些从墓室中出土的汉代建筑材料为我们提供了相应的研究资料，使得我们能够对当时的建筑开展研究。目前学术界所研究的汉代建筑资料都是从墓葬中出土的汉代建筑明器。这些随葬品基本上都是汉代的建筑模型，真实反映了当时汉代建筑的基本结构。这些建筑的风格体势宏伟，结构复杂。汉代建筑的结构属于庄园建筑，建筑群中的楼观、回廊、高台、仓阁、门阙等处于一个相互交错的状态。庄园的建筑尚且达到了此等水平，皇宫建筑的风格更是独一无二、无与伦比。宫殿之间用飞阁通道相联结，这就是班固《西都赋》所写的“辇路经营，修除飞阁。自未央而连桂宫，北弥明光而亘长乐”。③群体结构是汉代宫殿建筑的基本模式，不仅是王都，地方藩王的住宅建筑也是如此，如王延寿在《鲁灵光殿赋》中所写的，“似乎帝室之威神。崇墉冈连以岭属，朱阙岩岩而双立……连阁承宫，驰道周环。阳榭外望，高楼飞观。长途升降，轩槛蔓延……千门相似，万户如一。岩突洞出，逶迤诘屈。周行数里，仰不见日”④，就是很好的佐证。庞大的群体结构正表明了汉代建筑艺术的精美，在建筑装饰上，追求涂彩饰金的绚丽华美，以达到“屋不呈材，墙不露形”的效果。当时梁冀的第舍也是“柱壁雕镂，加以铜漆，窗牖皆

① 司马迁．史记[M]．北京：中华书局，1959．

② 费振刚．全汉赋校注[M]．广州：广东教育出版社，2005．

③ 费振刚．全汉赋校注[M]．广州：广东教育出版社，2005．

④ 费振刚．全汉赋校注[M]．广州：广东教育出版社，2005．

有绮疏青锁，图以云气仙灵”[①]。河南焦作汉墓出土了7层连阁式陶仓楼，这一楼体的高度达到了2米。这一楼体的结构主要有4个部分，分别是院落、主楼、附楼、阁道，主楼有7层，附楼有4层。这些结构都是用阁道连接的，其全面展示了当时豪强大族的建筑风格，再加上汉代瓦当的装饰作用，汉代建筑更具艺术魅力。

我国独有的书法艺术源远流长。在汉代，书法艺术快速发展，书法美学也在这时得以兴起和发展。值得一提的是，汉代书法艺术经历了一场较大的变革，从过去的象形体系转变为了抽象化的符号体系。艺术情感的展露也从过去的强调形式转变为了追求内在的心灵写照。汉代隶书继承了篆书的传统，同时又为楷书这一书法形式奠定了基础，体现了我国书法的发展历史。在考古研究的过程中，有许多汉代的书法艺术遗存得以重见天日。首先要介绍的是西汉初期的楚地简帛，这一简帛的主要出土位置在湖北江陵凤凰山、张家山的汉墓，以及湖南长沙马王堆的汉墓。楚地简帛上的书法流畅古朴，具有楚地的浪漫风格，和汉代的绘画一样，展现了楚风的独特风格，同时也展现出了汉朝初期南方和北方文化相互交融的情况。其次是汉武帝时期的西北汉简，它出土的地点在居延肩水金关遗址，西北汉简上的书法笔画错落有致、雄伟大度，字体风格各异，展现出当时的人们对字体形态和节奏的探索。这代表了汉代书法艺术在笔墨、意境和结构方面的创新与发展。最后是汉代的碑刻和摩崖石刻，“碑”一开始立在宫殿之前，主要的作用是推测时间，或者用来固定祭祀使用的牲畜。如果将“碑”立在坟前或者安放在坟墓中，是为了完成葬礼仪式，使用绳子系住棺材，将棺材放置到墓地中。碑文往往用来记录当时人们的美名，以彰显他们的功德。“自后汉以来，碑碣云起”[②]，这说明东汉时期的碑刻和现代的碑刻具有相同的作用，都是丧葬习俗的产物，它们都反映了人们对丧葬制度的遵从。碑刻可以突显一个人生前所做的贡献，目的是追求生命的永恒。这种刻有文字的石碑主要分布在黄河流域，集中在汉代皇室和贵族集中的地方。

张迁碑具有方正雄健的风格，礼器碑呈现了法度森严的特色，鲜于璜碑表现出了遒劲浑穆的气息，曹全碑的风格更为灵动舒展，而摩崖石刻的风格则是雄浑粗犷，透露出一种自然古拙的美感。

在中国汉代文化中，汉印也是其中的瑰宝，在篆刻艺术史上留下了深刻的印记。它们象征着汉代人民的卓越智慧与技艺，如同唐代诗歌和晋代书法一样，值得后世虔诚崇敬。汉印的章法宽广畅达，布局严谨有力，虚实平衡和谐，构图气

① 范晔. 后汉书[M]. 北京：中华书局，1965.

② 刘勰. 文心雕龙[M]. 杭州：浙江古籍出版社，2001.

势雄伟，艺术水准高超。众多的汉墓中都埋葬了大量种类繁多的印章，从这些印章中我们可以发现，制作印章的技术达到了一个较高的水平。汉印分为官方印章和个人印章两种类型。大多数官印以白文为主，制造的方法包括铸和凿，而文官通常使用铸印。后来，隶书的兴起，深刻影响了汉印的字体。印章上的文字使用了汉代独有的“缪篆”，这种字体是从小篆演变而来的，类似于隶书的篆书，其字体样式方正平直。缪篆的扩张性较为突出，使得汉印的视觉效果更为宏伟，朴实厚重的特点也得到了印证。在汉代，私印的形状十分多样，印章上除刻有姓名之外，还会刻有一些辅助性的文字，包括“之印”“私印”等，以体现工匠的巧思。即使是一些小型的生肖印记，也会印刻着舞乐杂技、乘龙升仙等丰富的图案。清代学者高积厚认为，“(玺印)特盛于秦，而工于汉。汉印体裁，平方正直，朴质浑茂……流传后世者，悉可为模范，无异史家之于迁、固也”。[①] 汉印体风格简洁正直、朴实自然，传世后已成为汉文化的象征。

汉代画像砖将汉代陶塑与地下冥宅的风格巧妙地融合在一起，是汉代严格葬礼制度的外在表现，生动展现了当时社会生活的民俗风情。汉代画像砖是一种建筑材料，主要用于汉墓的搭建，由于风格的不同，砖的形状也会随之发生改变，一般来说主要有三种形状，分别是长方形、三角形和矩形。西汉时期的画像砖制作有两种方法：一种是采用阴线雕刻或者使用小印模，将图案在画像上排列出来，阴线雕刻给人的感觉是简单明了的；另外一种是将浅浮雕和阳线结合在一起，使得图案错落有致。东汉时期，工匠在制作画像砖时，常常将不同的技艺结合使用，并根据题材的需要灵活转变所使用的技法。这种画像砖将现实世界中人们对死者的感情倾注上去。画像砖的形象是简洁有力的，雄伟中不乏细腻的感情色彩。它那古老而多样的意象，夸张且奔放的运动韵律，以及宏伟广阔的场景，感染着现今的每一个人。南阳新野县出土了许多汉代画像砖，题材包括杂技戏车、胡汉战争等，砖中的构图复杂多样。

画像石是雕刻在墓室和祠堂墙壁四周的装饰石刻壁画。汉代画像石的主题内容十分丰富，主要包括渔猎、耕织、宴餐、作战、伎乐、舞蹈等多个主题，还有许多历史传说。由于受到时代背景的影响，石刻壁画在不同历史时期，主题内容存在较大的差别，如在西汉至新朝王莽时期，这一时期的主题多集中在观测天象方面。在东汉时期，主题的内容重在表达皇室的威仪上。总的来说，西汉墓室壁画更注重虚无缥缈的想象世界，而东汉墓室壁画更注重现实生活。汉代的画像石

① 韩天衡. 历代印学论文选 [M]. 杭州：西泠印社，1999.

主要分布在山东、河南、四川、江苏、陕西等地，这不仅仅和当地的丧葬习俗有很大的关系，更是受到了当地石料情况的深刻影响。

汉代雕塑是我国雕塑史的一个里程碑。由于汉代社会的物质和精神都得到了发展，因此两汉时期的雕塑艺术迈向了新的高度，朴实中蕴含着深沉的气魄。在汉代，陶雕和石雕是当时最具代表性的雕塑，其种类繁多。在各种各样的陶俑中，为了追求独特的神态和情感表达，刻意强调整体效果，对面部特征、服饰纹理等方面进行了简化处理，呈现出明显的动感和节奏感，与秦俑的严肃形成鲜明对比。汉代的兵马俑和舞乐百戏俑群是最负盛名的雕塑，这些雕塑直接展示了汉代社会的繁华景象，其中包括伎乐俑、杂技俳优、说书俑、长袖舞俑、张安石墓汉俑、阳陵汉俑、杨家湾汉兵马俑等，每一件雕塑都展现着独特的灵动和巧思，创意无限、令人着迷。不同的雕塑个体有不同的力量、活力和气场，如在洛阳烧沟汉墓中出土的男女舞俑就展现出了一种超越肉体形态的自由，表达出的感情是无拘无束的。在打击乐器上跳舞的女性陶俑，虽然面目模糊，但通过纤细的腰身、优雅的颈部、高耸的发髻、身体曲折的舞姿以及摆动的长袖，展现了抒情、柔美、矫捷的舞姿。男性陶俑则穿着袒露的服装，姿态优雅，仿佛在沉思似的静静站立，展现出沉稳端庄的气质。在同一个墓室中，还有持有各种乐器的奏乐俑，它们一起吹奏笙和箫，共同烘托场面。滑稽的伎乐俑通常体型较大，常常露着上半身，肚子凸起，脸上洋溢着愉快的笑容，体现出了人物滑稽幽默的个性。在汉代的动物雕塑中，不同的动物有不同的特性，马的狂奔嘶鸣、羊的温顺纯真、狗的警惕凶猛、猪的肥硕姿态、母鸡护雏以及公鸡的昂首姿态等，都捕捉到了动物最典型的特征。这些作品表现自然，通过展现动物气质的方式展示了它们的特性，这也从侧面反映出了汉代陶塑的魅力。

霍去病墓石雕是石雕艺术的杰作之一，通过对16件雕刻品进行细致的加工，展现了人类和动物的生动姿态，以及生命的活力。在这一石雕作品中，雕刻师利用一块波浪形状的石料，生动地展现了虎的气质和性格。马踏匈奴这一画面展现了霍去病一生的赫赫战功。一幅长尾垂地的石马立于敌人身上，蹄下踏着手持武器、面容扭曲挣扎的匈奴人，整体气势凌厉。

汉代的铜雕艺术作品中，以甘肃武威雷台东汉墓中出土的“马踏飞燕”最为著名。这件作品描绘了一匹马抬头扬尾，两足离地飞奔的生动场面。右后腿聚集了马身体的全部力量，把重心准确地落在了一只飞燕身上。飞马和飞燕的搭配如此完美，这一构想体现了浪漫主义的思想。

汉文化之所以能够获得如此大的成就，并成为中华民族的文化瑰宝，主要有以下四个原因：第一，源于汉代实行的统一管理制度，确保了社会秩序的稳定，为汉文化的发展提供了坚实的基础，推动了文化事业的空间繁荣；第二，汉代时期社会经济蓬勃发展，不同类型的产业都得到了发展，为汉文化的繁荣奠定了物质基础；第三，开设了丝绸之路，实现了对外的文化和经济交流，并将外来文化纳入汉文化之中，从而实现了文化的相互融合与发展；第四，汉代的皇帝都十分重视文化建设，如汉武帝推崇把儒学作为统治阶级的思想。

据美国学者罗兹·墨菲（Rhoads Murphey）在《亚洲史》中的观点，直到20世纪，中国依然还在沿用汉朝时期确立的政治和土地制度。中国人依然认为自己是汉文化的传人，他们视自己为汉代文化和帝国传统的继承者，并为此感到自豪。事实上，汉朝之后的中国历代王朝的发展，都是以汉王朝取得的成就为基础的，中国的版图在汉代就已经确立，并涵盖了现代中国的大部分版图。在汉朝时期，中国文明的传统模式已经基本成型，并延续至20世纪中叶，保持了长期的稳定。

汉文化并非机械地照搬或模仿其他文化，而是在综合吸收其他文化精华和推陈出新的基础上进行更新，秦文化和楚文化也是汉文化得以传承和创新的基础。西汉王朝在接替秦朝政权的过程中，吸收了楚文化的精华，同时也融合了秦文化的部分内容，实现了文化层面的继承与创新。

综合来看，两汉文化是由多元文化交融而成的，吸收了各种文化的精华后，才形成了集大成的“大一统”文化，展现出了无比的普适性和包容性。两汉文化不仅融合了各民族文化，在发展的过程中还展现了自身独特的文化特色，是在国家统一的背景下多元文化相融合，逐渐走向一元文化的范例。因此，两汉文化作为华夏民族的“核心文化”，蕴含着中华民族的文化底蕴，体现了中华民族不断进取、勇往直前的精神，汉文化过去对我国产生了深远的影响，未来将继续对我国、对全世界产生积极的影响。

第三节 汉代文化特色与形成原因

一、汉代文化特色

（一）鲜明的封建大一统特色

大一统是指思想与法度的统一，实现大一统的基础是政治上的统一统治。汉代最显著的时代特征是封建政治体制的高度集中，这主要体现在封建中央集权制度和正统思想体系的建立。文化是政治经济的集中反映，所以汉代文化最重要的特色也就是大一统。

秦帝国废除分封制，建立郡县制，以强化君权、增强全国人民的凝聚力与向心力、巩固政治统一、促进社会的长治久安与经济的不断发展，这些都深得人心，为汉之后的封建社会所继承。但是，“汉承秦制”主要指汉代继承了秦帝国的大一统政体及维护此政体的方针政策，并非“全盘秦化”。不仅如此，汉朝统治者还认真总结了秦帝国的灭国历史教训，寻找其国祚短暂的原因，作为自己执政的借鉴，因此，汉朝统治者制定了一系列的改进政策，以避免出现类似的失误。事实证明汉朝并没有重蹈秦帝国速亡的覆辙，反而开创了中国封建中央集权制的第一个盛世。与这种政治相适应的汉代文化，其大一统的特色与秦帝国的文化大一统特色有着很大的不同，汉代文化大一统特色主要体现在以下几方面。

1. 反对暴政的仁义特色

秦王朝之所以迅速灭国，就是犯了历史经验主义。秦始皇把吞并六国行之有效的暴力手段仍然运用到统一天下后的治国理政上，导致秦王朝与全国的人民严重对立，最后被汹涌澎湃的农民起义浪潮所吞没。汉初的最高统治者刘邦深受秦王朝这种意识的影响，他认为汉王朝的天下是他“居马上而得之”，言外之意，汉王朝的天下也可“马上治之”，即用武力取天下，也以武力治天下。但是汉高祖的重臣陆贾反驳他说：“居马上得之，宁可以马上治之乎？且汤、武逆取而以顺守之，文武并用，长久之术也。昔者吴王夫差、智伯极武而亡；秦任刑法不变，卒灭赵氏。乡使秦已并天下，行仁义，法先圣，陛下安得而有之？”① 陆贾是汉初首先进行历史反思纠正秦帝国错误路线的思想家与政治家。

陆贾认为秦帝国灭亡的根本原因就在于不行仁义而行暴政，鉴于汉初承大乱之后，经济萧条、民生艰苦的实际情况，陆贾认为执政者实施仁义的具体体现就是不要以急政繁令来扰民，要以无为而治来使民休养生息，要把道德教化作为实施仁义统治的途径。

继陆贾之后，另一位将仁义视为治国之根本的思想家是贾谊。与陆贾的仁义思想相比，贾谊的仁义思想有着强烈的民本思想。他认为，国家、君王、官吏都应以民为本，因为民众决定着国家的安危、君王的声誉、官吏的升黜，正因民众的作用如此之大，所以凡是与民为敌的人，尽管猖獗一时，但迟早会惨败，这

① 司马迁. 史记[M]. 北京：中华书局，1959.

是已为秦始皇所证实了的历史规律。历史上所有仁义明君都是重视民众的，而真正治国兴国者，无不“以富乐民为功”，为政之道在于安民，安民之道在于富民。从陆贾提出的不扰民到贾谊提出的富民主张，可以看出汉代经济在不断恢复发展的趋势，惠民政策随时代的变化而有所变化。陆贾与贾谊仁义思想的不同，说明他们所处的时代不同，但他们的仁义思想都是为当时的治国方针服务的。

陆贾的仁义思想有道家无为思想的影子，贾谊的仁义思想有法家思想的影子，贾谊在文帝器重他的时期，曾欲“悉更秦法”，建立一系列适应汉王朝政权建设的新制度。由于他大倡仁义之说，主要提倡以仁义为理论核心的儒家思想，这就为汉代“独尊儒术”作了思想准备。从总体来说，汉代以强秦行暴而亡为前车之鉴，始终强调的是以仁义治国，其大一统文化都闪烁着仁义的光芒。

2. 承接着曾一时中断的传统礼仪德治文化

虽说“汉承秦制”，汉朝的大一统中央集权制是继秦王朝的大一统中央集权制而来，但汉代传承的主要文化却不是秦王朝的文化，而是被秦王朝一时中断了的传统的礼仪德治文化。这种礼仪德治文化可远溯到三代（夏朝、商朝、周朝三个朝代的合称），尤其是周代文化，近溯到春秋战国的邹鲁文化，即孔孟儒家文化。鲁国是周公的封地，在春秋战国之际，周文化衰落之时，鲁国却更多地保留了周文化，孔孟儒家文化就是周文化的继承与发展。

汉王朝并非延续了秦朝严苛的法治思想，而是恢复了在秦朝时期一度中断的周代和春秋战国时期的礼仪和德治文化，主要是周代的礼乐文化和春秋战国时期儒家的德治文化。具体体现在以下几方面。

首先，汉王朝虽提出“罢黜百家，独尊儒术”的倡议，但并未采取像秦朝焚书那样的暴烈行为——焚烧“百家语”，而是允许“百家”的著述存在。刘歆校书，写出《七略》，其中就有《诸子略》。之所以“罢黜百家”，完全是为了使儒家所继承的周代礼仪文化及由此而发展起来的仁义学说取得正统的地位。在汉代，当时盛行的“儒学”已经不是传统的孔孟之道了，而是经过汉代思想家改造而成的新儒学，但本质上还是礼仪德治文化，只是吸收了阴阳家神化君权的学说，使新儒学神秘化与法律化。

其次，制定、完善新的礼仪制度。汉代礼仪制度内容繁多，有“六礼：冠、婚、丧、祭、乡、相见。七教：父子、兄弟、夫妇、君臣、长幼、朋友、宾客。八政：饮食、衣服、事为、异别、度、量、数、制”。①这里面有婚丧嫁娶祭祀之礼，有

① 王文锦. 礼记译解[M]. 北京：中华书局，2016.

君臣长幼男女宾朋人伦之礼，有起居饮食生活风俗之礼，等等。其中最重要的是君臣尊卑等级之礼，在这一点上，叔孙通甚至还采择了秦礼。秦代虽不实行礼治，但它在君臣尊卑的礼仪上，还是效仿了周朝及六国。汉代统治者之所以重视制定、完善礼仪制度，是因为它关系到人心的归依与大一统中央集权的巩固。

最后，在继承曾被秦一时中断的传统礼仪德治文化的基础上，汉代礼仪德治思想又有了新的发展，但这种新的礼仪德治思想的阐发，往往是通过阐释先秦儒家经典来实现的。其中对礼仪文化的阐释，主要体现在“三礼”中。“三礼”指《仪礼》《周礼》《礼记》三书，因东汉郑玄遍注群经兼注此三书，盛行于世，故有此称。与周代礼仪的观念相比，汉人对礼仪的认识显然更加深入，对礼仪的定义也更加全面和明晰。“三礼”不仅使秦代中断一时的礼仪文化在汉代接续起来，而且还发扬光大、扩而大之。汉代文化传承三代尤其是周代文化，不仅使古老而悠久的中华文化没有中断而一脉贯通，还使这种文化具有了新时代大一统的特色。

（二）文化主流经学化

汉武帝时代，儒学被奉为汉代的新显学，并把儒学经学化，即把儒学在先秦时代的学派性质转变为规范化、制度化、法律化的性质，使之成为社会文化的主要思潮，并逐渐成为思想文化领域的思想主流。汉代文化也开始具有经学的特点。

1. 儒学经学化

儒学在战国时期成为显学，是因为它符合时代的要求，适应了时代的发展。战国时期是我国由封建领主制社会向封建地主制社会转型的末期，周代宗法制虽受到极大的冲击，但土地私有、个体劳作、家庭定居、血缘宗法的意识仍然是当时社会意识的中心。儒家学说从家庭伦理出发，以人格完善为轴心，进而将家庭伦理扩大至整个社会，规定了社会每个成员的不同行为规范，为增强当时宗法等级制下的家庭、家族乃至国家的凝聚力提供了最好的社会准则。儒家提出的君君、臣臣、父父、子子的伦理原则，既是各类君子的做人原则，又是修身、齐家、治国、平天下的前提。儒家继承了周代重德尚礼的传统，建构了以仁义礼智孝悌忠信等为内容的思想体系，强调修身为本、为政以德、以仁德礼教为施政方针，虽上下尊卑有别，但各守其本分，从而达到有序而和谐的目的。儒家学说反映了封建地主社会的宗法本质，论证了它的合理性，是推动社会转型的强大精神武器，成为显学是历史的必然。

秦始皇以武力统一中国，结束了战国诸侯纷争的局面，但大一统秦帝国的速亡，使人们认识到：治理国家，法家的法治不如儒家的德治，儒家的伦理道德比严刑峻法更为重要，因为施行仁政能得人心，施行暴政只能树敌。

汉初，由于经过反秦及楚汉战争，社会经济极度贫乏，亟待恢复以渡过难关；人民生活极度贫苦，亟需休养生息。为扭转这一困难局面，统治者采取了无为而治的政策，崇尚黄老道家学说。这种黄老之学也是针对秦帝国残酷虐民的弊端而兴起的，秦始皇固然以武力得天下，然而很快又因暴政而失天下，历史的经验告诉人们：得天下可以“逆取”，治天下却只能“顺守”，推崇黄老之学，是汉初统治者在总结历史沉痛教训的基础上所作的正确的文化选择。这种黄老之学已不同于将“小国寡民”作为理想社会的先秦道家之学，它在道家的“无为”之中融入了法家的刑名法术之学与儒家的“仁义”“仁政”之说，所以它有别于先秦道家消极的“无为”而成为积极的“无为而无不为”。黄老之学在表面上以道家理论为基础，主张无为而治，但实际上这只是一种政策手段，旨在通过恢复生产、发展经济来维护和巩固中央集权的统治，它从根本上体现了儒家关心民众并以仁政治国的思想。

汉初的“无为而无不为”方针产生了良好的社会效益，带来了历史上有名的“文景之治”。至武帝时，几十年的休养生息已使国力达到强盛的程度，“无为而无不为”的黄老之学已不能适应强盛国力的发展要求，因此需要选择一种更为优秀的指导思想来推动社会的发展。这种思想应该是既继承传统又适应时代新发展，既能维护中央集权大一统又与秦帝国的暴力治国思想有区别，既适应汉帝国封建宗法制又在社会上有极大影响力；能抑制诸侯势力膨胀、加强皇权统治。显然，黄老之学是不具备这一政治职能的，黄老之学之所以受到诸侯国的欢迎，就是因为中央采取了清静无为的政策，给诸侯国独断专行坐大了势力，进而与中央分庭抗礼提供了条件。一种迅速强国的思想是能在政治上加强统一、稳定社会秩序，扩张皇权；经济上增强国力，增加国库收入；军事上变被动防御为主动出击，消除与外域交往的阻碍。要适应这种要求的思想，除了主张儒学，其他学派的学说都担负不起这一任务。统治者由崇尚无为的黄老之学转变为崇尚有为的儒家之学，一方面顺应了历史发展的潮流，另一方面强盛的国力为这种指导思想的转变提供了雄厚的物质基础。

我们一般所说的经学，从汉武帝时代开始，儒学由私学转变为官学，成为封建集权统治的思想工具，并被定为国家政治、经济、文化生活开展的根本准绳，儒家思想也逐渐变为社会思想的主流。在汉代，为了巩固儒学的正统思想地位，通常是通过解释儒家经典来实现的，这使得儒学从“百家争鸣”的众多学派中成为唯一正统的经学。

“罢黜百家，独尊儒术”虽然也是一种文化专制，但和秦朝的文化专制相比依然存在较大的差别。虽然它提出了废除其他学派的口号，但并非要彻底铲除所有的学派，而是希望将儒学置于主导地位，使得学者在解释儒学时能够吸收和采纳其他文化的精华，从而让儒学发展壮大，成为主流。汉代的经学本质上是对先秦儒家学说理论的新阐释与新发展，但经学与先秦儒学相比，已经有了质的变化。

2. 经学系统化

先秦儒学演变为汉代经学，不仅以子学提升为官学为标志，更重要的标志是经学对传统儒学在思想方面有多方面的改造，在理论体系方面有突破性的重大建构。

汉代经学在不改变传统儒家文化的伦理性特征基础上，以“天道”来推演“人道”，来探索自然界与社会人伦的内在统一性，并在宇宙本体论的统辖下来探讨社会变化的规律，在更高理论层次上进行哲理思辨，以解释现实社会、人际关系的奥秘。经学与传统儒学相比较，它同样是为宗法制度服务的伦理性哲学，但它具有一个传统儒学缺乏的系统、完整的哲学体系，而这一系统、完整的哲学体系的开创者就是汉代孔子——董仲舒。

在构建完整的经学理论体系时，董仲舒充分汲取了道家和阴阳五行家的思想。比如，道家关于“道”的理念和阴阳五行家关于“天道”的观念，使他确定了“天”在其理论中的地位，这是他建立庞大宇宙观系统的关键，是其经学确立的本体与核心。

汉初的儒家学者借用道家的“道”的概念，是想从形而上的哲学高度来论证儒家仁义合乎天道，并把仁义道德视为自然界的最高准则，视为人类社会的最高行为规范。陆贾与贾谊比较起来，陆贾受黄老道家影响较重，其崇“道”的目的是想使儒家的仁义教化服务于无为而治的仁政，而贾谊受儒、道、法多方面影响，其崇“道”的目的是想把儒家的仁义教化引向礼治。他们尽管都借用了道家的“道”，但都对道家的“道”有所曲解，都没有建立起自己系统、完整的哲学体系来。

从儒家立场出发，真正对旧有的儒家伦理哲学体系进行重构，使其形而下的政治、伦理主张找到一个形而上的宇宙本原、生成论的说明，建立起一个系统、完整的哲学体系的是汉代儒学大师董仲舒。董仲舒系统哲学体系的建立，虽然利用与改造了道家、阴阳五行家甚至汉初黄老之学及儒家的思想资料，但与陆贾、贾谊等汉初儒家所不同的是，他能在利用与改造前人思想资料，尤其是思维方法的基础上，建立起一个完全可以与道家分庭抗礼的由形而上的宇宙观来推演、论证形而下的社会伦理的哲学体系。

在董仲舒的宇宙系统论中，统辖其体系的是“天”，就像道家把“道”视为宇宙本原一样，董仲舒给予“天”以宇宙本原与主宰的意义。董仲舒并没有在旧有的宇宙系统外另设计一个完全崭新的宇宙系统，而是以“天”来代替道家的“道”在宇宙系统中的核心地位，并赋予“天”以人格化的神秘色彩，这使得旧有的宇宙系统发生了质的变化，形成了与道家相抗衡的新的宇宙系统论。

董仲舒认为天生万物，也创造出人，他之所以在万物之中特别强调人，是因为他建立以天为核心的宇宙观，目的还是为了论证、说明儒家的人伦关系和社会秩序，阐释形而下的人道才是其理论的最终归宿。人既是天的意志的体现者，天与人又能互相感应，自然会推演出天会以自己的意志、结构与形象来塑造人，人只是天的一个缩影与“副本”，人体的一切皆可与天数对应。“人副天数”说为“天人感应”提供了理论依据，也为董仲舒的思想主张提供了新的思考方向，这既把自然现象赋予了社会伦理的属性，又为社会伦理、政治制度找到了自然性质的根源，把自然事物的关系与社会关系加以比较，进行类比推理，自然与人相通，天与人统一，以天道释人道，在逻辑上顺利地构建了新的“天人合一”的思想体系。

董仲舒构建的这个宇宙系统，是传统儒家所不曾建立的，这个宇宙系统倒是与道家、阴阳五行家的宇宙系统有些相似，说明董仲舒确实吸收了道家、阴阳五行家的思维方式。但是，董仲舒只是借鉴道家、阴阳五行家的宇宙系统论的形式与框架，他利用这一形式与框架，阐发的仍是儒家的人伦道德。例如，他从阴阳关系推演出阳尊阴卑，借此来说明君尊臣卑、贵德贱刑等伦理；从四时变化中推演出天有意志与感情等；从五行的次序上推演出君臣父子夫妇等主次、等级的人伦关系，从而确立了“三纲”的原则；从人为天之副本引出“天人感应”论来。董仲舒利用道家、阴阳五行家的唯物论的思想资料，进行主观的类比，赋予儒家伦理“天”的神性。从本质上来说，这不仅是对道家、阴阳五行家宇宙系统的一种曲解，同时也是对孔孟儒家“罕言天道”传统的一种背弃。但是，他以“天”，天地、阴阳、四时、五行、人的天道框架，对传统儒学的体系及内容进行了重构，使重构后的新儒学也具有了形而上的思维特点，具有了同道家与阴阳五行家一样广阔的思维空间，具有了一种同道家与阴阳五行家那样从天道的高度来解释、论证形而下的人道的博大精深的理论体系。这个理论体系，使儒家伦理学说更加完整与系统化，使儒家伦理道德的阐发更具理论色彩，重构后的新儒学终于以自己的优势取代了盛兴一时的黄老之学而成为独尊的经学。

3．经学成为治国的主导思想

汉武帝是历史上公认的一代雄主，他统治的时期开创了汉代鼎盛的局面，形成了中国封建社会的第一个发展高峰。汉武帝所展示的雄才大略，首先是从把儒学奉为经学开始的，然后把经学作为治国的指导思想，特别是把通经作为甄选人才的标准，尊经、读经、治经遂成时代的风尚。经学大盛，促成了国家鼎盛，汉代终于正确地选择到适应自己时代政治、经济的文化，也为中国后世封建社会确定了正统文化。

汉朝实行的是在皇帝统治下的官僚制度，选拔与任免官员就成为治国的关键，因为官员的选拔与任免是否合适，直接关系到皇帝能否严格有效地控制中央及地方政权机构，从而实现有效统治全国人民的目标。秦帝国时期，选拔官员以通晓法令为标准，提升与罢免官员以官员的功绩与才能为依据，这就是所谓的以吏为师、以法为教与量功授官。汉初，因诸侯国与郡县并存，选拔官员除量功外，部分高官的子弟因恩荫也可得官。文帝时下诏求贤良方正能直言之士，广开言路、罗网人才。汉武帝又废除选官旧制，建立起以察举制为核心的多种选官制度。随着经学定于一尊，选官多以通晓经学为标准，还特别设立经学博士，终汉为止，历朝历代，经学博士官的数量有增无减。从武帝废除列侯拜相制后，汉朝的丞相多由经师大儒来担任。武帝之后，通晓经学而被封侯任相的人更为普遍。在汉代察举科目中，举贤良方是级别最高、属于“天子”亲自取士的科目，举孝廉则是经常性的选士科目。各种察举取士都要求德才，而德行又是德才中最被看重的，且德行的标准是儒学提倡的伦理道德，其具体的体现首先就是尊经、习经、信经。不仅如此，在数项察举科目中，还专设“明经”一科，专考经学，精通一门经学者，考试合格即可为官。可见，精通经学成为入仕做官的重要条件，实实在在地提高了经学的巨大功利价值，影响到整个社会尊经读经风气的形成，从而促进了经学的昌盛。

儒学经学化也为中央集权制度的建设提供了统一的思想指导。武帝时期，清静无为的黄老思想已不能满足大一统政治经济快速发展的需要，新的历史形势与新的历史任务，正呼唤新的治国思想的出现，这种新思想必须在儒家的大一统思想、仁义思想和君臣伦理观念的基础上，加以改造才能形成。武帝继位后，同意丞相卫绾的建议，贬斥法、道、纵横家言论，任用儒生为官，只是喜好黄老思想的窦太后在世，不能畅快地奉行儒术。窦太后死后不久，武帝就召集各地贤良方正文学之士，亲自策问，在此次策问中，儒学大师董仲舒提出“罢黜百家，独尊儒术”的建议，受到武帝的赏识，而后，这一政策作为基本国策在全国推行，儒术于是成为经学，成为封建王朝的统治思想。在汉宣帝统治时期，为推进经学统一，汉宣帝命令萧望之、刘向、韦玄成等一批儒生在长安未央宫北方的石渠阁聚集，以研究五经的异同，这便是著名的石渠阁会议。会议的讲论最后由宣帝亲自裁定，并把汇集奏议辑成《石渠议奏》，这实际就是治国思想大纲。东汉章帝时，经学今古文学派门户之见更深，对儒家经典解说不一，章帝仿宣帝作法，召集魏应、淳于恭、班固等儒生于洛阳白虎观，讨论五经异同，进一步明“三纲”，正六纪，即端正对诸父、兄弟、族人、诸舅、师长、朋友的尊亲义序等各种关系，会议认为“王者，父天母地，为天之子也”，把君为臣纲列于三纲之首。讨论结果由班固纂辑成《白虎通德论》，又称《白虎通义》，并作为官方文书颁布，这标志着东汉经学进一步神学化，并成为钦定的正式法典。由于经学成为汉代统治思想，官吏多以经学指导政事，如武帝时期的张汤、杜周，主张以《春秋》决狱，有的还以《尚书·禹贡》来指导治河，以《尚书·洪范》来观察时变，以《诗经》为谏书等，不一而足，从这时起经学真正成为立法、执法、理政的理论依据。

（三）开放与创新

汉代文化在中华文化发展史上具有特殊的意义，它将中国古老的华夏文化转化为汉文化，是一种代表了中华民族多元性与统一性相结合的文化。中华民族在汉代文化的基础上繁衍发展，并把汉代文化作为自身发展的根本，形成了中华民族的民族精神和行为指南。

汉代文化之所以具备这样强大的功能，主要靠它恢宏阔大的开放眼光与敢为天下先的创新胆识。开放从空间方面而言，不仅使自己的文化向更辽阔的外界传播开来，还积极地吸纳外界的各种文化。创新从时间方面而言，不仅使自己的文化尽量地继承以往的历史文化遗产，还创造出适应当前和启迪后世的前所未有的新文化。由于汉代文化具备开放与创新这两方面的重要功能，所以才促进了中华文化的重大转型，以新的文化体系，为中华民族文化的继续发展奠定了基础。

1. 汉文化的传播与吸纳

汉文化是在华夏文化的基础上发展起来的，华夏文化是以中原文化为中心整合其他地域文化而形成的，汉文化继承了这一传统，仍以中原文化为中心，与更广大的地域文化相整合。由于文化中心始终如一，中华文化就具有一种稳定性，在这一稳定的基础上，经过长期的发展，中华文化就拥有一股强大的力量，并具有极强的环境适应能力、吸收融合其他地域文化的能力。总之一句话，具有极强的生命力。世界上有四大文明古国，它们都有过辉煌的古代文明、灿烂的古代文化，但其他的文明古国，由于异族的入侵或迁入，受到异族文化的挑战与冲击，其文化便不能延续而中断了。唯独一脉相承的华夏文化与汉文化，一直是人类历史上唯一没有中断的文化。在中国历史上，有过少数民族入主中原，建立起少数民族统治的政权，并且少数民族初期也想用自己地域的文化取代汉文化，然而最终的结果却是选择汉文化作为正统文化，这是不以人的意志为转移的客观规律，因为汉文化具有强大的生命力，它的强大生命力又归根到底是由它的先进性所决定的，而它的先进性就是由于能积极地开放，吸纳外界的各种文化，并能在继承以往的文化遗产基础上积极创新而获得的。

汉文化具有突出的开放性，主要体现在两个方面：一方面与其他国家进行平等的文化交流。在文化的交流和融合中实现文化的整合，以其他地方的文化和外来文化丰富汉文化的内涵，获得创新发展的力量。另一方面向国内落后地区传播与渗透汉文化。汉文化的传播与渗透从华夏文化初成时就开始了，由于各地域文化发展的不平衡，中原文化一直处于先进地位，具有极强的示范性，所以文化传播与渗透往往表现为先进的中原文化对落后地区文化的影响与改造。

汉代对落后地区的文化传播与渗透，也基本遵循了这一原则。中国的文化发展至汉代，一些原属落后地域的文化已融入汉文化体系，所谓落后地区的文化，主要指当时的匈奴文化、乌桓文化、鲜卑文化、百越文化、蛮族文化、西南夷文化等。汉王朝从大一统政治、经济需要出发，对这些地区采取了经济交换、政治安抚、统治上层的联姻和亲，甚至战争等诸多举措，不论是和平的交往，还是残酷的战争方式，最终的客观结果造成了内地与这些地区的经济交往、文化的融合，促进了双方的互相发展；还造成了汉王朝所尊崇的儒学在边远地区的广泛传播，儒家经书同样成为边远地区教化的范本。汉王朝对落后地区的文化传播与渗透，使汉文化在边远地区逐渐被推广，为多民族大一统帝制的确立奠定了思想文化基础。当然，在向落后地区传播文化的同时，也向这些地区传入了先进的礼仪制度、先进的农业及手工业生产技术、各种内地的物产等，影响了这些地区经济、政治、文化的发展。同时汉王朝也对这些地区特有的物质文明与精神文明加以吸收和充实，进而促进了汉代的经济、政治与文化的发展。

汉王朝不仅加速了境内各地域文化的交流与融合，而且开通了陆地丝绸之路与海上丝绸之路，把开拓的眼光扩大至世界范围，要与世界各国进行交流与融合。它积极地引进而不是排斥他国的文化，尤其是主动引进印度的佛教，这种有容乃大的开放精神，只有汉文化才具备这种态度与气魄。因为它具有强大的生命力，大胆开放，吸纳外来文化，可以为自己的文化增添新的生命活力，而不会被外来文化所替代。

2．汉文化的继承与创新

文化上的开放是一个民族文化具有强大生命力的表现。文化传播与文化吸纳是双向交流的，在文化传播中，可以吸收不同地域、不同民族、不同国家的优秀文化，如吸纳百川汇成大海一样。开放使原有的民族文化融入了更多的“新鲜血液”，开放是使民族文化更加丰富多彩更加充满活力之所在。而在继承基础上的创新，更是文化不断发展最后走向辉煌的强大动力。没有对前人传统突破的勇气，没有敢于开拓创新的精神，没有自己新的建树，就等于丧失了文化发展的生命力。推陈出新、超越前人是一个民族文化兴旺发达的关键。

在汉武帝的意识中，天下没有不可为之事，没有不可立之功，而事实也证明，汉武帝一系列的改革开拓基本上达到了自己的预想目的。他因事业的成功而有一种难以遏制的必胜信念，这种充满豪情的自信又推动着他进行新开拓，汉武帝生气勃勃的开拓创新精神是汉代人精神面貌的写照。

相比较而言，汉武帝在政治上、经济上的开创之功并没有超过秦始皇，尽管他建立了一个远比秦帝国强大的汉帝国。然而他在创立能适应大一统的封建文化方面，是包括秦始皇在内的任何前人都无法与其比拟的。从这个角度讲，他也可以被称之为一位大有作为、开创新时代的千古一帝，他以皇帝的权威，确立了儒家学说在大一统文化中的核心地位，确定了封建大一统文化的基本性质与价值取向。

汉武帝开拓创新的精神是时代的产物，同时也影响着当代甚至后世的人们。每个人虽然出身各异，经历不同，又各有所从事的事业，或政治或经济或军事或学术或技艺等，但奋发有为、建功立业是每个人的共同人生追求，大家都想在自己的事业上卓有建树，甚至把有无功成名就作为衡量一个人生命价值的标准。

在文学领域，创新的硕果累累，汉代政论文、传记文、五言诗、七言诗、辞赋、雏形的戏剧与小说，都是汉人创新的结果。以最能代表汉文学特征的汉大赋为例，它以宏大的结构、磅礴的气势、驰骋的文采、恣肆的笔调、铺排的辞藻，描写了汉帝国的壮丽山河、繁华的城市、豪华的宫殿、隆重的祭祀、壮观的巡游、紧张的射猎、热闹的饮宴、高超的演艺等，将汉代社会的方方面面无所不有地展示出来，汉大赋的这种艺术功能，是除史著之外的其他任何文学形式都无法胜任的。汉大赋就是在以往诗歌、楚辞、散文的基础上，进行整合而创制出来的新的文学样式。

汉代特有的创新精神，促使它创造了举世瞩目的物质文明与精神文明，今日我们看到的汉代文化典籍，无不充满着昂扬进取的时代气息。这种创新的精神早已化于我们中华民族的性格与心理之中，构成了我们民族精神的重要组成部分。

二、汉代文化特色形成的原因

（一）深厚的文化积累

先秦文化是在中华文化发生、开拓的时期，由我们一代又一代的先民所创造出来的精神成果。春秋战国时期是先秦的末期，是由封建领主制向封建地主制转型的时期，500多年的春秋战国文化成为先秦文化中最重要的组成部分，它以深刻、成熟的哲理成为中华民族思想库中的璀璨瑰宝，以其早熟的史学意识与体例完整的史著居世界史学先列，以其极高的美学价值和风采各异的文学作品成为后世文学创作的楷模与典范。汉代继秦王朝灭亡而建，是我国第一个封建社会的盛世，纵观汉代主体文化，它的形成原因有很多，其中夏、商、周三代文化，特别是春秋战国的文化对汉代主体文化特色的形成，产生了十分深刻的影响。这不仅是因为汉朝离春秋战国逝去的时间不长，更重要的是春秋战国时期的文化无论哲学、史学、文学都取得了前所未有的辉煌成就，为汉代主体文化的发展提供了非常珍贵的精神资源。

1. 理性自觉的时代提供了理性精神

汉代主体文化的发展需要理性的思想去指导，而以“先秦诸子”为标志的春秋战国哲学思潮，恰好为汉代主体文化的产生与发展提供了理论指导。

春秋战国哲学思潮作为中国传统文化，其起源虽然很早，然而最初产生的哲学是非理性的宗教哲学，理性哲学产生是比较晚的。这是由于当时的生产方式落后，生产力比较低，生产者的生活比较困苦，人与自然界浑然一体，单调的社会环境与社会生活使人们认识能力比较低，严重地影响了人们的理性思辨和逻辑论证。那时，祖先崇拜和宗教神学紧紧地束缚着人们的头脑，而作为理性形态的哲学体系却无一席之地，这也是中国奴隶制很典型的特征之一。中国理性哲学的兴盛并达到第一个高峰发生在春秋战国时期，其标志性的精神成果便是春秋战国时期各个学术派别的著述。中国理性哲学高峰的出现，是中华民族聪明智慧的高度体现，它标志着中华民族优秀精神文明的产生，证明了中华民族的理性思辨与抽象思维达到了一个历史高水平，尽管我们的理性思辨和逻辑论证远不能与当时的西方相比。

在先秦诸子之前，中国成文的文化形态至少已经有千余年的发展历史，所以先秦诸子有着蓄积久远的文化积淀。先秦诸子直接源于王官文化，或称史官文化，王官文化是一种由王室操控的专制文化，其代表性典籍便是所谓的“六经”，即《诗》《书》《礼》《乐》《易》《春秋》。先秦诸子一方面借鉴、继承了六经的思想精华与形式，另一方面在思想与形式上又有重大的突破与创新，从而使文化从官方控制下解脱出来，从初始的“经”的桎梏中解放出来，成为个人自由表达思想的“子学”。

先秦诸子文章与先秦史传著作的形成，标志着王官文化的衰落与士文化的兴起，导致这种巨大的文化变革主要源于社会的变革。

先秦是一个极其漫长的历史时期，它经历了原始社会、奴隶社会和初级封建社会三种社会形态。中国第一个奴隶制国家夏王朝的诞生，完成了由野蛮向文明的决定性跨越，拉开了华夏文明的序幕。夏王朝奴隶制的建立比古希腊的奴隶制大约早13个世纪，它以其“早熟”的特点，为推进人类进步做出了重大贡献，但同时，“早熟”的特点也制约了此后中国的历史与文化的基本走向。中国奴隶社会的“早熟”带来了许多先天不足，尽管中国的奴隶制又经历了1000多年的发展，但和较晚形成的古希腊奴隶制相比，中国奴隶制社会的诸多因素，如物质生产与精神生产的分工、商品经济等，都发展得很不充分。它一方面使中国历史加快了前进的步伐，另一方面使过早步入封建社会的西周保留了大量的旧制度残余。当古希腊在大力发展奴隶制的时候，中国社会又面临着一次翻天覆地的历史转折，这就是春秋战国时期的社会转型。由于大量地存有旧制度残余，且这场变革比较彻底，所以变革进行得异常激烈而持久。在春秋时代早期到战国时代后期这一时间段，政局一直处于激烈的变动中，社会矛盾不断激化。随着社会的变革，井田制逐渐衰落，土地私有化逐渐普及。这一经济基础的变化导致上层建筑的社会结构和阶级关系产生了巨大的变动，如王权式微、地方诸侯崛起、整个国家陷入动荡不安、贵族权力分散等。尽管社会动荡不安，但总体来看，社会正在逐渐向封建地主制度的方向转变。在社会不断变革的过程中，封建地主经济制度快速崛起，封建地主阶级也随之出现，推动了社会和历史的进步。在这一时期丰富多彩的社会历史生活促进了人们认知的提升和思维能力的发展，深刻影响了新思想意识的形成，于是站在历史进步的角度，具有新的世界观的一批思想家、理论家便应运而生，出现了诸子蜂起、学派林立，前所未有的思想活跃的局面。这些思想家与理论家反映着不同阶层的利益和意识，他们各抒己见、互相辩驳，开创了一个百家争鸣、处士横议的时代，理论上、学术上的激烈争辩，正反映了经济基础与上层建筑的巨变。诸子是新兴的士阶层中的饱学之士，随着士阶层的崛起而登上当时的历史舞台。封建领主制的全面崩溃为诸子赢得了施展才华的天地，他们摆脱了旧的宗法制的层层束缚，获得了相对的言论自由，对社会的一切现象皆可自由地“横议”，对一切学派皆可自由地“争鸣”，他们一方面不自觉地保持着旧的历史传统，另一方面自觉地面对着新的社会现象，努力以自己的认识反映出转型期社会变革的现实，也以自己的理论参与推动社会的变革。

春秋战国的主体文化成果，主要是先秦历史散文与先秦诸子散文，从大体上来说，先秦历史散文是历史与文学的混合形态，先秦诸子散文是哲学与文学融为一体的综合形态。细分析则又都是文、史、哲混合的形态。春秋战国的主体文化不论是哪种形态，都把求真—认知、求善—评价、求美—审美这三种把握世界的方式紧密地结合在一起。那时的主体文化还没有完全从文、史、哲混合的形态中分离出来，人们在叙述历史与议论事理时，仍习惯于运用形象的手法，这样，历史著作同时也是以历史事件为题材的文学作品，哲学著作同时也是蕴含着哲理的艺术散文，从而使历史文学化，哲理诗情化。先秦诸子在论述自己的观点时，通常会结合多样的故事和形象，并在论述的过程中充分表达自己的情感，展现出独特的人格特征。他们善于运用精妙的文辞和多样的艺术手法，让抽象的概念变得更为有趣，在思辨的同时还蕴含着一定的美学内涵。汉代主体文化仍保持着这一传统，哲理著作有着文学的色彩，史学著作也是文学著述。文、史、哲相混合的形式，在汉代达到了完美的极致，汉代的政论文就是先秦诸子散文精神的进一步发展，《史记》就是先秦史传传统发展的高峰。正因如此，“物极必反”，文、史、哲的独立发展才从汉代开始发轫了。

2.汉代文化兴盛的文学底蕴

汉代主体文化在发展初期的先秦阶段就具备这样一个显著的特点，即彼此紧密联系、相互包含，也就是说文、史、哲混为一体而互相包容。哲学家虽然侧重于追求善，史学家虽然侧重于追求真，文学家虽然侧重于追求美，但三者共同对真善美的统一价值追求，使他们各有侧重而又互相兼顾。例如，庄周的哲理是艺术化或诗化的哲理，因而可以认定他是一位文学化的哲学家；左丘明在叙述历史时，带着个人的主观感情，所叙述的历史人物，有一定的艺术形象，因而可以认定他是一位文学化的史学家。先秦时期，我们一般只把诗歌词赋视作单一的文学形态，除此之外，就不存在其他的纯粹文学形态了，也就是说除了诗人赋家外，在先秦时期不存在单纯的文学家。这种传统在汉代仍被继承，贾谊、晁错的政论文《淮南子》《论衡》等哲理文，《史记》《汉书》等人物传记，都有文学的特点，从文学角度看，说这些作品都是文学作品，说这些作者都是文学家，还是恰如其分的。

中国传统的哲学与史学都能将形象性与逻辑性比较完美地结合，说明中国传统的哲学需要文学，中国传统的史学也需要文学。例如，汉代司马迁开创的纪传体史学是以历史人物为中心，又以历史人物为编撰体例的，这些历史人物的素材虽由作者取之于以往的文字记载与当时的口头传说，但又都经过作者个人的理解，然后才将他们艺术性地再现出来。在这些再现的历史人物身上已经附着了作者的人生体验和强烈的是非感、身世感，作者在叙述这些历史人物故事的过程中，展示了自己对世界和社会的总体看法，作者的叙述为不同的历史人物形象增添了许多艺术魅力。从上面的论述来看，《史记》既是一部历史学巨著，又是一部引人入胜的历史文学作品，像《史记》这类的著作通常被称为传记文学。司马迁以文学的叙述风格书写历史，开辟了传记文学的新境界。虽然后来的封建社会代代都有传记文学的向往者与继承者，但整体上没有人能够超过司马迁。《史记》这部传记文学著作所达到的艺术高度，可以说是前无古人，后无来者，《史记》是一座令后人难以超越、永远值得仰止的历史文学高峰。

汉代的哲学、历史著作，尤其是代表汉代文化最高水平的《史记》，为什么会具有文学性？这需要从中华文化发展的大背景中找原因。春秋战国时期的文化礼教是汉代文化得以发展的前提和基础。在春秋战国时期，人们已经在渭水流域以东，黄河下游以西，长江中下游以北，以及蓟辽地区以南开展了广泛的社会活动。由于地域不同、习俗有别、开发的时间长短不等等原因，华夏民族主要出现了四种地域的文化，即出现了邹鲁文化、荆楚文化、秦晋文化和燕齐文化。这四种文化尽管有着不尽相同的文化传统，有着不同的地域特色，但它们都互相影响、渗透、吸收、融合，表现出一定的文学色彩。

在汉朝，全国在政治上达到高度的大一统，各地区文化互相融合的趋势随之加强，并向着统一合并的方向快速发展。传统文化中的文学特色作为一种传统，也在深深地影响着汉代哲学家、历史学家等。汉代主体文化就像一棵扎根于整个民族文化沃土上的大树，它的根须有时甚至深入绘画、书法、音乐等艺术领域，吮吸着自己所需要的艺术营养。

（二）大一统文化确立的政治、经济基础

汉代开创了展示中国第一个封建大一统盛世风貌的辉煌文化，文学、史学与哲学都强烈地体现着封建大一统的特点。这个大一统文化处处体现着创新性，有俯视古今、雄视百代的气魄，有“苞括宇宙、总揽人物”的胸怀，有超越前人、昭彰后世的雄心，字里行间都展示着前所未有的大汉气象，洋溢着汉代人的时代自豪感。这种具有大一统特征的文化，适应了大一统封建王朝的政治需求，同时这种大一统文化的确立，又是以大一统封建宗法政治制度的健全及封建盛世经济基础的雄厚为前提的。

1. 大一统专制对文化的特殊需求

汉初，有识之士已在通过总结历史，企图给新建立的大一统社会寻求一种新的社会意识形态。虽然他们利用历史回顾或理论阐述发表自己的见解，但都没有找到真正能够全面适应封建大一统社会的新文化，而最终选择了一种过渡性的指导思想——黄老思想。究其原因，主要在于大一统社会的完备体制还不成熟，各种促进大一统文化体系最终确立的社会条件还不成熟，特别是贫乏的经济基础是阻碍封建大一统专制的重要因素。汉代虽然是中国第一个强盛的封建地主阶级中央集权社会，但汉初天下刚刚稳定，百废待兴，人民需要休养生息，统治者还须“无为”而“静待”，受经济恢复阶段所制约的文化复兴与创新，需要一定时间的准备与积累。至汉武帝时，经过几十年的休养生息，国家政治空前巩固统一，经济得到了高速的发展，国家的综合国力十分雄厚，社会发生了巨大的变化，对武帝时的强盛国势，后人经过比较更有体会，《汉书·传·西域传下》说武帝时“遭值文、景玄默，养民五世，天下殷富，财力有余，士马强盛”。当时的汉帝国已成为世界上最强大的封建帝国，成为世界东方政治、经济、文化的中心。经济的繁荣发展，为商品的生产和交换提供了条件，从而促进了商业的繁荣，商业的繁荣又促进了城市经济的发展，改变了中国以往城市经济不发达的状况，这些都大大地促进了大一统政治局面的形成和社会的长期稳定。社会经济基础与上层建筑的巨大变化，引起了社会生活的巨变，从而必然要引起人们心理、思维、意识等的变化。

有了强大的经济实力，汉帝国开始重视对疆域的开发，汉帝国疆域之辽阔，是空前的，是夏、商、周王朝所无法比拟的。在北方，汉帝国击败了强敌匈奴，遏止住了严重的边境外族侵扰，安定了边地的纷乱；在西方，开通了西域，取得了36属国，实现了同欧、亚各国政治、经济、文化的交往；在西南方，恢复了秦时设置的郡县，消除了割据势力，加强了各民族的团结与对中央朝廷的向心力；在东北方，与朝鲜诸族建立联系，设置了玄菟、乐浪、真番、临屯4所郡县。汉代疆域的空前拓展，为汉民族与中国广大疆域的形成奠定了基础。可以说，汉代是一个蓬勃发展的社会，是一个面向世界的社会，是一个对外交流与开放的社会。强大的国力使汉代的经济生产、科学技术的发展日新月异，其发展水平在当时居于世界的前列，是名副其实的世界强国。

由于汉王朝综合国力强盛，中国第一次有人走出国门，与世界其他国家在经济、文化等方面进行交流。在交流中，古老的中华民族见到了与听到了前所未有见闻的世界异域的风俗情事，开阔了眼界。同时，汉王朝在世界其他国家中的尊崇地位，也更增加了每个汉朝人的民族自豪感，使他们胸襟开阔、思想恢宏，有无限的时代责任感与历史责任感。如何站在整个中华民族的立场上，胸怀辽阔的大汉疆域，以主人翁的态度来总结中国以往的历史，尤其是秦末以来的历史，探索整个民族发展的原因和规律，尤其是秦帝国灭亡的历史教训，如何正确认识当今世界，抒发对大一统时代的强烈感受，为巩固当今大一统君主专制社会提供新的世界观，是当时汉代人需要深思的问题。汉兴百年来，已具备了奠定汉代大一统文化需要的物质基础，于是时代自然要求一个足以与物质文明相适应的以“大汉气象”为标志的大一统文化。以传承中华文化传统为特征，以宣扬大一统为重点，以阐述伦理道德为内容的儒学，自然成为时代的正确选择。

2．大一统文化确立的政治基础

以伦理、政治为特征的汉代文化，强烈地反映了封建社会大一统的意识，而大一统中央集权的君主专制，又是大一统文化形成的政治基础。封建社会大一统是一个地缘性的概念，就是在辽阔的封建帝国境内，不分民族、不分贵贱、不分老幼，其思想意识与行为规范都统一服从于中央集权的国家，而中央集权国家的核心又是皇帝，所以实际上是全国都统一于皇帝。这种大一统意识是经过历史的长期发展而形成的，地缘性的大一统又是建立在家族血缘关系的基础之上的。

在秦汉大一统中央集权制的国家里，统治者利用传统的血缘宗法观念，将敬长自然延伸到尊君，将父子、夫妻关系与君臣关系纳入同一体系，用大一统的宗法观念规范每一个社会成员。汉虽承秦制，但在文化的选择上却与秦大相径庭，汉朝统治者主要选择了儒家的思想，更加重视血缘宗法观念对大一统国家的维护作用。汉代虽提出“罢黜百家，独尊儒术”，而实际上，并不采取单一的传统儒学，还吸纳其他学派思想对传统儒学进行改造，进而形成“新儒术”。儒家的忠孝道德之礼与法家的君主至上之法融合而统一，董仲舒的经学因有广泛的社会基础而成为国家的正统思想，还有根深蒂固的宗法政治意识及政治制度的驱使，形成了以上所述的种种文化现象。

3．大一统文化确立的经济基础

汉代大一统文化的高度发达，绝不是几位“天才”人物就能造成的，归根结底，是新的经济基础成熟与发展的结果。

关于汉代经济基础，涉及的内容很广泛，如生产劳动力雄厚，人口因社会稳定而迅速增长；生产资源丰富，形成了山西、山东、江南和龙门碣石以北的四大经济区，疆域幅员辽阔，各地物产因自然环境与资源不同而有差异，彼此之间形成了互通有无的依赖关系，单一的自然灾害一般不会导致经济的全面衰退。

汉代是在秦帝国的废墟上建立起来的封建王朝，秦帝国遗留给汉帝国最大的遗产就是新的大一统封建制度，包括其封建制度的核心部分——封建土地制度。与秦帝国二级结构的土地占有形式相比，汉帝国的土地所有制有三种并存的形式：国家土地所有制、大土地私有制、小土地私有制。汉帝国比秦帝国多了一种大土地私有制的形式，零星的大土地拥有者虽在秦帝国也存在，但作为一种有影响力的私有制在秦帝国时还未来得及形成，秦帝国便灭亡了。经济结构是指国家经济的各个组成要素在整个国家经济系统中的有机组合和比例分配。这三种土地所有制占据了当时经济总体中的大部分。两汉时期，这三种土地所有制产生了良好的相互作用，共同塑造了两汉经济的整体格局。

井田制瓦解后，土地可以自由买卖，从事农业生产的劳动者从土地附属物的地位中解放出来，摆脱了对土地国有制的人身依附，但这并不能说土地国有制就不复存在，也并不能说获得土地支配权的农民真正有了“自由”。因为汉帝国仍承秦帝国君主专制的体系，不仅保留着土地国有制，而且对全国的私有土地也有强大的干预权力。汉代的国有“公田”数量是非常庞大的，一切未经开垦的荒地甚至无人认耕的荒田，统统归国家所有。

汉帝国的国家土地所有制、大土地私有制、小土地私有制三种土地所有制形式，构成了汉代经济结构的主体，也构成了汉代主要的社会关系。它们互相影响、互相制约，它们各自势力的消长，形成了汉代经济基础的多种变形，引起了汉代社会关系的各种变化。由于小土地私有制是汉代社会的经济生存基础，所以朝廷要赐小农以公田和爵名，赐以公田以保证国家赋税的来源，赐以爵名是防止小农沦落为奴，以保证国家征收赋税有较稳定的对象与数量，因为汉制规定：“凡有爵者，与七十者；与未乱者，皆不为奴。”[①]但是，朝廷繁重的赋税与劳役又是迫使小农破产的主要原因，大土地私有者正是趁火打劫者，利用小农的贫困，购买或巧取豪夺小农的土地，直至把破产的农民变为佃农或奴婢。朝廷中的大土地私有者也参与土地兼并，他们就是富豪在政权中的代表，朝廷一方面与大土地私有者有着密切的联系，另一方面为了政府与国家的利益，限制大土地私有者的占田数额，打击他们疯狂的土地兼并。在汉代，这三种土地所有制自始至终都同时并存，三种土地所有制有联系有矛盾，常处于变化之中，国家具有一定的调节能力，但各个时期的情况有所不同。总的来说，三种土地所有制的调节基本平衡，如果小土地私有制得到相对的保护或发展，就会出现盛世气象，如果遏制不住大土地私

① 陈朴，徐峰．汉书译注[M]．2版．上海：上海三联书店，2018．

有制的扩大与发展，土地兼并达到一定限度后，便会出现大批流民，社会生产力会遭到破坏，国家就会陷于动乱之中。这正是汉代各个时期产生不同思想倾向文化的根本原因。

武帝一改前朝无为政策，积极有为地干预经济，严酷打击大土地私有者的土地兼并。这样做的目的是巩固中央大一统政权，客观上保护了小农经济，而小农经济正是封建国家租税赋役的主要来源，小农经济的发展是武帝在位时国家达到鼎盛的前提。只有在鼎盛之世，才会出现全国政治的高度统一。也正因为汉民族的正式形成、疆域的稳固及国内各民族的大融合，才会确立儒学的正统地位，才会产生对中华民族的发展进行系统总结的意识，才会产生司马迁、董仲舒、司马相如等文坛巨人。汉代的盛衰与小农经济的盛衰相联系，由于武帝好大喜功，频繁对外战争使得国家财政消耗过大，繁重的赋税、劳役、兵役破坏了小农经济的平稳发展，封建鼎盛的局面开始走向衰微。

（三）大一统文化形成的自然环境

同一个人思想意识的生成与发展离不开他所处环境一样，一个民族、一个国家的文化生存与发展，也脱离不开它的环境。这个环境一方面是指人与人互相结成各种关系的社会环境，如经济基础、生产关系、社会结构等；另一方面是指自然环境，如地理、气候等，自然环境虽不是影响文化生存发展的主导因素，但也应给予一定的关注。由于自然环境的缘故，不同的区域会形成不同地域的风俗习惯，不同的生产、交换和生活方式，并在此基础上，形成不同的民族、地方语言及地域文化。不同地域的民族及地域文化的交流、融合的程度与方式，主要由社会制度所决定，但自然环境也起一定的作用。

汉代主体文化最突出的特色就是其统一性与综合性，这种统一与综合不仅表现在文学、史学、哲学的统一、综合，而且表现为对先秦儒、道、墨、法、名、阴阳等各家学说的综合与交融，也表现为全国境内各地域、各民族文化的综合与融合。文化上的综合与融合并逐渐趋于统一，正是封建大一统文化特色的一种鲜明体现。在综合与融合的前提下，汉朝形成了以汉族文化为主体，以少数民族文化为多元的一体文化，这种文化是远古及三代文化的继承与发展，标志着中华文化基本成型，成为2000多年来中国封建社会文化的标准。

1. 特殊的地理环境

汉代文化具有综合的特色，是封建大一统政治、经济发展的反映，是汉帝国境内各地区各民族文化交流、融合的结果，是占正统地位的封建礼法起了精神推动作用的结果，除这些原因外，还有一个独特的地域环境原因，这也是不可忽视的。当然，汉代文化的综合性，也是三代文化甚至更久远的中华文化综合特点的继承、发展，中华文化从“具有文字性质”的陶文算起，就开始了向综合性方向的演化，这种演化也与地理环境有一定的关系。

我国的环境较特殊，西北是大漠荒原，东南是汪洋大海，西南又是高山峻岭，这些地理环境形成了一个幅员辽阔却又与世界隔绝的自然封闭状态，在当时社会生产力比较低的情况下，交通运输很难打破这一封闭式的地理障碍，很难与域外的国家与民族交往，和域外交往晚至汉代才开始的。在这一自然环境中，境内的各民族容易互相交往、融合，国家便于统一。在汉代形成的汉民族本身就是由多民族融合而成的，中华民族大一统观念是经过长时期民族融合的历史发展过程而形成的。多民族融合的标志是多方面的，在这种环境下产生的境内各地域、各民族文化融合的时间久远，而不受域外文化的影响，所以融合而成的中华文化特色特别鲜明、特别单纯。随着社会的发展，我们后来与外界有了交往，从汉代开始，我们接受了印度佛教文化的影响，近代又有了所谓的“西学东渐”，我们接受了西方文化的影响，但不管外界对中华文化有多大的影响，中华文化都表现出一种特别强的兼容性，即能把外来文化进行吸收、消化后再融合，最终使之变成自己文化的一部分，正因为中华文化具有极强的兼容性，它才从未被外来文化所同化，始终保持着自己鲜明的民族特色。

中国山地多，平原少，由于山地多不适宜畜牧业发展，而人的食物来源主要是粮食，所以从三代以来，特别是周代，统治者就十分重视农业生产。秦帝国日益强大，最后能统一中国，主要就是靠推行奖励“耕战”政策，大幅度地提高粮食产量，为秦帝国实现政治、军事目标奠定了物质基础。汉代建立后，汉朝统治者仍推行“重农抑商”“重本抑末”的经济政策，贾谊的《陈政事疏》（又名治安策）、晁错的《论贵粟疏》等，十分清楚地阐明了这一治国的基本思想。不仅黄河流域与长江流域农业生产要继续发展，还使农耕生产区域向四周扩展，北起长城南到岭南，极大地扩大了全国的农耕面积。另外，大规模地向西北地区徙民屯田，把原来的一些牧区变为农垦区，确立了以农业为主体的国家经济体系，从而也确立了以农耕文化为主导的文化体系。北方的游牧文化与南方的山地游耕文化，都受到了农耕文化的影响，它们经过农耕文化的熏陶，与农耕文化互相交融，也有了农耕文化的色彩。

当然，汉代的农耕文化与远古及三代的农耕文化有很大的区别，主要体现在生产工具上的区别。汉代已经大规模地使用铁器耕具与以牛为主的畜力，而远古及三代的农耕工具基本上还使用的是石、铜器农具。由这种新的农耕生产方式建立起来的家族制度，完全能融入大一统的君主专制制度之中，并成为君主专制制度的坚实基础。

2. 汉代各地域民族文化大融合

汉代文化所具有的统一性，是国内各民族大融合的结果，国内各民族大融合的最显著的特征就是国内各地域、各民族的文化大融合。从汉之前的远古时代以来，国内各民族就在交往中不断地进行民族融合，但真正在数量上与质量上实现大融合的时期是汉代。汉代产生了经由长期民族融合而形成的一个新的伟大民族——汉族，这个新民族构成了汉代国内各民族的主体民族，这一民族后来一直是中华民族的主体民族，直到现在仍如此。汉民族在汉代大致是由“汉人”转化而来的，“汉人”开始是指汉王刘邦统辖下的关中地区的所有臣民。当汉朝成立后，百姓开始与西域交往，“汉人”的含义发生了变化，这时的“汉人”已相当于当时中央集权制下汉帝国所统辖下的国人了。实际上，汉人与汉族还是有所不同的，在汉代，汉族主要是以华夏民族为主加之汉帝国境内部分其他民族共同融合而成的，它构成了汉代多民族国家的主体。汉族主要分布在农业发达的地区，汉民族的文化代表了汉代文化的主体，并且这种文化无疑也是多民族融合的文化。汉代民族大融合既是汉代大一统的结果，也是中华民族历史上各民族长期融合的继续，大一统加快了民族的融合，最终形成了中华民族的主体民族——汉民族。

汉代民族的多元及政治的统一，决定了汉代文化的特色。民族的多元使汉代文化具有不同民族地域性的特点，文化的地域性特点大大丰富了汉代文化的内容、风格与表现形式，形成了大一统整体文化统摄下的多元文化特色，为汉代文化的民族特色增加了丰富的色彩。同时使各地域、各民族的文化具有了既能输出本地域、本民族文化，又能输进其他地域、其他民族文化的功能。汉族在多民族中的主体地位使汉族文化转变为国家的标志性文化，随着大一统政局的持续与巩固，汉族文化对各少数民族文化的影响与渗透逐渐加快，加速了各地域文化的向心力与统一性，从这一意义上讲，至汉代才真正形成了博大精深的中华文化，一种以文、史、哲为主体的多元一体文化。

第二章　汉代思想与学术

战国时代是我国历史上百家争鸣的黄金时代，数百年间名家并作、诸子峰起，著述的简册汗牛充栋。学术上各自标新立异，争鸣不已。但是，秦始皇一统天下之后，焚书的烈火吞噬了千年典籍，坑儒的浩劫一度终止了百家争鸣的鼎沸局势。在这种高压政策下，中国学术界顿时变得寂然无声。秦王朝统一的15年中，未能出现一个伟大的思想家，吕不韦的《吕氏春秋》还是写在秦始皇执政之前。因而谈到学术思想，鼎盛的秦王朝只留下一片空白。但是，任何高压政策都是“短命”的，血腥屠杀与烈火审判也阻挡不了人类思想文化发展的进程。因此，地火在厚重的地壳下默默运行，一场暴风骤雨式的农民运动使秦王朝这个庞然大物最终灰飞烟灭。在这一片废墟上，又诞生了一个新的王朝——西汉。一度被秦始皇中断的学术争鸣又重新活跃起来。汉代的思想学术虽不及春秋战国时的百家争鸣那么轰轰烈烈，但也可谓众星璀璨，留下了不可磨灭的印迹。本章将从汉代思想学术发展概述、汉代学校教育、纬书与汉代经学三个方面对汉代思想与学术展开论述。

第一节　汉代思想学术发展概述

一、百家争鸣的余波

按照传统观点，百家争鸣到秦代就终止了，而汉代仅仅是由“黄老之术”到“独尊儒术”的发展过程，这似乎已成定论。但是，假如我们翻开史册，就会发现，秦始皇并没有焚尽天下之书，坑尽天下之儒，春秋战国时代的百家争鸣并没有因焚书坑儒而结束，迄至汉初仍留下强烈的余波。

当张良在博浪沙（今河南省原阳县）行刺秦始皇失败后，逃到下邳（今江苏省睢宁县）。在机缘巧合之下，圯上老人黄万公赠张良《太公兵法》一部。陈涉起兵时，孔子的八世孙孔鲋也抱着孔子的礼器往归义军，当了陈王的博士；在楚汉战争时期，儒家、墨家、法家等不同学派的学者遍布全国。当汉高祖刘邦率军围攻鲁国时，鲁国的学者正在进行礼乐的传颂，弦歌处处可闻。儒生郦食其自称高阳酒徒来见刘邦，为之出谋划策。刘邦刚刚登上皇帝宝座，就有儒生陆贾时时前说称《诗》《书》，著述《新语》；叔孙通率邹鲁儒生为刘邦制定朝仪。在汉代初年，汉朝统治者吸取了秦亡的教训，于是，在文化、学术、思想上采取了开放方针，废除了秦朝的"挟书律"，多次派人"求亡书于天下"。因此，在这种新的形势下，诸子再起，百家俱兴，百家争鸣的战鼓又擂响了。

百家学说复兴是从汉惠帝四年（公元前191年）废除"挟书律"开始的，学者从焚书的书堆里搜罗了许多残存的断简残编，并结合民间探访等多种途径，整理出了许多春秋战国时期的书籍和文献。到了汉文帝之后，诸子传说、百家之言、各种典籍不断涌现。其中相当一部分是汉代学者的新作，先秦学派除名、墨两家渐衰外，各家学说都有新的发展。例如，汉代新著的道家著作有《捷子》《曹羽》《郎中婴齐》《道家言》《臣君子》等，阴阳家新著述的有《公孙浑邪》《五曹官制》《张苍》《天下忠臣》等；汉代法家著作有《晁错》，此外《九章律》《傍章》《越宫律》《朝律》等属于法律文献；汉代纵横家著作有《蒯子》《邹阳》《主父偃》《徐乐》《待诏金马聊苍》等；杂家有新作《淮南子·内外篇》《东方朔》《博士臣贤对》《臣说》等；农家有《董安国》《氾胜之》《蔡癸》等。汉代的诗赋之家多不胜举，五行方略术数的著作更是层出不穷，著名的就有唐都、苍公等。汉代军事家著述更是汗牛充栋，仅汉初张良、韩信整理的兵法著作就多达182家，经过删除、整理、留取精华后，定著为35家。到汉成帝时，军政官杨仆又进一步搜集兵书，整理著录，依然还未到达完备。儒家著述到汉初时更是支派流漫、洋洋大观。当时学者各凭所记所看，同一古书就有多家版本，同一学说又有各种派别。就六经而论，淄川田生讲《易经》；济南伏生授《尚书》；言《诗经》者，在鲁有申培公，在齐有辕固生，在燕则有韩太傅；讲授《春秋》者，在齐有胡毋生，于赵则有董仲舒。从学者对先秦诸子著作的整理和大量新的著述来看，汉初已颇具春秋战国时百家争鸣之盛况。

当然，汉初的思想家绝不只是钻在断简堆里整理残篇，而是广招弟子、开业授徒、干预政治。像家累千金的杨王孙也去学黄老之术，官居高位的主父偃也去学纵横长短之术。汉文帝时，伏生已是耄耋之年，仍然开业授徒，太史令司马谈为了增进自己的学识，向多个领域的教师学习多种类型的知识，向唐都学习天文方面的知识，向杨何学习易经方面的知识，从而使他获得了广泛的知识，最终创作出了《论六家要旨》。这些都说明当时百家私学十分盛行，并得到了汉朝统治者的默认。许多成绩显著的学者任博士，进入仕途，所以在汉武帝之前，诸子开业、百家讲学，成为一时的社会风尚。

与此同时，诸子各家都力图干预政治，以自己的学说观点来影响国家的政策方针。于是，学术争鸣就成了不可避免的历史必然。进一步发展后，学术争鸣就成了勾心斗角的权力之争，对于学术争鸣的最终裁决者是至高无上的皇帝，因此，汉代的诸子与先秦战国时又有所不同，他们颂刘宣汉，以在朝廷中争得一席之地，谋得一官半职。陆贾絮絮叨叨地给刘邦说《诗》《书》，致使刘邦听得厌烦，然而当他把为汉王朝统治长治久安而炮制的理论《新语・十二篇》呈给刘邦时，马上就博得这位“马上英雄”的连连称赞。于是儒家思想逐渐登上政治舞台。相隔不久，曹参任齐相时，又曾召集齐地长老诸生商讨治世之道和安邦定国之策。当时各家学派的代表人物汇集，人人言殊、各逞雄辩。只是这次儒家学说和其他学者都碰了一鼻子灰，曹参对精通黄老之学的胶西盖公特别器重，尤其对他“治道贵清静而民自定”的方针异常赏识。以此施行果然任职九年，人民安集，时称贤相。萧何死后，曹参继位相国，又进一步把黄老学派的政治策略推广全国，甚至在用人上对那些所谓“讷于文辞，谨厚长者”的人委以重任，迁为丞相史；而对那些能说会道、言辞尖刻者一概厌恶，稍有锋芒棱角，即罢官斥退。在政治上照旧规“守而勿失”，无所变更。以后汉文帝喜好刑名之学，汉景帝不任用儒生，窦太后自己爱好黄老之术，自不必说，并且要求皇太子和外戚都必须学习黄老经典。当时的统治阶层或显贵之人过世后，也通常会陪葬一些黄老道家的著作。当此之时，甚至一些公卿一旦博得黄老大师的青睐，也能增加自己的身价，黄老之术的地位可想而知了。

尽管如此，黄老之学并没有独尊，儒家也没有退出历史舞台，因而就出现了“以儒绌老，以老绌儒”的明争暗斗局面。这种学术之争一旦蒙上权力的阴影，就要付出鲜血和生命的代价，即使是在黄老之学盛极一时的文景两代，伏生仍然以硕儒大师的身份给晁错讲授《尚书》，兰陵王臧学《诗经》之后为汉景帝服务，当太子傅，可见儒家学说在朝廷内也有一席之地。当时儒家的学者代表辕固生和道家的学者代表黄生就“汤武革命”之说展开了学术争论。黄生认为：冠和鞋的位置不能颠倒。即使桀纣不端道德，仍然是一国的君王；即使汤武为人贤，也只是国君的臣下。因此他说：“汤、武非受命也，乃弑也。”辕固生却持相反的观点，当时汤武获得了民心，因此汤武登上皇位是理所应当的。汉景帝也无法在这场争论中确定谁是谁非。如果认可黄生的说法，就等同于承认汉高祖的皇位是从秦朝皇帝手中篡夺的；如果要接受辕固生的观点，就相当于承认如果汉朝皇帝不称职，就可以被贤明的君主替代。这两种学说对汉朝的统治都是不利的，因此只能说“食肉毋食马肝，未为不知味也；言学者毋言汤武受命，不为愚”①。窦太后得知此事后，为了贬低儒家学说的地位，特意让辕固生现场解读《老子》一书的核心思想。意外的是辕固生毫不让步，只是回答说“此是家人言耳”，这句话让窦太后怒火中烧，下令让他和野猪搏斗，想让他死于非命，汉景帝闻言暗地搭救，给了他一把利剑，才让他逃过一劫。在武帝登基之初，窦婴、田蚡和赵绾都倾向于推崇儒家学说，驳斥黄老道家思想，这激怒了窦太后，她下令免去了窦婴和田蚡的职务，并将御史大夫赵绾拘禁起来，对崇尚儒家学派的官员均采取了严厉的措施。儒家和道家之间的竞争日渐激烈，法家、阴阳五行学说和纵横家也卷入了学派的纷争中。自汉朝创立以来，萧何起草了《九章律》，后来叔孙通作《傍章》18 篇，直至汉武帝时期，张汤制定了《越宫律》、赵禹创制了《朝律》，这说明在汉朝的统治过程中，法家思想发挥了重要的作用。无论是推崇黄老之学，还是崇尚儒家的学说，法家思想都是统治者的有力武器。虽然汉文帝极为推崇道家的相关理念，但他对法家学派的崇尚者贾谊和晁错也十分重用。贾谊一年之中连续升迁，官至中大夫，各种法令的更定、列侯就国都听从贾谊的建议；晁错也是如此“错又言宜削诸侯事，及法令可更定者，书凡三十篇。孝文虽不尽听，然奇其材”②。但是后来贾谊因得罪了那些因循守旧的权贵而被贬谪长沙，胸怀一腔热血最终郁郁而死。

法家另一个代表人物张释之依法判案，不阿权贵，敢抵制天子之命，这种尊法依法颇有商君之风。直到汉武帝时，许多酷吏都通晓法律，执法不阿。赵禹“据法守正”，并奉诏与张汤论定律令；严延年“少年法律于丞相府”，力行法治；郅都“行法不避贵戚”，以“奉职死节官下”自勉；宁成“其治效郅都”。这些酷吏都是一代名臣，在制定法律、推行法制的想法上，都近似先秦的法家思想。

战国时期邹衍创建的“阴阳五行”学说和“五德终始”理论也发挥了重要的作用。从汉高祖“自以为获水德之瑞”建北畤，张苍等阴阳五行学家都以水德吹捧，认为应尚黑色，数应六；而贾、公孙臣却认为汉朝的建立是土德，应该“色尚黄，数用五”。这一争议直到汉武帝时才结束。然而，原本属于独立学派的五德终始说在武帝时期已经属于儒家的学说。谶纬迷信和方士作为阴阳五行理论的衍生分支，得到了大肆发展，进入民间。

---

① 陈朴，徐峰．汉书译注[M]．2版．上海：上海三联书店，2018．

② 陈朴，徐峰．汉书译注[M]．2版．上海：上海三联书店，2018．

汉初时期已有蒯通的著作，他的著作主要涉及纵横之术，后来在汉武帝统治时期，主父偃又将蒯通的学说发展到了一个新的高度。主父偃还给汉武帝上书，让诸侯把封地推恩分给弟子，以削弱封国势力，他也由此得到汉武帝的赏识。后来汉武帝采用了推恩令，使纵横之术的理论得到了一次实践的机会。在汉代，杂家思想也得到了新的发展，《淮南子》这一新的学术著论，可以说是吸取了各家思想的精华，是一部集大成之作，兼儒道，合明法。

从历史的发展来看，汉初的百家争鸣是春秋战国时期百家争鸣的延续发展。其争鸣形式及内容与先秦时代的争鸣有相通之处。虽赶不上战国百家争鸣之盛，但不少学派都有所发展，学者中亦不乏一代风流的佼佼者。可是，毕竟改朝换代、时过境迁，汉初的历史条件与社会环境有所不同，所以汉初的百家争鸣也有自己的特点。

首先，汉代百家在争鸣中走向融合，已不像先秦时代那样，诸子学说界限清楚、壁垒森严，而是在争鸣中卷起思想学术合流的波涛。各家彼此扬长弃短、互相吸收，界限已不是十分明显。一个人的思想对诸学说可兼容并蓄，对立的学派也可彼此学习。例如，陆贾是公认的儒家，然而著作中却不乏道家思想；晁错是法家代表人，却投师伏生受业《尚书》。对一位学者究竟属于哪一家有时也难以划分，司马迁称贾谊明申、商之术，而《汉书》中却称贾谊为“醇儒”，其实在贾谊思想中，儒、法、道、阴阳都兼而有之。阴阳五行本属一门独立学派，在汉代却被儒家吞并。

其次，汉代学术争鸣与政治斗争结成姻亲。一方面学术争鸣为了争得政治权利，进入仕途，权力之争往往贯穿着学术问题的争鸣。另一方面诸子百家争得自己的地位，又都转向为新兴的西汉王朝的统治服务。战国时老庄之学的道家充满了消极颓废思想，一个向往着鸡犬之声相闻，民至死不相往来的“小国寡民”社会；一个神出六极之外，追求“无何有之乡”。汉初黄老之学的道家却用“贵清静而民自定”的学说为新生封建王朝提供了一套统治策略。先秦儒家孔子为挽救“礼崩乐坏”的周王朝，疾呼要“克己复礼”，在汉代，儒家学者一方面为统治者提供礼乐方面的帮助，另一方面运用“天人感应”理论帮助汉朝统治者稳固政权。当时曾到列国传播儒家学派思想的权谋家，到了汉代只能向皇帝献上“推恩令”，阴阳五行家为汉代天子推德运、改正朔，连那些诗赋家司马相如、扬雄等的作品，也失去了屈、宋辞赋的慷慨激昂之音，成了歌功颂德、阿谀奉承之词。

汉代诸子百家由战国诸子百家发展而来，有着明显的继承性，每家每派的学说都可以在先秦诸子中找到思想渊源。但是，先秦诸子崇尚理论空谈者多，勤于著述而与统治者合作者少（法家、纵横家的例外）。汉代则恰恰相反，理论建树虽不及先秦之盛，却把理论都用到维护汉王朝的统治之中。叔孙通虽然只会制定朝仪，但由于能被刘邦采用，所以，他比圣人孔子和孟子终生东奔西走、抱负无法施展的遭遇幸运多了。汉代法家虽然没有《荀子》《韩非子》《商君书》这样的精深之作，可是在制定法律条文上却远胜他们的先辈一筹。总之，汉初的诸子百家虽然与春秋战国时的诸子百家一脉相承，但在新的历史条件下，也不乏新的内容、形式及特点。同时，汉代初年的百家争鸣也具有鲜明的时代色彩。

二、先秦诸子学说的扬弃和发展

在百家争鸣运动中，诸子各家学派互相吸取，彼此融合，共同为封建王朝大一统探索新的思想统治理论。在总方向一致的基础上，逐渐实现了思想、学术、文化的融合。文化学术融合的独特发展路径在于自由的学术氛围，与政治观点并非完全一致，就像秦始皇使用武力将六国统一，但无法将学术思想统一一样。因此，他只能通过焚书坑儒和残暴迫害的极端方式，破坏学术自由的道路，并且这也阻碍了春秋战国时期学说的延续和发展进程。汉初统治者要比秦始皇聪明得多，一方面他吸取秦代统治者选择统治思想、制定文化政策的失败教训，在文化学术上采取了开放方针，促使了百家争鸣运动的复兴；另一方面，在百家争鸣运动中，在诸子思想合流的进程中，他支持各种学说的互相对立和互相补充，支持董仲舒的新儒学。如果说百家争鸣到了战国末期，如百川归海逐渐融合，并由兼采墨、道的儒家荀子开其端，那么，到汉武帝时代董仲舒则总其成，完成了这一使命。从此，中国 2000 多年的封建社会里，“儒教”一直被奉为统治者的治国理论。

早在汉朝建立初期，刘邦称帝，天下初定，一切制度均属于草创，并无一套系统的治世之良策，更无法把哪一家学说作为统治思想。他深感“天下匈匈，劳苦数岁，成败未可知”[①]。因此从汉高祖到汉武帝一直是对各家学说保持兼容，直至汉宣帝时还是王霸杂用。刘邦虽系市井无赖之徒不喜欢儒生，但当他觉得叔孙通、陆贾之类的儒生颇有用途时，立刻就会赠给黄金，封以高官厚禄。汉武帝虽然号称崇尚儒术，独尊儒术，但实际上重用张汤、赵禹之类的酷吏，治国方略也颇崇尚法家，主父偃也备受信任和重视。汉代统治者的文化政策与秦朝的政策完全相反，只要是利于汉王朝统治的学术思想，都可以兼纳并容。这是汉初百家争

① 陈朴，徐峰．汉书译注 [M]．2 版．上海：上海三联书店，2018．

鸣运动能够风靡一时的前提，也是汉武帝“独尊儒术”而产生董仲舒神学思想体系的前提。

董仲舒的思想得以产生且具有深远的影响，有着深刻的历史渊源和社会条件。在汉景帝时，董仲舒曾以治《公羊传》做博士官；汉武帝即位以后，他上“天人三策”受到汉武帝的赏识。他广泛吸取各家思潮中有利于封建统治的学说，并把它们全部融入儒家思想体系的理论之中，最终他成为当时儒学的一代宗师，两汉中央集权统治理论基础的奠基人。董仲舒的思想体系实质是以儒学为纲，广收百家诸说，对战国到汉初百家争鸣、文化融合进行的一次大总结。

董仲舒所处的社会处于中国历史的繁荣时期，政治上的中央集权制度已经十分稳定，社会经济也得到了迅猛的发展。这时汉王朝以一个版图辽阔、幅员广大、人口众多的封建帝国屹立于世界的东方。大汉国威，远震中亚，波及欧洲。一个强盛统一的王朝需要一个统治思想，经过汉初百家争鸣与文化融合，从理论上讲，思想统一的时代已经到来，汉王朝统治者经过百年实践，也掌握了各家学说中有利于自己统治的部分内容，所以，早在董仲舒之前，太史公司马谈作《论六家要旨》，就已总结了诸家学说的优劣短长，反映了汉初对各家学派的理论总结。董仲舒正是在这种文化融合、思想总结的基础上，形成了自己的学说。他以儒家思想为基础，综合了一部分黄老学说，并吸收了阴阳、名家、法家等各家思想之后，才建构起了一种新的封建思想体系，这正是当时社会条件下的产物。

董仲舒所提供的新的封建体系，适应了时代要求和满足了统治阶级的需要，他以“天人感应”论为汉代天子受命于天，为下牧万民做出了权威论争。他把阴阳五行学派的理论纳入儒学的思想体系中，成为汉儒重要基础“董仲舒治《公羊春秋》，始推阴阳，为儒者宗”①。他把自然现象拟人，赋予道德的属性，把自然界一切看作上天有意识、有目的的安排，自然界的变更被视为天意的表现，封建社会各种等级名分和隶属关系也是天意的安排，于是，天上的神权，地上的皇权就密切联系起来，融通为一。也就是他所说的“事应顺于名，名应顺于天，天人之际，合而为一”②。他既发展了孔子的“君君、臣臣、父父、子子”的正名说，又吸取了韩非“臣事君，子事父，妻事夫，三者顺则天下治，三者逆则天下乱”的三纲思想，实现了儒法合流、霸道杂之。他还提出了德刑并用，以德教为主、以刑名法治为辅的统治方针，同时他又把墨家“天志”“明鬼”以变相的形式融合在自己的天人体系之中。与其说“天者，百神之大君也”来源于他，不如说其源于墨

① 陈朴，徐峰．汉书译注[M]．2版．上海：上海三联书店，2018．

② 春秋繁露[M]．章世亮，钟肇鹏，周桂钿，译注．北京：中华书局，2022．

家，甚至“天出灾异谴告”的最初表达形式也是由《墨子》提供的。至于名家的“名理”，可以在董仲舒的“正名”等名目中找到它的身影，它的名号理论就是它的发展。总之他把先秦六家综合为一个新的思想体系，并以德威并举给汉朝统治者提供了统治万民的政治策略，因而他受到了统治者的青睐。所以董仲舒的思想是结束汉初百家争鸣、诸子合流论战进而建立综合性思想体系的历史要求与愿望的反映。因此，汉代“罢黜百家，独尊儒术”，从学术上看，只是形式上的消失，实际上是新体系的要素和组成部分。因此董仲舒的新儒学是诸子合流的共同产物，自然也合乎“本以霸王道杂之”的汉家制度，所以能在思想界定一尊的理所当然应是董仲舒的“儒术”。虽然该“儒术”还挂着孔子之术的大旗，但是，其流淌的不再是“醇儒”的血液。当然孔子大声疾呼“克克复礼”，本是为挽救奴隶制覆亡的一曲挽歌，而今脱胎换骨成了歌颂新生封建制度的赞曲。可是，如从历史发展的角度来看，董仲舒思想体系的产生也极为符合当时统治者对统治思想的要求，在当时的状况下，为社会确立一个统治思想体系能为哲学的发展奠定一定的基础。统治思想体系的提出和确立既是历史发展的必然趋势，也是中国社会的整体进步。但是，从历史发展的长河来看，这个封建统治思想一经确立，便影响着中国的文化，以及人们的思想、情趣，形成了一种笼罩在人们心头的无形灾难，不能不说这是中国历史的一大悲剧。

三、反叛正统者的崛起

在“罢黜百家，独尊儒术”之后，中国的思想学术界结束了百家并存、争鸣论战的热烈活跃气氛。虽然一时不会涌现出伟大的思想家，但有些经学大师仍执着于研究那些烦琐的章句之学，为诠释经典一句，动辄洋洋万言，但在新意上却有待提高。于是，那些章句之学的经学讲义受到了历史公正的决裁，在历史长河中，几乎全部被淘汰。就像刘向、刘歆父子这样的佼佼者，也只能讲“天人感应”，只能站在刘氏皇族的立场上，借天变、灾异来诤谏皇帝，以挽救王朝的没落，反对擅权的外戚。其实刘向本人也未必那么迷信“天人感应”，只是“天人感应”是汉代的权威观念，君可以利用“天名”“天变”来诛戮大臣、驱虏臣民，臣又何尝不可利用“天变”来奉劝一下君主呢？

西汉末年不甘沉沦为庸人的学者，想奋发有为，研究所谓“经世致用之学”，但俱于统治者的淫威，洋洋洒洒著述几本书，还是逃不出前人之窠臼。本想有所建树，但终究仍无大的作为。扬雄就是这样一个悲剧式的人物。在扬雄的少年时期，他好学而不死守旧章句，博览群书，诸子百家之言无所不读，成为经学、小学、辞赋兼长的学者。他既羡慕同乡的司马相如，也尊崇屈原，但是，他又认为屈原是因为不会处世才落得汨罗江自尽的悲剧，于是写了一篇《反离骚》，从岷山投入江中悼念屈原。屈原命运多舛，固然坎坷，然而其洁身自爱、忧愤投江，死后名垂千古、光照日月。扬雄虽然自负处世有方，可是命运之神并未向他微笑，他的后半生正处于刘汉王朝与新莽王朝的交替时期，历经西汉末年的成、哀、平三个皇帝，既未能得到高官厚禄，也谈不上施展宏图抱负。他的理想变成了一片缥缈的浮云。

汉成帝是一个好游猎的皇帝，扬雄曾多次随成帝巡游打猎，扬雄曾拟司马相如的《子虚赋》《上林赋》等赋而作《甘泉赋》《羽猎赋》《长杨赋》，意在讽谏。但是，其赋中多描写山川景物、楼台宫观、车骑扈从，多靡丽之词，不仅没有起到讽谏作用，反而成了阿谀奉承之词。后来，他开始研究“经世之学”，不仅颇花气力，而且其学术思想充其量是前人的翻版。例如：从道家吸取了“玄”的观念，编造一些耸人听闻的神乎其神的说法；引用一些生僻的字使人难以理解。他认为只有这样才算高明不俗。如果站在学术思想发展的角度来看，在那儒术独尊、谶纬盛行的时代，扬雄敢于吸取黄老的基本观念，使它成为自己思想体系的奠基石，阐发己见；反对神鬼迷信，讥笑皇帝贵族修仙学道、追求长生不死之举，在当时也算是略有胆识的人物。面对荒淫腐败、豪强兼并的西汉末年现实，扬雄能敢于揭露批判，从历史发展角度探讨历史进步的必然规律，强调人的主观努力作用，也颇有一定道理。另外，扬雄在调和各家学说时，有取长补短的倾向，没有恪守儒家一家之言。他的《太玄经》的宇宙图式，其“玄”的观念，虽来自老子，崇尚自然，但能傲然独立于当时谶纬迷信思潮之上，成为当时离经叛道思想的开端，也是有值得赞美之处的。扬雄虽然胸怀异端，却不愿意当屈原那样的忠直之士，他努力行中庸之道，学明哲保身之术，这是他的处世妙方。他生于乱世且不如意，王莽登基，大肆杀戮，广泛株连，扬雄曾于惊惧中跳楼自杀未遂，后来又屈从王莽奉为大夫，死后还遭到封建正统史学家的贬斥和耻笑。

异端思想一旦发源，就如同滚滚洪流直冲封建正统儒家思想禁锢的堤岸。继扬雄之后，桓谭、王充、王符、仲长统纷纷发难，开始对董仲舒“天人合一”论神学思想体系进行批判，横扫低级庸俗的谶纬浊流，形成了一种异端思想的热潮。他们的学术思想虽然得不到封建统治者的承认，但是，在人类认识的发展中却立下辉煌功勋，像一颗颗璀璨的明星，光芒穿透正统思想封锁的云雾，给黑暗中摸索前进的人们在思想上投下斑斑光明。

如果说扬雄是胸怀异端思想，但犹抱琵琶半遮面，羞羞答答地不敢直言，那么桓谭、王充则是旗帜鲜明、大声疾呼地批判。扬雄尚慑于统治者的正统思想压迫，敢怒而不敢言，只是将异端思想透过艰涩偏僻的辞藻流于笔端，而桓谭、王充则是对刘汉天子当面抗争，奋笔直书。

第二节 汉代学校教育

汉代学校从办学性质上可以分为官学和私学两类。在汉代，官学主要分为中央和地方两类：中央官学以太学为主，后来在东汉时期又出现了宫邸学和鸿都门学；地方官学是指设立在郡、国、县等地的教育机构。私学可按其程度与学习内容分为书馆与经馆两类。

虽然某些具有特殊意义的学校，如带有贵族性质的宫邸学、非儒学性质的专门学校鸿都门学，并未成为固定的学习场所，只是偶尔举办。但是，汉代形成的这种中央、地方两级办学，并和广泛存在的私学相配合的学校教育框架，是中国封建社会学校教育的基本模式。汉代为我国封建社会学校教育制度的发展和完善奠定了基础。

除以学校形态存在的教育机构之外，汉代还广泛存在着其他形式的教育活动，如对皇子、王子进行的皇室教育，官师结合的“宦学事师”教育，世代相传的家庭教育和女子教育等。

一、汉代的官学教育

官学是指由政府主导设立和管理的教育机构，旨在培养符合国家需要的人才，其教育体系由政府确定。在西周，“学在官府”，官员兼任教师，统治者对教育体系的把控是绝对的。在春秋战国时期，社会动荡不安，传统的教育制度遭到了社会的破坏，私立学校崭露头角，开始承担起社会教育的重担。并且，在那个时代，官学和私学之间并不是竞争的关系，而是在一个社会体系中共存。官学和私学的盛衰变迁，实际上是此消彼长的关系。随着战国时期天下大同趋势的加强，政治方面的需要也促进了私学规模和官学规模的变化。统治者开始借助官学的力量培养自己的势力，私学的力量逐渐式微。在秦始皇将中国统一之后，他采取了文教政策，以法为教、以吏为师。虽然教育的作用没有得到当时统治者的重视，但是仍然保留了学吏教育这一教育制度。在西汉建立之初，西汉统治者便传承和保留了秦朝的学吏教育，但是随着政权局势的变迁，西汉王朝开始培养专门的人才，并将私学的教学内容引入新成立的太学中，逐步完善了人才培养的新机制，引领了官学的新时代。

（一）太学

汉文帝曾令太常派人跟随故秦博士伏生学习《尚书》，太常派遣晁错前往。这种由太常承诏派专人向指定人员学习指定内容的现象，就被视为中央官学成立的前奏。

元朔五年（公元前124年），汉武帝采纳董仲舒的建议，命令太常部与丞相公孙弘商议并实施设立博士弟子的事宜，公孙弘提出了具体的实施措施，并将博士弟子的数量确定为50人。从此，博士从朝廷顾问官员转变为了教授学识的学官，这宣告了中央官学之一的太学正式设立。

西汉太学设于长安（今陕西省西安市），太学成立后，规模不断扩大。汉武帝初建太学时只有50人，昭帝时增到100人，宣帝时增到200人。元帝时最初允许天下通一经者便可入太学学习，后因经费有限，限额1000人。成帝时曾一度增太学名额至3000人，一年后又缩减到元帝时的规模。平帝时，王莽辅政，于元始四年（公元4年）大规模修筑太学校舍，为学者筑舍万区，可容纳学生当在万人之上。

东汉都城迁往洛阳，于建武五年（公元29年）建太学，筑太学博士舍，修内外讲堂。据陆机《洛阳记》说："太学在洛阳故城开阳门外，去宫八里。讲堂长十丈，广三丈，堂前石经四部。"太学成为四方学士向往的地方，形成了"诸生横巷，海内所集"的盛况。明帝是一位极为重视教育的帝王，他在位的永元年间（公元89—105年）被后人认为是汉代教育最兴盛的时期，匈奴也于这个时期派遣子弟前来太学学习。

东汉太学经过光武、明帝两朝的大力提倡，一度兴盛之后，接下来是一段保持、徘徊时期。章帝也是一个很重视艺文的皇帝，尤其是建初四年（公元79年）举行的白虎观会议，被人们称为儒林盛事。章帝对太学虽没有新的措施和设置，但基本上保持了前代对太学的重视。和帝后期，由于外戚和宦官两大集团的冲突日甚，太学处在时兴时衰的徘徊阶段，故有樊准在永元十五年（公元103年）上书称"博士倚席不讲，儒者竟论浮丽"之说。和帝以后太学衰败，安帝时几乎停废，进入建学以来的低谷。不仅教学活动停辍，"博士倚席不讲，朋徒相视怠散"[①]，而

① 陈朴，徐峰．汉书译注[M]．2版．上海：上海三联书店，2018．

且教学设施也受到极大的破坏，太学校舍颓敝，成为人们开园种菜，牧儿樵童割草打柴的场所。

东汉太学的再度兴盛是在顺帝时代。在左雄、翟酺的建议下，顺帝于永建六年（公元131年）重修太学，扩建校舍。“造构二百四十房，千八百五十室”[①]于阳嘉元年（公元132年）落成，扩大招生范围，太学再度成为儒林荟萃之地。此后，太学的人数进一步增加，以致质帝本初元年（公元146年）的学生有30 000多人，成为太学创建以来的极盛时期。不过，这时的太学虽然从人数上看，规模空前，但因为统治者只把太学作为表彰儒学、为官僚子弟装潢门面、察举人才的储养之所，所以教学质量下降、学风日下。史称这一时期的太学为“章句渐疏”“多以浮华相尚”。整个东汉后期，太学虽受党锢和战乱的影响，兴衰无常，教学有时流于形式，但仍然保持了一定的规模。

（二）特殊学校

自从汉武帝专推儒家学说以来，后又经过了百余年的时间，社会文化的土壤更为丰厚，中国社会形成了重视经学的传统思想，即使在社会动荡的时期这种传统思想也没有中断。在东汉初期，光武帝十分注重社会的学习氛围，汉明帝不仅继承了光武帝倡导的经学传统，还将其发扬光大，使经学传授发展到了鼎盛。永平九年（公元66年），汉明帝建立的“四姓小侯学”也证明了其对经学的重视。随后，东汉政府还在洛阳城内陆续设立了宫邸学和鸿都门学等不同性质的学校。

1. 四姓小侯学与宫邸学

“四姓”指的是樊氏（外戚，光武帝母家）、郭氏（后宫，光武帝后家）、阴氏（后宫，光武帝后家、明帝母家）、马氏（后宫，明帝后家）。“小侯”是因为这四姓都不是列侯，故以此称之。“四姓小侯学”创立的原因，在《后汉书》明帝纪中没有记载，但后来邓太后在诏书中指出：“永平中，四姓小侯皆令入学，所以矫俗厉薄，反之忠孝。先公既以武功书之竹帛，兼以文德教化子孙，故能束修，不触罗网。”[②]这说明东汉时期外戚中多不受法治约束，为了巩固皇帝的统治地位，皇帝尝试使用儒家教育外戚后代，使他们“矫俗厉薄，反之忠孝”，避免外戚势力横生枝节。这样的记录也从侧面说明了外戚势力的壮大，他们已经进入官场，并在教育方面和他人区别开来。邓太后意识到贵族子弟犯罪行为的多发是因为教育的缺乏，因此创办了宫邸学。

---

① 陈朴，徐峰．汉书译注[M]．2版．上海：上海三联书店，2018．

② 范晔．后汉书[M]．北京：中华书局，1965．

四姓小侯学与宫邸学都属于贵族学校，因此办学的规模并不大，不足百人，且都是皇室或是外戚子弟。这两所学校的存在时间较短，基本没有在社会上产生影响，因此无法和太学相提并论。

2. 鸿都门学

在东汉灵帝光和元年（公元 178 年），鸿都门学成立。鸿都门学名称的来源是校址的所在地，校址在当时的洛阳鸿都门。鸿都门学实际上是专门研究文学艺术的学院，规模一度保持千人以上。鸿都门学的建立源于统治集团内部不同派别力量的博弈，另外也受到汉灵帝个人的影响。

鸿都门学学生多源于被士族看不起的所谓趣势之徒、斗筲之人。以“能为尺牍辞赋及虫书鸟篆”为招生条件，也以辞赋、小说、尺牍、字画等为教学和研究的内容，不学习儒家经典。毕业后多封以高官厚禄。

因为鸿都门学背后的代表势力是宦官集团，所以受到了士族官僚集团的强烈批判。议郎蔡邕、尚书令阳球、光禄大夫杨赐相继上书请求停止鸿都门学。虽然鸿都门学被当时的士族所不容，但是其在我国的教育史上起到了极大的作用。首先，它突破了传统的儒学教学内容，将诗歌、词曲、书法和绘画等符合社会文化发展需求的内容纳入了教学范畴，这标志着教育领域迎来了一场重要的改革。其次，鸿都门学是一所属于特殊类型的专门学校，为后世专门教育的发展提供了参考和借鉴。最后，它还是全球最早的专门致力于文学艺术教育的学院。

3. 东观

东观是一家皇家图书馆，不仅藏有海量的书籍，还拥有其他图书馆不具备的功能，这些功能和当时的学校制度是紧密相连的。因为东观聚集了许多文学家，并且位置就在皇宫之内，所以慢慢便具有了宫廷学校的性质，宦官和宫女的文化水平也有了提升。东观和太学在教学的性质和教学的内容上还是较为相似的，所以阳球在请求罢黜鸿都门学时说：“今太学、东观足以宣明圣化。”[①]，这表明东观也承担了教育的相应职责，太学与东观唯一的区别在于两者面向的学生不同。宫廷中不仅是君主和太子需要接受教育，汉代宫廷中的后妃、宦官等也需要接受一定程度的教育。在严格管控的汉代宫廷中，后宫妇女的教育主要由后宫的宫人负责，东观负责的是一部分的培训任务。准确来说，东观相当于后宫的学校，为后宫的宫人和宦官等提供教育。东观的设立与后宫妇女的学习需要有关，也与宦官参政的现实情况有关。

① 范晔. 后汉书[M]. 北京：中华书局，1965.

（三）皇室教育

1．对皇帝的教育

尽管专制皇帝拥有至高无上的权力，但是他也必须不断学习，以便熟悉政治事务。据先秦时期的经典记载，西周时期设立了专门负责教导的官职，分别为太师、太傅和太保。他们各自有明确的职责分工，太师负责传授知识和理论，太傅负责约束皇帝的道德行为，而太保则负责皇帝身体的康健。

汉代也有三公，而且地位较高，班固在《汉书·百官公卿表上》中说："太师、太傅、太保，是为三公，盖参天子，坐而议政，无不总统，故不以一职为官名。又立三少为之副，少师、少傅、少保，是为孤卿，与六卿为九焉。记曰三公无官，言有其人然后充之。"①

太师、太傅、太保的身份如果依照古代的思想理念来说，应该受到非常特殊的礼遇，同时也有权利引导皇帝的行为。但是，在专制社会中，君主不容许有管教天子的臣子存在，也不希望接受他人的监督，因此，尽管有师保之制，但这些职位基本上不被任命。对皇帝的教育主要是借助侍讲制度（也被称为劝诫讲解）来完成的。侍讲制度即由朝廷官员进入朝廷，为皇帝传授经书和讲授知识。这项制度最初起源于西汉，然后在东汉初期逐渐得到了完善和发展。

在汉代，最早以这种形式接受教育的是汉昭帝。据窦宪上疏追溯："孝昭皇帝八岁即位，大臣辅政，亦选名儒韦贤、蔡义、夏侯胜等入授于前，平成圣德。"②其后渐成制度，不断完善。

在东汉时期，只有明、章、和、顺帝是以皇子身份登基的，其他的帝王都是从诸侯王支系入选为皇帝的。这些诸侯王支系的皇帝没有接受过太子的教导方式，主要依靠儒臣侍讲的制度完成经学的教育。在历史上，许多帝王幼年时就已登基称帝，他们经常会师从著名的学者，然而这些学者不再被赋予太师、太傅、太保等头衔。比如：和帝的导师桓郁以长乐少府的身份进宫担任侍讲；桓彬以议郎的身份被允许进入宫中担任侍讲。

侍讲制度取代了师傅制度，这对加强中央集权统治具有重要意义，因为它从根本上调整了君臣关系。

从皇室学习的儒家经典内容来看，学习研究的重点在于《春秋》《尚书》《诗经》这三部作品，以及《论语》和《孝经》。汉武帝十分重视儒家经典的作用，

① 陈朴，徐峰．汉书译注[M]．2版．上海：上海三联书店，2018．

② 范晔．后汉书[M]．北京：中华书局，1965．

即位之初就把《公羊春秋》列为五经之首，他不仅自己酷爱《公羊春秋》，而且“诏太子受《公羊春秋》，由是《公羊》大兴”①。《尚书》也是两汉的重要经典著作之一。汉武帝本来对《尚书》一书并无好感，直到与专精于《尚书》的学者倪宽对话后，才开始重视《尚书》的作用。随后，宣帝、元帝等都开始学习《尚书》。东汉时《尚书》在帝王学习中上升到五经之首。刘秀曾在长安“受《尚书》，略通大义”②。明帝在被立为太子后，在桓荣的指导下学习了9年的《尚书》。从光武帝到汉顺帝，桓荣家族三代相继为帝王传授《尚书》。《诗经》是西汉帝王一致喜爱并重视的儒家经典。武帝对文学有浓厚兴趣，在晚年曾传召擅长《诗经》学的蔡义前来，听取他对《诗经》的讲解和看法，并特别委任他教导太子《诗经》学。另外，韦贤博士也教授昭帝《诗经》学的内容。元帝柔仁好儒，匡衡因“孝元好《诗》，而迁为光禄勋。居殿中为师，授教左右，而县官坐其旁听，甚善之，日以尊贵”③。然与西汉帝王相比，东汉帝王对《诗经》的学习和钻研较少，这反映了这两个时期的帝王在学习方面存在的差异。尽管《论语》《孝经》不属于五经的范围，但它们的地位和影响力却与五经相当，几乎每位帝王都研习过这两部著作。

因为皇帝有继承国家大统的需要，所以除极少数幼小君主是被动接受教育之外，大部分帝王都是自发的学习，并积极地研习经书的内容。又因为即位之后的约束力量大大减小了，所以皇帝开始选择他们自己喜欢的经书展开学习。

2. 对太子的教育

太子作为国家的继承人，直接关系到国家未来的发展前景，因此历代君主都十分重视对他的教育。西汉建国初期，刘邦即确定了太子太傅和太子少傅的人选，负责太子刘盈的教育工作。

在汉代，太子的老师一般由太子太傅和太子少傅担任。在汉宣帝时期，太子的外祖父希望任命他的弟弟来监护太子的学习。疏广曾反对说：“太子国储副君，师友必于天下英俊，不宜独亲外家许氏。且太子自有太傅、少傅，官属已备，今复使舜护太子家，示陋，非所以广太子德于天下也。”④由此可见太傅、少傅在政治上发挥的关键作用。关于服侍太子的官员，《汉书·百官公卿表上》记载比较简单：“太子太傅、少傅，古官。属官有太子门大夫、庶子、先马、舍人。”⑤在这

① 陈朴，徐峰．汉书译注[M]．2版．上海：上海三联书店，2018.
② 范晔．后汉书[M]．北京：中华书局，1965.
③ 司马迁．史记[M]．北京：中华书局，1959.
④ 陈朴，徐峰．汉书译注[M]．2版．上海：上海三联书店，2018.
⑤ 陈朴，徐峰．汉书译注[M]．2版．上海：上海三联书店，2018.

些人当中，太傅和少傅起到的教育作用是直接的。太子太傅和少傅最初的选拔标准已不可考证，但随着社会教育的发展，太子太傅、少傅的选拔更加注重选拔那些通晓经书的士子。因此，不仅太傅和少傅有教导责任，太子的随从官员都是儒生，也都负有教育的责任，包括太子中庶子和一些被皇帝选派的儒术官如太中大夫或博士，他们也负责太子的教育任务。

在汉代，皇帝倡导遵守德行，提倡"以孝治天下"，因此《论语》《孝经》被视为太子必须学习的论著。在这个基础上，太子还要再学习一门经典，通常是在《诗经》《尚书》和《春秋》中任选一门，同时还需要学习礼制等相关的常识知识。

按照儒家传统，"尊先祖而隆君师，是礼之三本也"[①]，因此汉朝十分重视师傅、教师的地位，由于帝师地位显赫，儒学的相关学科也得到了进一步发展。比如，张禹教授成帝《论语》，并编写了《论语章句》，虽然这一版本并不是最好的，但因为张禹是成帝的老师，所以他的《论语章句》受到推崇，并在社会中广泛流传，远胜于其他版本。

汉代君主对太子的教育十分重视，因此在汉代皇帝中有不少通晓经术和学识渊博之人。东汉明帝在 10 岁时就已经能够熟读《春秋》，19 岁成为太子，师从桓荣，精通《尚书》，被认为是汉代皇帝中最博学多才的人。此外，在两汉时期的皇帝诏书中，常常会引用《诗经》《尚书》《易经》等经典名著的内容指导太子的学习，这为后来的君主诏书树立了独特的范式。

（四）地方官学

汉代沿用了秦朝的统治体制，推行郡县制，并且保留了西周分封制的一部分制度，一些皇子能够获得王位和土地，被封予王子的郡便被称为郡国。郡国是汉朝最高级别的行政单位。在古代官方文件中，地方官学设立在郡国及其更低一级的行政单位，因此这些地方官学通常被称为"郡国学校"。

汉代地方官学的起源可以追溯到"文翁兴学"。在汉景帝统治时期，蜀郡太守文翁抵达了成都，因为当时的蜀地较为偏僻，民众的文化水平不高，所以流行着一些未开化的风俗。因此，他决定选派多名聪慧有为的下属前往京师求学，学成后再回到成都，然后根据这些下属的学习情况分配给他们一定的官职。与此同时，他在成都还设立了学官，并从各县中选拔出了一定数量的年轻人成为学官弟子，开展学习活动，这些学官弟子在毕业之后也会被任命为当地的地方官。儒家思想很快传遍了蜀地，并对当地风气产生了影响，推动了当地经济的繁荣发

① 司马迁. 史记[M]. 北京：中华书局，1959.

展。汉武帝登基后，十分赞赏这一兴学的行为，于是下令在全国各地设立学校官员。尽管郡国学校尚未在全国范围内普及，但官学作为封建社会地方政府统一管理的官方学府由此而兴起。在元始三年（公元3年），平帝王莽倡导并推动了地方官学制度的实施。汉代的地方官学与行政区划相对应，分别被称为学、校、庠、序。

由于受到朝廷的支持，一些地方政府也开始建立郡国学。据典籍记载，西汉时期有一些著名的地方官学创办者，如汉昭帝时期的韩延寿和汉成帝时期的何武。

西汉末期，地方官学的水平有所提升，光武帝时期涌现出了一批重视教育的地方官，如任延、李忠、寇恂、伏恭、卫飒等。此外，汉章帝时期的秦彭、曹丕，汉桓帝时的应奉，汉献帝时的刘表、杜畿、孔融等都是很著名的地方官。这些官员建立学校，兴办学宫，设立学官。由此可知，当时地方办学十分兴盛，因此我们有必要对地方官办学的称谓进行详细研究。

地方学校的兴盛对当地产生了积极的影响，首先，改变了人们的陋习，培育了新一代学子的道德观念和文化修养。尽管蜀郡并非汉朝的文化中心，但当文翁在蜀地兴起学术教育之后，蜀郡的发展水平已经追赶上了齐鲁地区，甚至与两个都城齐平。其次，自文翁创办蜀郡学校以来，学校获得了长远的发展，不像其他地方的学校那样时兴时衰，学校的规章制度有点类似于现代学校的制度。也可以这样表达，文翁实际上创立了一套正常的学校运作制度，确保了学校能够有足够的资金支持，使得学校能够持续运营，同时减少了学生在经济上的负担，为他们打开了光明前途的大门。与文翁办学情况相反的是，其他郡国的学校受到当地农业生产水平的限制，办学有季节性的区分，师源、生源每年都需要重新组织，若当地的官员不重视办学，那么当地的郡国学校就会很快消失。

二、汉代的私学教育

我国古代私人教学或私学教育有着悠久的历史、优良的传统和丰富的经验。早在春秋末期，孔、墨两大学派冲破“学在官府”的局面，首开私人讲学之风。战国时期诸子蜂起、百家争鸣，私学更盛。秦始皇统一天下后，曾以行政命令和武力强制手段禁止私学，但私学仍然禁而不绝，表现出了强大的生命力。

到了汉代，私学教育迎来了新的发展机遇。从秦朝时期一直到汉武帝元朔五年（正式确立官学制度）的近百年时间内，私学教育支撑着教育事业的发展。在官学制度正式形成之后，私学教育不仅没有得到削弱，反而更加繁荣昌盛，官学教育和私学教育相互补充、相互发展。汉代私学教育发展的这一新的历史特点，很值得我们认真加以研究。

（一）私学教育发展概况及其发展的原因

秦始皇借助军事力量统一了全国，为了加强对地方的统治，他采取了禁止设立私学、焚烧书籍和处死儒生等极端手段，旨在统一思想文化。然而，私学教育并没有完全消失，一些儒生在民间依然还在开展私人讲学的活动，特别是在齐鲁地区，这种私学的教育传统得到了保留。

在汉初，统治者对文化教育事业分身乏术，没有时间关注兴学设教的事务。因此，这一时期的文化教育事业主要依赖于私人教育才得以发展。这些对恢复和发展文化教育事业起到重要作用的学者，其中有很多是从秦朝时期就隐匿在民间进行讲学的大师和门徒。在文景时期，社会稳定、政治清明，许多隐逸的贤才相继重新出现。这些贤才已经在民间获得了一定的讲学成就，其中有许多人依然从事着私人的教学活动。

在汉代初期，除了儒家学派，黄老之学、道家、法家和刑名等学派也展开了私人教学。在汉代初期，法家思想的影响力颇为显著，许多学者都对法律和刑名等进行了研究。在文景年间，晁错、韩安国都因在刑名领域的成就而扬名，而黄霸、路温舒、赵禹、张汤等人则对法律了解甚多。这些人在指导汉代刑法法规制定方面起到了重要的作用。

卜筮学家教学的内容包含了一些自然科学。例如，宋忠、贾谊“二人即同舆而之市，游于卜肆中。天新雨，道少人，司马季主闲坐，弟子三四人侍，方辩天地之道，日月之运，阴阳吉凶之本。二大夫再拜谒。司马季主观其状貌，如类有知者，即礼之，使弟子延之坐。坐定，司马季主复理前语，分别天地之始终，日月星辰之纪，差次仁义之际，列吉凶之符，语数千言，莫不顺理”①。由此可见，私人教学也十分重视自然科学教育的作用。未来的自然科学教育主要通过两种途径进行教学，分别是私人教学和家庭教学。

在汉代初期，私人教学得以发展，主要有两个方面的原因：一方面，封建统治者开始注重对社会层面的建设，如政治、经济和文化教育事业等，建立了日益复杂的官僚机构，因此中央开始搜集大量的经世致用人才。然而，由于官学尚且还不能够承担人才培养的重任，因此只能通过招徕一些民间学者及他们的弟子来充实官僚机构，这些学者也得到了进入仕途的机会，这样的社会现象从客观层面

① 司马迁．史记[M]．北京：中华书局，1959．

推动了私人教学的积极发展。另一方面，在黄老之学的指导下，汉初秉持“无为而治”的统治理念，社会较为稳定，经济逐渐恢复，尤其是城乡中有了积蓄的家庭愿意让子女接受教育，以谋求子女更好的发展。然而，国家无法为这些求学的社会民众提供学习的场所，因此民间私学的发展成为不可避免的社会趋势。

虽然汉武帝根据董仲舒等人的建议，创办了太学，设立了明师，大力支持官学的发展。然而，私学在这一背景下并没有因此消失，相反，在官学的影响下得到了进一步的发展和繁荣。原因在于西汉时期的官学主要集中在中央，地方官学的发展力度不足。尽管景帝时期出现了蜀郡文翁设郡学的案例，武帝也曾大力提倡郡学的设立，但郡学最终也没有成为教育的主流方式。直到汉平帝元始三年王莽开始执政，地方学校系统才开始构建，学校在各个郡县才逐渐普及。另外，中央官学设立在当时的京都，对于偏远地区的学子来说，如果想要进入中央官学学习，需要长途跋涉，入学的难度较高，同时招生名额非常有限。在武帝时期，博士弟子的数量仅为50人，后逐渐增加，到了元帝时期达到了千人的规模，成帝时期的数量最多，但也仅为3000人。很多读书人是无法进入官学学习的。但是，私人教学可以吸收大量的民间学子，为他们提供读书的机会。事实上，全国大多数的教育责任仍然由私人教学承担。官学和私学是相互补充的关系，这一历史现象值得认真总结。

东汉时期，私学教育更加繁荣，其原因是，第一，统治集团内部斗争日益激化。大师名儒在政治上不得势，或被当权者排斥，或不愿卷入政治风浪，或中途退隐，或征召不就，皆选择避世隐居，进行私人收徒讲学。第二，古今文经学之争更趋尖锐激烈。古今文经学之争，起于西汉末，至东汉更加尖锐。学派论争是统治集团内部斗争的反映。随着不同政治势力的消长，古今文经学的地位也不断变化。但终汉之世，在官学中占统治地位的学派主要是今文经学，而古文经学家多以私人讲授的方式进行研究和传播。第三，官学管理不善，行不修学不实，师生关系也不融洽。一些学者不愿去官学任教，甘愿私人收徒讲学；读书士子也不愿进官学学习，宁愿自择名师求教。

如前所述，从秦朝末年到东汉时期，私学教育一直促进着社会教育的发展。在官学成立之前，私学教育是教育事业的主要组成部分。官学兴起后，私学教育并没有式微或消失，而是继续承担着重要的教育职责，成为官学的重要补充，并成为汉代教育制度的重要组成部分。虽然官学和私学有斗争，但是二者更多的是相辅相成、相互补充、相互促进。这是汉代教育制度的一个特点，也是整个古代教育制度的一个重要特点。

（二）私学教育的基本类型及内容

在汉代，私人教学在之前发展的基础上逐渐形成了不同类型和不同层次的私学教育。基于现有的资料，我们可以认为，汉代的私学教育可以分为低、中、高三个层次。启蒙教育主要采用书院形式，一般经书学习主要把“乡塾”作为主要形式，另外还有专经教育，主要以“精庐”或“精舍”为主要形式。在私学教育中，一般把一般经书学习作为教育的基本形式，这种教育形式相对稳定，并且能够和“书馆”的启蒙教育产生一定的联系。一般经书学习有时也能与专经教育产生教学上的联系，为专经教育的开展做好相关的铺垫。按王国维的考证和王充的《自纪》以及有关史料似可把一般经书学习单独作为一种类型。这种分化的时间大体是在西汉末年东汉初开始的。

1. 启蒙教育

汉代启蒙教育的主要场所是“书馆”，进行启蒙教育的教师被称作“书师”。启蒙教育源于汉朝时期，属于私人办学的一种。启蒙教育学习的内容包括两个方面：识字、习字。汉代的“书馆”主要有两种不同的类型。一种是书师在公共的学习场所进行教学活动，附近的学童前来学习，人数不等，可能有数名，也可能有数百名。另一种是富有人家会雇佣私人老师来家里教育子女，家里的孩子会在家接受教育，这种情况也被称为“家馆”。东汉明帝永平九年还设立了“宫邸学”，主要负责贵族子弟的教学，并且皇帝的子女也在这种具有私学性质的家馆中接受教育。

在汉代，启蒙教育阶段私学的教材已经十分固定了，教学内容和标准也得以逐步完善。

中国很早就有识字、习字的教材，人们把它们通称为字书。最早的一部字书是《史籀篇》，相传是周宣王时太史籀所作，四字一句，不过久已失传；秦代实行“书同文”，重视字书编写，李斯作《仓颉篇》、胡母敬作《博学篇》，多选自《史籀篇》；西汉初，闾里书师综合秦时的3种字书写成《仓颉篇》；汉武帝后又有《凡将篇》《急就篇》《元尚篇》，其中《凡将篇》收入字数超出了《仓颉篇》；平帝时王莽当政，因《仓颉篇》重复字太多，所以由扬雄改作为《训纂篇》，并续《仓颉篇》，后来班固又续作13章，无重字，而且六艺群书所用文字基本完备；和帝永元年间，贾鲂又作《滂喜篇》。后人称汉初《仓颉篇》55章为上卷，扬雄《训纂篇》为中卷，贾鲂《滂喜篇》为下卷，三者合称为“三苍”。“三苍”又被称为“仓颉”，久已失传。在《流沙坠简》这部作品中，共有4简，四字一句，具有韵律，是用汉代广泛使用的隶书所写成的。虽然《凡将篇》已遗失，但史游的《急就篇》幸存至今，其内容包括姓字、衣着、农艺、饮食、器用、音乐、生理、兵器、飞禽、走兽、医药、人事等方面的应用字，全文叶韵，无复字，有七言、三言、四言。另外，《急就篇》流传颇广，是自汉至唐的主要识字教材。后世的识字教材都是在汉代识字教材的基础上发展而成的。

在汉代启蒙教育阶段的私学教育中，除要掌握文字之外，也要学习简单的算术。《九章算术》是当时较为流行的算术方法。启蒙教育注重培养学生的品德操守和日常行为规范，这种教育方法将这些要素融入了教科书和课堂教学中，使得教学过程更加简明扼要、有的放矢。

2. 一般经书学习

学童在掌握了基本的汉字之后，通常会开始学习一般经书。通常由“乡塾”负责一般经书的教授，其教师被称为“塾师”或者“孝经师”。教授的主要的内容有《孝经》《论语》《尚书》《诗经》，虽然不同的“乡塾”学习的书目存在差别，但是《孝经》《论语》是必学的书目。

尽管具体的学习内容可能有所差异，但在掌握了基本的知识之后，学童基本上会进入一般经书的学习阶段。这个阶段的学习目的不仅是巩固之前的学习成果，同时也是为更高的学习阶段做好铺垫，以促进品德教育的开展。在汉代，许多学童通过了这个阶段的学习之后，可以使自己的学识和品行提升到一个更高的阶段。

诵读一般经书作为一个独立的教育阶段逐步被分化出来，找到了由大量集中识字到专精研习的过渡桥梁，这在教育发展史上有重要意义。西周以来，官学被笼统地分为小学、大学，至汉依然如此。私学教育的实践为完善教育体系提供了实践经验，这也是私学教育发展的一个贡献。在之后的发展历程中，我国古代教育逐渐确立了一个从识字到诵读，最后进入专经研习的基本过程。在这个过程中，诵读一般经书的阶段是至关重要的，具有承前启后的作用。在这个阶段，学童不仅巩固了之前集中学习词汇的成果，还为未来开展深入学习做好了必要的准备。

《论语》和《孝经》是当时最为常见的教材。在汉代，人们崇尚孔子的学说，孝悌为伦常之本是为最基本的伦理准则之一。这两部书在内容上和形式上都贴近人们的日常生活，读起来顺畅易记，尤其是《论语》，篇章分明，适于教学，所以流传较广。汉代以后，无论私学还是官学，《论语》都是经学教育的基础教材。

3. 专经教育

汉代教育的基本内容是经学教育。无论是官学还是私学，概莫能外，识字、习字，背诵《论语》和《孝经》等经典，是为了深入研究经典做好准备。学童最终会进入专经研习的阶段。

在汉代，私学大师大多是精通经学的学者，他们以自己丰富的学识进行教学，并吸纳许多学生成为他们的学徒。有人认为私人教授的现象和后来的书院制度有极大的共通之处，也有人将“精舍”或“精庐”看作最早的书院。当然，“精舍”和书院存在根本的差异，因为当时没有收藏书籍的基础条件。然而，“精舍”的产生和发展确实深刻地影响了书院，因为清代阮元直接将其所创书院命名为“诂经精舍”，以示对汉代私人讲学之风的追慕，这也反映了“精舍”与书院的某种联系。

第三节　纬书与汉代经学

纬书肇始于汉代并广为流行，与汉代经学的发轫有密切关系。先秦流传下来的经学材料至汉代骤然上升为“经”，也有其历史文化演进的必然性。汉代的“经”“纬”合流，一方面是先秦文化在新的历史条件下的综合运动，另一方面它又是汉代大一统的封建政治的需要。离开这两个方面，我们便无从考察纬书的本质及其历史作用，也无法理解经学何以在汉代勃兴。秦王朝的灭亡使汉初的思想家对法家学说产生怀疑，《淮南子·主术训》说：“刑罚不足以移风，杀戮不足以禁奸，唯神化为贵。”[①] 此处所谓“神化”，多指儒家的道德教化，同时亦蕴含着一种新的构想，即建立一套能适合汉王朝政治、经济、思想和文化统一的意识形态。纬书与经书、纬学与经学的兴起即是在多种意识形态方案中选取出来的。

西汉经学有今古文之分。今古文之所以有区分，主要是因为文字之异。今文以汉时流行的隶书写成，古文则以秦以前的大篆写成。因文字体例不同，所以在辗转传授之际，便有了经义的不同。实际上，今古文经的不同，字体的差别仅仅是表面现象，其背后的根本原因在于政治。从二者的产生时间来看，今文经学在先，古文经学在后。皮锡瑞《经学历史》说：“汉初发藏以授生徒，必改为通行之今文，乃便学者诵习。故汉立博士十四，皆今文家。而当古文未兴之前，未尝别立今文之名。”这就是说，汉代继秦之后，生徒所习皆今文而无古文，古文为后起。

① 刘安．淮南子[M]．陈广忠，译注．北京：中华书局，2023．

“至刘歆始增置《古文尚书》《毛诗》《周官》《左氏春秋》。既立学官，必创说解。后汉卫宏、贾逵、马融又递为增补，以行于世，遂与今文分道扬镳”。①

今文经学之兴，实为谶纬神学的前奏，也是经学与神学结合的开始，此即汉代的“天人之学”。皮锡瑞《经学历史》称：“汉有一种天人之学而齐学尤盛。《伏传》五行，《齐诗》五际，《公羊春秋》多言灾异，皆齐学也。《易》有象数占验，《礼》有明堂阴阳，不尽齐学，而其旨略同。”② 皮锡瑞是清末今文经学家，他直言不讳地承认今文经学与灾异谴告有密切关系，实际上等于承认今文经学与谶纬有密切关系。事实上也正是如此，所谓“齐学”是指西汉初年齐人传授经书知识的学说，这些学者引领了汉代的经学发展。并且，这些学者十分重视儒家经典的作用，他们融合了阴阳、五行、数术等理论，并利用灾异对儒家经典作出自己的解释，为谶纬研究的开展奠定了基础。

一、纬书与《尚书》

“伏传五行”是指伏生（又作伏胜）所作的《尚书大传》中的《洪范五行传》。伏生是秦汉时期精通《尚书》的专家。据《史记》记载，他是齐国人，曾在秦王朝的宫廷中担任博士的职务。在汉孝文帝时期，朝廷希望找到一位能解释《尚书》的人才，听说伏生能够注释《尚书》，于是文帝便想要召见他。然而，伏生年事已高，行动不便，于是文帝便派遣掌故晁错前往济南亲自向伏生学习《尚书》。伏生所传《尚书》即今文《尚书》，其中当然包括像《洪范五行传》那样的天人之学，后来由晁错接过来，再传下去。故《汉书·儒林传》称，汉兴，言《书》自济南伏生。伏生教济南张生及欧阳生，欧阳生传倪宽，倪宽又授欧阳之子。此后欧阳世世相传，至曾孙欧阳高，为《尚书》欧阳氏学。张生传夏侯都尉，都尉授族子始昌，昌传族子胜，为大夏侯氏学。胜传族兄子建，建别为小夏侯氏学。至此，大小夏侯氏学加欧阳氏学，三家皆立博士，皆为《尚书》今文学。③

伏生所传《尚书》，后人均承认是伏生遗说，查其内容，确已渗透纬书的灾异之说。例如，其中的《洪范五行传》，专释《洪范》中五行配合生克的内容，即典型的以五行释灾异，故皮锡瑞称其为“伏传五行”，并把它作为“齐学”的主要特征。比如，“一曰貌……貌之不恭，是谓不肃，厥咎狂，厥罚恒雨，厥极恶。

① 皮锡瑞．经学历史[M]．北京：朝华出版社，2019．
② 皮锡瑞．经学历史[M]．北京：朝华出版社，2019．
③ 陈朴，徐峰．汉书译注[M]．2版．上海：上海三联书店，2018．

时则有服妖，时则有龟孽，时则有鸡祸，时则有下体生于上之疴，时则有青眚青祥，唯金沴木"[①]。这就是说，君主的行为包括君主的态度（"貌"）、言论（"言"）、观察（"视"）、纳谏（"听"）、思考（"思"），也即《尚书·洪范》中的所谓"五事"，都与自然现象发生联系，互相感应。如果君主"五事"处理不当，如貌不恭、言不从、视不正、听不聪、思不容等，便会引起"恒雨""恒肠""恒燠""恒寒""恒风"等五种自然灾害的发生，五行之间也就会出现彼此的生灭消长，从而引起更多怪异现象的出现，作为对君主的警告和惩罚。伏生的《洪范五行传》对《尚书·洪范》的解释皆如此类，它的产生、流行和演变直接影响到《汉书·五行传》《后汉书·五行》及刘向的《洪范五行传论》等灾异思想的形成。

由以上可知，作为今文经学的《尚书》，及在其影响下所产生的《汉书·五行志》、刘向的《洪范五行传论》等，都在不同程度上反映了汉代儒生的阴阳灾异思想。因此，它们虽不被称作纬书，但其中的灾异、受命、祥瑞等思想，实与纬书相通，故《四库全书总目提要》称："盖秦汉以来，去圣日远，儒者推阐论说，各自成书，与经原不相比附，如伏生《尚书大传》、董仲舒《春秋阴阳》，核其文体，即是纬书，特以显有主名，故不能托诸孔子。"[②] 这一说法，确有见地。

通过查阅有关纬书的文章，我们发现其中有多处类似于《尚书》的地方，即上述论断的旁证。例如，《尚书大传·虞夏传》说，"维十有四祀，钟石笙管变声乐，未罢，疾风发屋，天大雷雨。帝沈首而笑曰：明哉！非一人天下也，乃见于钟石……天大雷雨疾风，为逊禹之事也"。[③] 这一则舜禹禅位的故事，在纬书中有多处记载，其意与《尚书》略同。

纬书与今文经学的《尚书》，不仅在内容、思想上互相渗透，甚至在文字上也一字不差地搬用，不分彼此。例如，《尚书大传·唐传》说："主春者张，昏中，可以种谷；主夏者火，昏中，可以种黍；主秋者虚，昏中，可以种麦；主冬者昴，昏中，可以收敛。"[④] 张、火、虚、昴皆星名，这里是说天子处于四星之中，可知民缓急，敬授民时。又如，《尚书·考灵曜》说："主春者张，昏中，可以种谷；主夏者火，昏中，可以种黍；主秋者虚，昏中，可以种麦；主冬者昴，昏中，可以收敛。"[⑤] 由此可见，纬书与《尚书》这两段文字一字不差，完全相同。这样

① 尚书[M]．王世舜，王翠叶，译注．北京：中华书局，2023.
② 纪昀．四库全书总目提要[M]．石家庄：河北人民出版社，2000.
③ 伏胜．尚书大传[M]．郑玄，注．上海：上海书店，1989.
④ 伏胜．尚书大传[M]．郑玄，注．上海：上海书店，1989.
⑤ 尚书[M]．王世舜，王翠叶，译注．北京：中华书局，2023.

的例子还很多，考辨谁抄谁的显然意义不大，重要的是可以由此看出，作为今文经学的《尚书》与纬书的思想基本一致，有些甚至完全相同。如果说《尚书》照抄纬书，那就是说纬书形成在前，而《尚书》成书于后；如果说纬书抄《尚书》，即可证明纬书确实晚出。从前面所提示的内容看，纬书晚出的可能性最大，但不能就此说纬书中的若干思想亦晚出。

二、纬书与《齐诗》

与《尚书》一样，汉初解释《诗经》的学者，把阴阳灾异思想渗入对《诗经》的研究中，从而构成《诗经》今文经学的基本特征。“齐诗五际”即这种特征的具体表现。

就汉代《诗经》的今古文之分，一般认为毛诗为古文，齐、鲁、韩三家的诗为今文。而在今文中的齐诗主要以齐人辕固生为代表。辕固生为汉景帝时的博士，尝治《诗经》作师传，因称《齐诗》。所授之徒，皆以官显，故徒众益盛，后齐人言《诗经》者皆本辕固生。《汉书·儒林传》称，齐诗的传授自辕固生传夏侯始昌，始昌传后苍，后苍授翼奉、萧望之、匡衡。夏侯始昌又是传今文《尚书》的学者。因此，汉初今文《尚书》与今文《齐诗》乃同一师法。

《齐诗》在曹魏时已遗失，其遗说存于翼奉、匡衡及后汉郎顗等传中。《汉书·传·眭两夏侯京翼李传》说：“臣奉窃学《齐诗》，闻五际之要《十月之交》篇，知日蚀、地震之效昭然可明，犹巢居知风，穴处知雨，亦不足多，适所习耳。臣闻人气内逆，则感动天地；天变见于星气日蚀，地变见于奇物震动。所以然者，阳用其精，阴用其形，犹人之有五脏六体，五脏象天，六体象地。”[①] 这里所谓“人气内逆，则可感动天地”，正是齐诗“天人感应”论的表现。

翼奉为西汉宣元时期的人，治《齐诗》，用阴阳灾异及“天人感应”论来说诗文。其所谓“闻五际之要”“适所习耳”，即指他从齐诗的师传中所听到的和学到的关于星气日食、阴阳变怪等自然现象与社会治乱、君主得失等人事现象的关系。也就是说，早在翼奉之前，《齐诗》就已用阴阳五行家的言论来解释《诗经》了。至于如何解释，虽不可详细考查，但从翼奉给元帝的奏封事中，尚可窥见一二。其中虽有翼奉的增益之辞，但作为今文经学的《齐诗》，与齐人所传《洪范五行传》一样，已开纬学的先河。齐诗“五际”之说，是以阴阳始终来推断政治得失的神秘主义。《汉书·传·眭两夏侯京翼李传》说：“《诗》有五际，《春

① 陈朴，徐峰．汉书译注[M]．2版．上海：上海三联书店，2018．

秋》有灾异，皆列终始，推得失，考天心，以言王道之安危。”孟康注引《诗内传》解释何谓“五际”时说：“五际，卯、酉、午、戌、亥、也。阴阳终始际会之岁，于此则有变改之政也。”[①]这就是说，齐诗以卯、酉、午、戌、亥五个地支所分别代表的五个日、时与五行、阴阳等相配，从中推导人事的吉凶和得失。实际上，齐诗更广泛地运用于十二地支与六情、六德、六合及阴阳的相配上。“五际”只是从中提炼出来的更为神秘的原则而已。

《齐诗》是在新的历史条件下，企图重新“复活”《诗经》中本有的“天人感应”之说，以为汉代君王受命制造理论。但由于古文经学的兴起，对神学再兴抑制，遂使《齐诗》亡佚而不传，从这一意义上说，《诗纬》不仅可以看作《齐诗》之遗说也可看作对《齐诗》佚文的一种辑佚。

三、纬书与《春秋公羊传》《春秋繁露》

《春秋》本是鲁国的编年史记，文本简约、极富微言，经孔子删定及七十子之徒口说递传，遂产生所谓《春秋传》。现在所存者有三种，即所谓“春秋三传”。《左传》详于记事，属于经学中的古文学派；《公羊传》与《谷梁传》长于义法，属于经学中的今文学派。故所谓今文《春秋》是对汉代以今文治《春秋》者，即《春秋公羊传》而言的。

《公羊传》，旧题战国时公羊高撰。公羊高亦齐人，相传是子夏弟子，专治《春秋》。初仅口说流传，五世相授，至汉景帝时，公羊高的玄孙公羊寿与齐人胡毋生将口头流传的《春秋公羊传》著于竹帛，流传于世。汉武帝时，才把《春秋公羊传》设为五经博士之一，故治《公羊传》者大增。董仲舒作《春秋繁露》，在探讨天人关系的背景下，把天人感应论引进对《春秋》的研究中，并以灾异、谴告、祯祥为基础，提出“天人同类”“人副天数”等命题，进一步发挥了“大一统”“张三世”“更化”“改制”的《春秋》大义，受到汉武帝的赞许，遂使《公羊传》成为汉代今文经学的主要经典。今文《公羊春秋》的编纂者公羊高及其玄孙公羊寿、公羊学大师胡毋生等皆齐人。皮锡瑞所称“《公羊春秋》多言灾异，皆齐学也”，即指《公羊春秋》与《伏傅》《齐诗》一样，均属汉代“天人之学”的重要组成部分，尤其董仲舒的《春秋繁露》，进一步发挥了《公羊传》的微言大义，把《公羊传》的多言灾异，发展为天人感应的神学目的论，实与谶纬拉近了距离。

因此可以说，《春秋公羊传》《春秋》《春秋繁露》，这三者对纬书的造作提供

---

① 陈朴，徐峰．汉书译注 [M]．2 版．上海：上海三联书店，2018．

了直接的材料。同时也可以反过来说，纬书的神学体系是上述三者在新的历史条件下发展的必然结果。

在两汉间因研究儒家经书而形成的学派中，只有公羊高和董仲舒的名字出现在谶纬之中，这两位都是公羊学派的主要代表人，这说明公羊学派可能直接参与了谶纬的编纂，因此谶纬中才会出现公羊高和董仲舒的名字。

谶纬神学体系的核心内容是天人感应论和神学目的论，其表现形式主要是灾异、祥瑞、符命、谴告等。所有的这些内容，其思想实质没有超出以阴阳五行为骨架的思维模式。天人感应论的基本特征是肯定有一个主宰自然、社会，乃至整个宇宙万物的至上神。这个至上神又以阴阳五行为材料构筑一个自然的世界，神的意旨即通过这个自然世界体现出来，以表示自己对地上或人间事物的瞩目与关切。这样，在谶纬神学体系中，便预设了一个天人发生联系或互相感应的链条或中间环节，即天或天神通过阴阳五行及由阴阳五行构成的物质性的自然界，去指导和主宰君、臣、民及人间的一切事物。同样，这个链条或中间环节又可逆向发生作用，即人的行为也可使自然界发生变化，从而感应上天。从神到物（阴阳五行）再到人，再从人到物到神，是一个双向感应的关系。

上述天人感应的过程，实际上自春秋战国以来就有，只是到了汉代董仲舒时则集其大成，到了谶纬造作的时代，便又集董仲舒之大成，这样就把中国政治神话或神学发展到高峰。在这一过程中，《春秋公羊传》《春秋繁露》等著作集董仲舒于一身，并开始向谶纬神学体系过渡。董仲舒在《天人三策》中提出了天人感应的谴告与祥瑞说，成为以后谶纬神学的纲领。

纬书中的灾异、谴告、受命、符瑞、可畏等思想均以董仲舒的《春秋繁露》为根据，并在此基础上进一步推演才构成纬书的神学体系。

纬书与《春秋繁露》及董仲舒的公羊学，不仅在思维模式上相似，而且在解释《春秋》的礼制、书法及微言大义方面也是全面模仿《春秋繁露》并作神学的发挥，如三世、三统、三正、三纲、三等、三科等，都是公羊学派和董仲舒提出来的，纬书只作了全面的继承。

所谓“三世”说，是公羊学派关于历史演变的思想。董仲舒在《春秋繁露·楚庄王》中作了进一步的发挥，他说，“春秋分十二世以为三等：有见，有闻，有传闻。有见三世，有闻四世，有传闻五世。故哀、定、昭，君子之所见也；襄、成、文、宣，君子之所闻也；僖、闵、庄、桓、隐，君子之所传闻也”。[①] 这就是说，

① 春秋繁露[M]. 张世亮，钟肇鹏，周桂钿，译注. 北京：中华书局，2022.

春秋所包含的242年，上自隐公，下讫哀公，共12世，可分为3个阶段，即所见世、所闻世、所传闻世。此即“春秋三世”说。纬书对董仲舒的“三世”说同样做了继承，如《春秋孔演图》也把春秋12世分为3个阶段，即“昭、定、哀为所见之世；文、宣、成、襄为所闻之世；隐、桓、庄、闵、僖为所传闻之世”。纬书的“三世”说，与董仲舒的“三世”说，不仅思想一致，文字也基本相同，由此可见二者的密切关系。

董仲舒根据“天道终而复始”的循环论，把春秋12世的社会发展作为历史的大循环，并进而提出黑、白、赤“三统”“三正”的历史哲学，以说明社会历史互相交替循环的过程。其“三统”“三正”历史观的表述，以夏为黑统，尚黑色；商为白统，尚白色；周为赤统，尚赤色。继周而起的王朝，则必然反过来，重新再从黑统开始，此所谓“三正以黑统初”。董仲舒的“三正”“三统”说，以古代正朔、服色、徽号、器械、制度等为依据，布政施教，建立新王朝，这也是春秋中的正朔及大一统的政治制度思想。从正朔、服色方面来看，董仲舒认为夏朝以斗建寅（农历正月）之月为正，殷朝以斗建丑（农历十二月）之月为正，周朝以斗建子（农历十一月）之月为正，此为“三正”。夏朝以建寅为岁首，以平旦为朔，色尚黑，为“黑统”；殷朝以建丑为岁首，以鸡鸣为朔，色尚白，为“白统”；周朝以建子为岁首，以夜半为朔，色尚赤，为“赤统”。此即为“三统”。在董仲舒看来，寅、丑、子三正与黑、白、赤三统构成了一个历史循环的周期，与天、地、人三才相配合，便是人类社会发展的轨迹。董仲舒的这套循环论的历史哲学，在纬书中被全部继承了下来，并上推伏羲，下衍秦汉，建立起一套循环论的历史体系。

纬书广泛地运用董仲舒“三统”“三正”的历史观，并加入宗教神学的观念，无论是思想内容还是思维模式均与董仲舒的《春秋繁露》有密不可分的关系。其他如三纲、三等五爵、三科九旨等春秋礼制，纬书亦多采用董仲舒的学说。

四、纬书与《易》学的卦气灾变说

《汉书·儒林传》称，自鲁商瞿子木受《易》孔子，传六世而至齐人田何。及秦禁学，《易》为筮卜之书，独不禁，故传受者不绝也。汉兴，田何传《易》于丁宽，宽授田王孙，孙授施雠、孟喜、梁丘贺。故汉初言《易》者多本于田何。此亦今文《易》的起源与传授系统。其中，以孟喜较为突出。《汉书·儒林传》称：“喜好自称誉，得《易》家候阴阳灾变书，诈言师田生（田王孙）且死时，枕喜膝，独传喜，诸儒以此耀之。”[①] 由此可知，自孟喜，阴阳灾变说侵入《易》学，并以六十四卦分配气候，始以卦气言《易》。孟喜的阴阳卦气说后传给梁人焦延寿，寿又传给京房。于是，《易》又有了京氏之学。《汉书·儒林传》称，焦延寿“独得隐士之说，托之孟氏，不相与同。房以明灾异得幸”。[②] 可知京房《易》学与孟喜《易》学的共同特点，是以阴阳灾异说《易》，此亦属西汉中后期的“天人之学”的范畴。

以孟喜、京房为代表的今文《易》学，特别是其中的阴阳卦气说，与纬书系统中的《易纬乾之序制记》《易纬稽览图》《易纬乾凿度》《易纬坤灵图》《易纬通卦验》《易纬是类谋》《易纬辨终备》7篇内容互相呼应、互相影响，甚至难分彼此。故清末学者吴翊寅认为，“《易纬乾凿度》为孟喜所述；《易纬稽览图》《易纬通卦验》皆为京房所述”[③]。由此可看出孟喜、京房的《易》学与《易纬》的亲缘关系。

《易纬》与孟喜、京房的今文《易》学的卦气灾变说如出一辙，尤其《易纬稽览图》与京房《易》学有更密切的关系，二者在时间上相近，这说明京房及其弟子很可能参与了纬书易学系统的创作。

① 陈朴，徐峰．汉书译注 [M]．2版．上海：上海三联书店，2018．

② 陈朴，徐峰．汉书译注 [M]．2版．上海：上海三联书店，2018．

③ 萧洪恩．易纬文化揭秘 [M]．北京：中国书店，2008．

第三章　汉代文学

汉王朝的中央集权制是继承秦制而来的，而汉代文化则主要是继承春秋战国的文化而发展起来的。要作比较，就要把它与三代以来，特别是春秋战国时期的文学相对比，才能看出它在继承基础上的发展与创新部分，这就是汉代文学的新特色。这些新特色标志着汉代文学以其辉煌的创新成就，使汉代文学跨入了一个“自觉”的时代，创新与“自觉”是汉代文学特色的核心。本章将从汉代文字概述、汉代散文、汉赋与汉诗、汉代传记、汉代小说与戏剧五个方面对汉代文学展开论述。

第一节　汉代文学概述

在承袭秦代大一统帝制的基础上，汉王朝深刻反思了秦朝速亡的历史原因，积极探索能够稳固这一体制的思想文化基石。在文帝、景帝的时代，旧有的挟书律被废止，儒家经典得以广泛传播和学习，士人阶层亦开始在社会中赢得一定的关注和尊重。首先，各地的诸侯开始招揽各地才子作为幕僚，如吴王刘濞、淮南王刘安身边便聚集了众多以文辞见长的士人。其次，众多士人奔赴各地，在梁等地建立功业，形成了一股不容忽视的政治力量。随着士人阶层中专门从事文化事业的群体涌现，中国的文人开始崭露头角。当这些文学领域的专业人士建立起联系，形成特定的群体时，便标志着中国文学创作队伍的正式形成。

经过“文景之治”的盛世之后，汉武帝的统治将汉帝国推向了政治、经济及文化的巅峰。他积极倡导文学创作，并广泛吸纳原先诸侯国中的杰出文人。鉴于赋体文学在汉初的盛行，众多才华横溢的士人被招入宫廷，其中不乏杰出之才。汉武帝还亲自邀请这些文人为其创作赋文，短时间内，宫廷之中便形成了一个卓越的赋家群体。这一转变标志着汉代文学创作的中心已经从地方层面转移至了中央的宫廷之中。

随着汉代文人社会阶层的逐步形成和壮大，文人在创作过程中的自觉意识也逐渐变得明确，这无疑是“文学自觉”的显著标志。

汉代文学的自觉精神显著地体现在对文学在社会中功能的深刻理解和作家在社会地位上的高度认可上。鉴于文学创作具备广泛而深远的影响力，所以汉代文人普遍将文学作品的社会功能作为衡量作品价值的重要标准，以此来评判自己和他人的创作。汉族人民普遍珍视文学在社会中的核心作用，并对那些创作文学作品的作家也即文学家，给予了相应的社会地位和尊重。社会的统治者，无论是将辞赋名家视为座上宾的诸侯，还是广泛招揽并重用辞赋家的汉皇室，都高度重视文学以及文学家在社会中的价值和作用。

在汉代，文学的自觉不仅体现在文学体裁的显著进步与发展上，更在于对文学多样性的深刻认识。尽管世界各国都认可文学体裁被分为诗歌、散文、小说和戏剧四大类，但传统观念认为，汉代虽有赋文盛行，小说和戏剧却尚未成型。实际上，这一观点未能全面反映汉代文学的真实面貌。汉代对于小说的态度尤为独特。《汉书·艺文志》将“小说家”列入诸子类，这一分类彰显了汉代统治者对小说这一文学形式的尊重。汉代的杂史杂传，如《燕丹子》《吴越春秋》《越绝书》等，虽以历史为外衣，但实则蕴含了丰富的小说元素，它们通过描述奇特的人物和事件来吸引读者，为后世小说的兴起奠定了基础。另外，这些作品中的历史人物塑造也为后世小说家提供了宝贵的借鉴。至于戏剧，虽然汉代“百戏”的存在广为人知，但汉代戏剧文学的存在却常遭质疑。然而，对《公莫舞》等汉代戏剧的深入研究却揭示了这些“百戏”已包含角色、情节和“科白唱”的歌舞剧元素，具备了戏剧演出的基本特点，可视作中国戏剧文学的雏形。除此之外，汉代散文的成就同样卓越。以《史记》和汉代政论文为代表的汉代散文，在继承先秦史传散文和诸子散文传统的基础上，发展出了独特的文学风格，成为中国古代散文发展的重要里程碑。汉代散文的古文传统，对后世散文创作产生了深远的影响。此外，汉代还诞生了五言、七言诗体，这一诗歌形式在中国封建社会中占据主导地位，标志着汉代诗歌发展的新高度。综上所述，汉代文学已经涵盖了诗歌、散文、小说和戏剧这四大文学形式，这不仅是汉代文学自觉的体现，更是其巅峰时期的象征。汉代文学的发展为中国古代文学的繁荣奠定了坚实的基础。

无论从哪个角度来看，我们都可以认为汉代标志着中国文学“自觉”时代的开始，并且汉代的文学展现出了“自觉”的显著特点。

西汉初年，刚刚夺得政权的西汉王朝统治者，针对战后民生凋敝的现实，采取了休养生息的政策，力求稳定社会秩序。他彻底改变了秦朝一切都任于苛法的做法，道家“无为”的思想居于主导地位，它适应了战后恢复和发展经济的需要。值得一提的是，汉高祖刘邦没有下令废除秦朝的挟书律，而他本人又轻视儒士，所以文学事业的复苏仍很缓慢。刘邦时代的诗歌主要是继承楚辞余绪的楚声短歌，如西楚霸王项羽的《垓下歌》、汉高祖刘邦的《大风歌》《鸿鹄歌》等，虽然汉高祖之姬唐山夫人的《安世房中歌》篇幅较长，但也属于楚歌。以刘邦为首的统治者非常重视秦王朝覆灭的历史教训，一些士人也能继承先秦诸子关心国家兴亡、政事得失的优良传统，这就促进了汉初政论散文的发展。比如，陆贾的《新语》就集中地探讨了新形势下新的治国方法。在文景时期，挟书律已被废除，儒家的典籍开始为世人所传授，如传授《诗》三百篇，当时较有影响力的诗学是鲁人申培公开创的"鲁诗学"、燕人韩婴开创的"韩诗学"及齐人辕固生开创的"齐诗学"，三者号称今文"三家诗"，都立了学官，置博士弟子。后又有毛公所传诗，号古文《诗经》，当时未立学官，开今、古文经学之争的肇端。后来，社会上出现了由黄老无为思想向儒家积极有为思想转变的趋势，贾谊的《陈政事疏》《过秦论》和晁错的《论贵粟疏》等文章，深刻地总结了秦帝国速亡的沉痛历史教训，并阐述了新朝治理的种种措施，体现了一种奋发有为的时代精神，其新的视野与精神面貌是先秦诸子所不具备的。

经过盛誉一时的"文景之治"，到了汉武帝执政时期，社会的政治、经济、军事达到空前的繁荣强盛，汉帝国发展到了它的鼎盛时期。黄老道家的无为思想已不能适应社会发展的需要，所以必须采取积极有为的指导思想、采取创新进取的态度来顺应历史的潮流，与政治、经济、军事的重大变化相适应，因此文学也出现了重大变化，并在这一时期达到了高度发达的程度。

汉代的赋体是汉代文学的重要标志。赋从战国荀子、宋玉等人的作品中产生以来，逐渐成为一种散、韵并用与体物写志的文体。汉初的赋作直接继承了战国后期的骚体赋，如贾谊的《鹏鸟赋》《吊屈原赋》等，均属于抒情言志之作，保留着许多楚辞的特点。文景时期，各诸侯竞相招揽四方游士作为座上宾，其中不乏擅长辞赋的文人墨客。这些文人的辞赋作品取材广泛、形式多样，充满了创意与想象，尤其是枚乘的《七发》，其以生动的描绘和丰富的结构，成为辞赋中的翘楚。枚乘巧妙地运用了夸张和层递的笔法，使得句子结构繁复多变、层次清晰，与骚体赋的风格形成鲜明对比，从而标志着汉大赋的正式形成。除了枚乘，还有众多文人用辞赋来表达他们对生活的感悟和对社会的洞察。其中，司马相如以其卓越的才华和独特的艺术风格，成为赋家群体中的佼佼者。他的作品辞藻华丽、气势恢宏，不仅展现了汉朝大一统的辽阔疆域和富饶物产，更赞美了汉皇室的威严与地位，体现了汉民族的自豪与自信。司马相如的辞赋无疑是汉大赋艺术的巅峰之作，为后世留下了宝贵的文学遗产。汉大赋应大一统盛世而产生，适应了上层统治阶级政治与娱乐的需要，得到了最高统治者的大力倡导与支持。作为新的文学样式，汉大赋在优越的文化政策下得以迅猛发展，它也以自己卓越的艺术成就代表了当时的文学水平，表现出辞赋作家对艺术美的自觉追求。

散文是一种古老的文体，汉代散文在先秦诸子散文的基础上又有了较大的发展。淮南王刘安召集门客著《淮南鸿烈》（即《淮南子》）时，黄老道家的思想在社会上还有一定的影响力，自从汉武帝“罢黜百家，独尊儒术”后，儒家思想就成为社会的正统思想。今文经学大师董仲舒用散文的形式系统地阐述了“天人感应”的新的儒家学说。另外，各个阶段的政论散文也及时地反映了当时社会的矛盾和斗争。汉代政论散文及哲理散文虽为散文的主体，但抒情性散文及描写性散文已有长足发展，这与先秦散文相比较，其特点是很鲜明的，如邹阳的《狱中上梁王书》、司马迁的《报任安书》等书信，抒发了作者的冤屈和愤懑，其情感人肺腑；东汉马第伯写的一篇《封禅仪记》，把泰山的奇险与雄伟生动地描述出来，标志着汉代的散文也如赋一样，出现了以追求艺术美为主的意识。

空前昌盛的大一统，把总结中华民族发展史的任务提到日程上来，伟大的史学家、文学家、思想家司马迁勇敢地承担起这一历史重任，他在继承先秦历史散文优秀传统的基础上，开拓创新，著成鸿篇巨制的《史记》。《史记》以人物为中心，生动而翔实地记载了自黄帝以来至汉武帝时的中国历史上各种各样的人物，这些人物被刻画得有血有肉，具有典型化特点；历史事件叙述得绘声绘色，具有故事化特点；人物对话口吻毕肖，具有个性化特点；行文中还寓有作者鲜明的爱憎感情，创立了中国第一部纪传体史书。《史记》不仅代表了汉代散文的最高成就，而且作者以自觉塑造典型人物形象的创作意识，把中国文学推向了一个新时代。

汉初，骚体的“楚声”、四言体诗、杂言体诗占据着诗坛的重要位置。汉武帝时，扩大了乐府机关的规模与职能，广泛向民间征集歌谣，经过加工配乐后，成为乐府诗。这些乐府诗歌大部分是“感于哀乐，缘事而发”的作品，继承了《诗经》的现实主义传统，广泛地反映了汉代的现实社会生活，代表了汉代诗歌的最高成就。乐府诗在艺术形式上突破了《诗经》四言与骚体诗的格式，句式灵活多变，以五言为主，辅以杂言，并逐渐趋向一种五言新体。过去学术界认为五言诗产生于东汉，其实秦朝时的《长城谣》与西汉时的《长安歌》《汉成帝时歌谣》已是五言民歌，虞姬的《和项王歌》、班婕妤的《怨歌行》已是成熟的五言诗了，这说明五言诗在西汉已经产生。汉乐府诗、五言诗为后来文人诗歌的创作提供了新的艺术手法与艺术形式的借鉴来源。

东汉是中国古代小说观念形成的时期。桓谭在其《新论》中论述了小说的内容、形体、表现方式、社会作用，他把小说当作一种独立的文学体裁来看待。稍后的班固在《汉书·艺文志》中，又把小说家立于诸子之列，给予小说作家应有的社会地位。从此，汉代小说便有了长足的发展。汉代小说可分为两大类：一为子史故事类小说，二为神怪故事类小说，前者的代表作有《列女传》《说苑》《吴越春秋》《燕丹子》《西京杂记》等，后者的代表作有《汉武洞冥记》《列仙传》《汉武故事》《蜀王本纪》等，汉代小说多属东汉时期的作品。

东汉的历史文学没有西汉那般辉煌，班彪等人虽续补了《史记》，但不足以概括东汉的历史全貌，于是班固开拓新局，创作了中国第一部纪传体断代史——《汉书》。班固的《汉书》文学性虽不及《史记》，但也是中国优秀的传记文学巨著。班固、刘珍、蔡邕等人共同完成的《东观汉记》，在当时颇有影响力，其中的帝纪部分神秘色彩最浓，正反映了东汉谶纬迷信盛行的现实。荀悦的《汉纪》代表了新的编年体格式，辞约事详，也有一定的文学特色，直接启迪了后来司马光《资治通鉴》的写作。从《汉书》与《吴越春秋》可以看出，《史记》已达文学与史学完美结合的巅峰，自此之后，文学与史学便逐渐分道扬镳各行其道，一部分偏重文学，向小说靠拢，另一部分偏重史学，向"正史"靠拢。

在乐府诗、五言民歌的影响下，东汉的文人五言诗开始成熟。文人五言诗在乐府诗、五言民歌的艺术基础上，更加注意对词句的雕琢和加工，叙事一般比较曲折委婉，而且加长了篇幅。汉之前，中国的诗歌偏重于抒情，在抒情方面已积累了许多创作经验，班固的《咏史》诗是现存最早的文人五言叙事诗，由于"首创难工"，艺术上还显得有些稚拙，而艺术上成熟的文人五言诗的代表作《古诗十九首》，它基本产生于东汉后期，反映的是那个动乱年代文人士大夫游宦艰辛、离乡思妇、哀叹人生易老、渴求早获功名与及时行乐等思想感情，其基调虽是伤感和颓废的，但语言朴实、意境隽永，开创了我国文人抒情诗的新风格，并以高度的艺术造诣奠定了后世文人五言诗的基础。

历来被正统文学所轻视的民间谣谚，一直是最能直接、迅速反映时代风云变幻的艺术形式。汉代的民间谣谚，短小精悍，语言明快幽默。它来自民间，及时地反映了民众的呼声与愿望。从汉初讽刺诸侯骄横跋扈的儿歌，到汉末抨击外戚专权、歌颂正直党人的太学歌谣，可以看出民间谣谚确实是文学领域的"轻骑兵"，是广大人民群众投向黑暗统治者的"匕首"与"投枪"。

从东汉后期开始，散体大赋逐渐衰微，辞赋开始向诗歌化的方向倾斜，出现了抒情小赋，如张衡的《归田赋》、蔡邕的《述行赋》、赵壹的《刺世疾邪赋》等，这些新赋体摆脱了大赋铺张刻板风格的束缚，采用了许多诗歌的手法来咏物抒怀，揭露与控诉不公平的世道，为魏晋抒情赋的繁荣准备了条件。

汉代初还没有文学批评的专著，西汉末扬雄悔作“雕虫篆刻”式的散体大赋，反对重形式之“文”，提倡重内容之“学”。据传东汉卫宏作的《毛诗序》，是我国诗论的第一篇专门著述，强调诗歌与政治教化的关系，对《诗经》的形式和表现方法作了比较准确的概括。东汉杰出的唯物主义者王充著有旨在反对谶纬迷信的《论衡》，其中包含鲜明的进步文艺观点，要求文学要真实地反映现实，对虚妄的文风进行了深刻的批判。汉代末，曹丕撰成《典论》五卷，标志着我国文学批评专著的诞生，曹丕通过对各种文体特点的总结及对建安时期著名作家创作作品的评价，提出了一系列的文学批评主张，直接影响到后世的文学批评。

汉代的角抵戏、歌舞剧是我国戏剧的雏形。角抵戏《东海黄公》、歌舞剧“《公莫舞》均标志着中国戏剧发轫期已经到来。角抵戏不但有角技、眩变、假面，还包括仙怪故事，具有简单的戏剧情节。歌舞剧既有舞蹈又有歌词与独白，具备了我国古代戏剧“科白唱”的三大要素，具有简单的戏剧故事，这些都说明我国的戏剧至少产生于汉代。

汉代文学既是大一统封建盛世的精神产物，又是先秦文学继承与发展的结果，有历史的传承，也有时代的创新。不仅产生了一些新的文学样式，如大赋、抒情小赋、戏剧、小说，而且旧的文学样式，如诗歌、散文，也有许多重大的发展，文学批评也开始起步。汉代文学的发展历程与自身特点，已经明显地显示出中华民族文学的特色，它与西方文学在内容上与形式上都有明显的差异，正是汉代文学的这种民族特色，才确定了中国后世文学的特点及发展趋向，才决定了中国文学在世界文学史上应有的重要地位。

第二节　汉代散文

先秦两汉的散文是中国文学的瑰宝，其彪炳文坛成楷模，流传千载为典范，历来被人视为中华民族“文章之大宗”。如果说以先秦诸子散文和先秦史传散文为代表的先秦散文构成了我国古代散文发展的第一个高峰，那么在继承先秦散文优秀传统的基础上而发展起来的汉代散文，又有多方面的创新和发展。它开辟了我国古代散文的新纪元，形成了中国古代散文发展的第二个高峰，在中国文学史上具有重要的意义。

汉代散文一方面以继承先秦优秀文化遗产、吸收当代文化精华为基础，另一方面主要以反映汉代社会生活为前提。先秦与当代优秀文化为汉代散文提供了丰富的精神资源，而汉代社会生活，特别是汉代大一统的政治生活，直接影响与制约着汉代散文的形成与发展。随着汉代大一统政治格局的发展演变，汉代散文的内容呈现出明显的阶段性变化，据此，我们将汉代散文的发展划分为三个时期，这三个时期的散文分别真实地反映了汉代大一统政体确立与兴盛、僵化与腐朽、衰微与崩溃的历史演变过程。

一、西汉初中期的散文

这个时期从汉高祖刘邦元年至西汉宣帝死亡（公元前49年）为止，经历了汉高祖、惠帝、吕后、文帝、景帝、武帝、昭帝、宣帝众多朝代，共158年。这个时期又可分为两个阶段：从汉帝国确立到汉武帝即位时的阶段，即西汉初期；从汉武帝即位后到汉宣帝去世的阶段，即西汉中期。

汉王朝是继秦王朝之后又一个强大的大一统封建帝国。虽说“汉承秦制”，汉王朝继承了秦王朝的封建地主中央集权制，但在建设、巩固大一统帝制方面又进行了一系列的改革。它吸取了秦帝国覆灭的历史教训，为了国家的稳定与发展，汉朝统治者明智地废除了秦帝国在政治、经济和文化上的一系列极端专制措施。这一改革不仅符合当时的历史背景，也推动了封建专制主义向更加合理和人性化的方向发展。加之秦末长时间的战乱，整个国家饱受摧残，社会经济陷入了深重的衰退之中。据史书记载，新朝初立时，连皇帝的御驾都难以凑齐四匹骏马，将领外出也只能乘坐简陋的牛车，这足以反映出当时普通民众生活的艰辛与贫困。这些现象无不凸显了改革的重要性和紧迫性。国家当务之急是保持社会稳定，实行休养生息的政策，尽快渡过经济难关，所以不得不在政治、经济、文化上采取宽松的政策。从汉初到武帝即位前，汉朝统治者主要把主张清静无为的黄老道家思想作为自己的政治主导思想。

汉朝统治者虽崇尚黄老的“无为而治”思想，但不能重蹈秦帝国崇尚一尊、禁锢思想的覆辙，因此对诸子学说采取了兼容并蓄的政策。最能代表这一思想倾向的是司马谈的《论六家之要指》，这篇文章认为阴阳、儒、墨、名、法、道诸家，虽主张不同，但都是为了治世，这就是文章开头就强调的“天下一致而百虑，同归而殊途”。六家所论，各有长短，比较起来，道家最优，因为它“因阴阳之大顺，采儒墨之善，撮名法之要，与时迁移，应物变化，立俗施事，无所不宜，指约而易操，事少而功多”。[①] 这篇文章对先秦诸子作了比较准确的评价，主张建立以道家思想为主，兼取他家之长的新思想。司马谈的观点虽不曾被汉王朝正式奉为明确的统治思想，但它反映了当时的思想实际，不仅中央上层信奉黄老道学，如窦太后、曹参等人，就连地方藩王也尊崇黄老道学，如淮南王刘安等人。总之，当秦王朝文化专制的桎梏一旦被打破，新的文化专制还未能建立之际，被窒息一时的诸子之学又迅速得到了恢复和发展。

汉初诸子学说得以恢复，还有两个重要原因。一是表面上秦王朝把中华文化摧残殆尽，实际上中华文化的文脉根基未断，秦始皇可以焚诗书，然而泯灭不了活在人民心中的中华文化。另外，秦王朝帝祚短促，虽然坑杀了几百名儒士，但作为中华文化的传人并未消亡，有许多在秦焚书前就已满腹经纶的学者还活到了汉初，他们对恢复诸子之学起着至关重要的作用。中华文化在秦代虽遭到严重破坏，但中华文化的根还在，就如枯木逢春，在汉初宽松政策的气候下又迅速地萌发生长起来。二是汉初分封了一批异姓诸侯，随后，皇室后代取代了这些不同姓氏的诸侯成为新的藩王。这些藩王为了增强自己的影响力，开始遵从战国时期诸侯普遍养士的习俗，以吸引各方英才，这在客观上也推动了汉初各派学说的活跃，特别是助长了纵横之风的盛行。

就如汉朝的大一统格局是在继承秦王朝政体的基础上建立起来的，但绝不是秦帝国体制的简单翻版一样，西汉初期和中期的散文，虽然也继承了战国散文的某些特点，但绝非先秦散文的单纯模仿。在这一时期，司马迁、班固等文学大家，对先秦两汉的散文进行了系统的整理与深刻的反思。相较于先秦散文，这一时期的作品在作者身份、内容深度及形式表达上均发生了显著的变化，呈现出鲜明的时代烙印和个性风采。此时的散文创作者已不再是战国时四处游说、纵横捭阖的学者或策士，而是那些首次在中央朝廷担任文学侍从的作家。他们的作品更多地反映了对现实政治的深刻观察与批判，而非简单地讽刺或戏谑。这些作品不仅展示了作者对时代的独特见解，也体现了他们作为朝廷文人的责任与担当。散文的形式已不是先秦时期那种诸子哲理散文与史传散文，而是在此基础上，发展为了政论散文和传记散文。

汉初最有代表性的藩国散文作家当数枚乘和邹阳。汉初实行休养生息的政策，到文景时期，又采取了一系列措施，使社会经济得到了显著发展，因而被视为封建社会的盛世，史称“文景之治”。然而盛世也潜伏着严重的危机，即藩国已蓄

① 李存山. 汉代与宋明儒学新论[M]. 北京：华文出版社，2021.

成尾大不掉之势，显露出种种谋反的迹象。当初刘邦开国，把分封诸侯当作巩固大一统政权的措施之一，结果适得其反，反倒形成威胁中央政权的最大隐患，至文景时期，中央与藩国的生死决斗不可避免，这就成为贾谊、晁错等人所焦虑的国家问题，文景盛世也面临着大一统政权的生死存亡。作为藩国的文人，虽然他们身上残留着战国纵横家的习气，特别是他们写的文章有战国纵横家的风流余韵，但他们已不是战国时的谋臣策士，他们已不盲目地“各为其主”，他们能自觉遵循一条基本原则，即维护国家的统一。这种意识来自对春秋战国以来历史的总结，来自对大一统优越体制的深刻认知。

枚乘初为吴王刘濞郎中，因觉刘濞有谋反之意，便写了《谏吴王书》，希望吴王翻然改图。文章用词隐约婉转、长喻远譬，把谋反之害与悔改之易写得曲尽其意。谏书比喻贴切，形象生动，词虽含蓄而旨意鲜明，骈散句式错落有致，已融辞赋的特点于散文中，极有感染力。然而吴王不纳忠言，枚乘只好离吴投奔梁孝王。吴王反，枚乘又有《上书重谏吴王》，再次陈述利弊，情真意切，既为吴王处境着想，又维护汉室安定，体现了汉代藩国文学侍从的时代新特征。

邹阳早年与枚乘、庄忌等人都为吴王刘濞的文学侍从，他与枚乘一样，也是一个很有时代责任感的人。邹阳生性耿直，在梁孝王处受到羊胜、公孙诡的谗毁，梁孝王一时听信谗言，将邹阳下狱，准备处死。邹阳不甘束手待毙，写了《狱中上梁王书》，书中慷慨陈述自己对梁孝王的拳拳忠心，极力申诉遭谗的冤屈。其文紧紧把握问题关键，博引史实，善用谚语、典故，常以正反对比来剖析事理，词多偶俪，句多排比铺张，雄辩有力、感人肺腑，颇有战国游士纵横善辩之风，是汉代书信体散文中少有的佳品。

汉代中期还产生了一部具有文学特色的经济史料——《盐铁论》。这部书大约是在汉宣帝本始四年（公元前 70 年），由庐江太守丞桓宽根据汉昭帝始元六年（公元前 81 年）御史大夫桑弘羊与贤良、文学就盐、铁、酒类政策的辩论记录，整理编纂而成的。全书共 60 篇，具有严谨的结构和统一的体例，通过对话的方式客观地记录了御史大夫及其同僚与贤良、文学之间的相互质疑。作者精心刻画和描绘了这些人物形象，以此映射出当时激烈复杂的政治斗争和多变不定的社会思潮。在这部作品中，角色不仅善于表达观点，还能以简洁明了的言辞直击问题要害。散文的叙述层层递进，大量运用类比和比喻手法，使内容更加生动形象。同时，多排比、对偶的句子结构，也赋予了这部作品整齐划一又变化多端的特点。

二、西汉后期至东汉前期的散文

这个时期从公元前 48 年元帝即位起至公元 88 年东汉章帝去世止，共经历了元帝、成帝、哀帝、平帝、汉孺子婴、新朝王莽、光武帝、明帝、章帝众多朝代，共 136 年。这个时期也可分为两个阶段：由元帝即位到王莽新朝灭亡的阶段，即西汉后期；由东汉建立到章帝去世的阶段，即东汉前期。

西汉后期，腐朽的今文经学束缚了作家的思想，这一阶段的散文成就远不如西汉前期高。在今文经学、谶纬学泛滥的年代，盛行的当然是那些充满神学迷信说教的散文，一大批文人，如翼奉、京房、谷永等人，勤于经术，以善讲灾异为能。例如，谷永有《星陨对》《灾异对》等文章，它们都是很有代表性的以灾异现象抨击时弊的文章。虽然文中反映出一些西汉末世政治黑暗、民不聊生的现实，但将儒家仁政爱民的观念穿凿附会于灾异中，实在是荒谬，艺术上也无创新之处，浓重的神学气息已改变了先秦以来散文的优秀传统。

西汉后期以奏议而闻名的散文家有杜邺、贡禹、鲍宣。哀帝元寿元年（公元前 2 年）春，继地震之后又发生日食，宫廷上下一片惶恐。杜邺上书《元寿元年举方正直言对》，以历史上的灾祸为佐证，力陈当朝外戚掌权的危害，对皇上提出了改过自新、匡救时弊的期盼，所提出的对策也起到了一定效果。

贡禹，在元帝时为谏大夫，他的奏疏现仅存五六篇，其《奏宜放古自节》主要反对朝廷大小官吏奢侈腐化，呼吁减轻人民的重负，提倡吏治中的廉政之风。这些主张虽扭转不了汉王朝每况愈下的颓势，但那些反腐倡廉的言论对后人是有启示意义的。

鲍宣，哀帝时为谏大夫，其奏议的内容与风格与贡禹大致相近。比如，建平四年（公元前 4 年），哀帝祖母傅太后大封傅氏家族，又免了几位持反对意见的重臣官职，鲍宣虽官卑人微，却敢呈递《上书谏哀帝》的谏书，猛烈抨击外戚专权的弊端。鲍宣把百姓的悲苦情状概括为“七亡”“七死”，矛头直指戕害百姓的贪官污吏。他善恶分明、褒贤伐奸。无论奸佞还是贤能之士，都敢直呼其名，毫无顾忌。班固在《汉书·鲍宣传》中称其“常上书谏争，其言少文多实”。“少文多实”不仅恰当地评价了鲍宣文章的特点，也概括了这个阶段奏议文章的特色。

东汉前期，国家又恢复统一，政局比较稳定。东汉名义上恢复了西汉刘氏正统，但在思想方面还没有改变王莽谶纬迷信的那一套，并变本加厉，取消了王莽新朝设立的古文经博士，使神学化了的儒学和谶纬迷信更加正统化。但是，这一阶段的散文成就倒比西汉后期要高，其主要标志是继《史记》之后，又产生了一部中国杰出的纪传体断代史——《汉书》，还产生了坚决批判神学迷信的巨著《论衡》。司马迁著《史记》，所记大致止于武帝太初年间，为表述太初以后汉朝的事功，西汉后期、东汉初就有人接着《史记》来续写汉史，如刘向、冯商、扬雄、班彪等均续写过《史记》。

《汉书》的体例主要依仿《史记》，只是略有变更，它的资料详实、慎核整齐、叙事详明、言辞典雅，有散文骈化的特点，是我国后世纪传体断代史的权舆，在中国散文史上有巨大的贡献。《汉书》的传记文学性总的来说不如《史记》，但它是继《史记》之后最杰出的传记文学作品，有些人物传记写得也相当精彩。由于班固受正统儒学思想影响较深，影响了他在《汉书》中对历史人物与历史事件的正确评价。不过与他在明帝时和他人合撰的《世祖本纪》、章帝时撰写的《白虎通德论》等相比，《汉书》的御用味道少多了。班固前期写的散文是典型的遵命之作，受诏神化汉皇室、神化儒家经典。而《汉书》虽说缺乏司马迁《史记》中那种深刻的史识和批判精神，但在一些人物传记中，也暴露了统治阶级荒淫无耻、腐败昏庸的罪行，如《外戚传》就塑造了许多爱国英雄形象，歌颂了他们高尚的爱国精神与民族气节，如《苏武传》，生动地记叙了苏武出使匈奴被扣留19年而宁死不降的事迹，塑造了一个富贵不能淫、贫贱不能移、威武不能屈的民族英雄形象，其传神笔力并不在司马迁之下。

就在东汉前期谶纬迷信猖獗之时，社会上涌现了一批坚决抵制这股强大时代逆流的思想精英，桓谭是当之无愧的先驱者。他敢于冒着生命危险在“宣布图谶于天下”的光武帝面前公开表示“臣不读谶”，并上《抑谶重赏疏》，言图谶之害，足见他对反对图谶迷信是何等的坚决。他所著的《新论》，共计29篇，此书早佚，今存系后人辑本。桓谭以古代朴素唯物主义为思想武器，直接向谶纬发难。图谶之说附会于《河图》《洛书》，桓谭认为图、书之事本不可知，后人又依托孔子，更是虚妄。自然灾异是天下常发生的自然现象，与人事何干？桓谭的《新论》说理透辟、情理兼备，既振聋发聩，又富有艺术感染力，备受王充的推崇，称其《新论》为“论世间事，辩照然否，虚妄之言，伪饰之辞，莫不证定”。①

王充是东汉最杰出的唯物主义哲学家，他的《论衡》代表了东汉前期政论文的最高成就。王充虽曾师从班彪，但他并没有传承班彪的儒家思想，而是推崇道家的唯物主义观点。王充历时30多年，撰成巨著《论衡》，共30卷，其自认为“虽违儒家之说，合黄老之义也”。他以新的朴素唯物主义元气自然论，系统地批

① 王充．论衡[M]．上海：上海人民出版社，1974．

判了世俗鬼神迷信、祸福报应等神学迷信观点，从根本上抨击了“天人感应”与谶纬之说，其学说在相当长的中国封建社会中被视为异端。王充注重文章的实用功能，要求著文能起“劝善惩恶”“匡济薄俗”的作用，他在《自纪》篇中说：“为世用者，百篇无害；不为用者，一章无补。”[①] 从文章用于世出发，他又主张文章的内容和形式要统一，反对言过其实、雕文饰辞。同时要求语言通俗易懂，他在《自纪》篇中还说：“口则务在明言，笔则务在露文。高士之文雅，言无不可晓，指无不可睹。观读之者，晓然若盲之开目，聆然若聋之通耳。”[②] 所以《论衡》篇有针对性、有战斗力，内容上可谓推陈出新；句子明畅易晓，多用俗语与白话，文风上可谓属于“通俗派”，打开了东汉散文的新风气；言论大胆、明白如话，都是前人少有的。

这个时期的散文中，值得一提的还有马第伯的《封禅仪记》。建武三十二年（公元56年），光武帝刘秀封泰山，马第伯作为随员相从，写下了这篇《封禅仪记》。此篇记文不同于以往的封禅记，说它是一篇山水游记更合适。记文主要描述了泰山的奇景壮观，在此之前，还未曾有过如此的以描写自然风光为重点的记文，在汉代散文中，也可谓独树一帜，直接影响了后代山水游记的写作。

三、东汉中后期的散文

这个时期从公元89年和帝即位起到公元220年曹丕代汉止，经历了和帝、殇帝、安帝、顺帝、冲帝、质帝、桓帝、灵帝、少帝、献帝众多朝代，共132年。这个时期也可分为两个阶段：由和帝即位到公元189年董卓入京的阶段，即东汉中期；由董卓逼献帝迁都长安到东汉灭亡的阶段，即东汉后期。

东汉前期，作为社会指导思想的经学继西汉末期进一步被神学迷信化后，原本生气勃勃的大一统体制日趋僵化，给社会埋下了重重危机。但东汉前期，凭着统一稳定的局面，还维持着强盛的国势，东汉仍是东方文明的中心。当时，世界上的强国只有罗马帝国才有资格与东汉相提并论。

东汉社会的衰落，是从统治阶级上层腐败开始的。和帝登基后，太后临朝，外戚专断，从此外戚总设法立小孩子做皇帝，便于他们操纵朝政。而小皇帝一旦成人懂事，往往不甘心做傀儡式的皇帝，于是只好依靠身边的宦官来歼灭外戚势力，争夺皇权。直至东汉亡，国家都一直处于外戚、宦官交替专权的局面之中。

① 王充．论衡[M]．上海：上海人民出版社，1974．
② 王充．论衡[M]．上海：上海人民出版社，1974．

不论哪方得势，都同样地揽权敛财、祸国殃民，特别是从桓帝以后，宦官长期专权，其贪婪、凶残比外戚势力更有过之。他们竭泽而渔，拼命搜刮民脂民膏，广大劳动人民挣扎在死亡线上，国库成了宦官的私家金库，国家贫弱到了难以支付一般官吏俸禄的程度。东汉后期，国家公然标价卖官鬻爵，政治黑暗腐败达到不可言状的地步。

东汉中期，朝廷之中的外戚党徒与宦官亲信占据多数席位，这一现象严重阻塞了文官正常晋升的道路。残酷的政治斗争和个体命运的不济，使得文学领域弥漫着一股浓烈的批判现实之风，这种批判往往带有深深的悲怆色彩。社会的混乱与黑暗、外戚与宦官的道德沦丧，以及文人所承受的社会压迫，共同促使了文人意识的深刻转变。有些文人还与一些正直的官僚联合起来，大胆地评议朝政、抨击时弊、臧否人物，因此统治集团把他们视为自己主要的政敌，先后制造了两次“党锢”事件，对他们进行了残酷的迫害。然而政治的黑暗、血腥的镇压，只能引起更大的反抗，引发社会更大的混乱，公元184年，终于爆发了黄巾农民大起义，直接威胁着东汉的政权。公元189年灵帝死后少帝即位，何太后临朝，外戚何进召拥兵自重的并州牧董卓入京，给了董卓擅政的机会。随后又有人兴兵讨伐董卓，从此，东汉大一统格局名存实亡，开始了长达30年的军阀分裂割据的局面，黑暗、动荡的社会使散文有了新的变化。

东汉中期出了一名著名的文学家和科学家张衡，张衡字平子，安帝时任过太史令，顺帝时制成候风地动仪，晚年出为河间相。他在文学上的成就主要表现在辞赋方面，主要作品有《二京赋》《思玄赋》《归田赋》等，他曾拟扬雄《解嘲》作《应间》，表达了正直文人士大夫不肯阿世求荣的高洁志向。其《同声歌》与《四愁诗》是中国五言诗、七言诗创始时期的重要作品。他的奏疏以唯物论的观点，揭露了谶纬迷信的虚妄。

东汉中期社会批判文章，阐述治乱兴衰之理，纵横驰骋于古今，见识深刻；揭露现实弊端，不论皇室权臣豪族，都无所顾忌。激愤的感情、犀利的言辞，体现了汉代醇厚文风的新变，显示出向魏晋清峻通脱文风转换的特征。

东汉中后期还出现了一批著名学者，著名的作家有马融、许慎、郑玄、蔡邕、应劭等人，最有影响力的当数著名经学家郑玄。郑玄早年曾入太学博读群经，后又从经学家马融处专攻古文经学，学成后聚徒讲学，门徒多至数千人。后来，其在“党锢”事件中被禁，于是潜心遍注群经，其中以《毛诗笺》《三礼注》最有影响力，除笺注之作外，还有《天文七政论》《六艺论》《毛诗谱》《驳许慎五经异义》等，著述宏富。郑玄以古文经学为主，兼采今文经学，取宏用精，终成汉代经学的集大成者，世称其学说为“郑学”。东汉中后期的学术型文章，虽严谨精审，却也不是远离社会现实的“纯学术研究”，就如“郑学”，它结合了社会批判的思潮，起到了抑制今文经学和谶纬发展的作用，对后世研究我国古代文化遗产也有很重要的指导意义。

东汉后期，各地豪强据兵争雄、兵连祸结，战乱耗尽了汉王朝长期的经济积蓄，给人民带来了巨大的灾难。曹操写有《蒿里行》一诗，其中有“白骨露于野，千里无鸡鸣”一句，真实地概括了当时的社会现实。与经济凋敝、生灵涂炭的惨象相反，汉朝的思想文化呈现出勃勃生机。其特征是统治了二三百年的正统经学被怀疑、被冷落，而适应社会急剧变化的新思想、新文化迅速崛起，包括压抑已久的道家、法家等学派的思想及新近传入的佛教学说都得到了广泛传播。这个时期的散文，不仅反映了动荡不安的社会现实，还反映了社会意识形态的剧烈变化。

第三节 汉赋与汉诗

一、汉赋

在中国文学的样式中，没有任何一种文学样式能像赋体文学那样最能代表汉代文学的风貌。这不仅是因为赋体文学成熟于汉代，充分显示了这种文体的特征，体现了汉代文学极大的创造性，还因为赋体文学在内容上“苞括宇宙，总揽人物”，全面、真实地反映了汉代的强盛与大一统时代的精神面貌，在艺术上铺采摛文、侈丽闳衍，显示了汉代“文学自觉”意识的成熟。

四言诗体赋和骚体赋产生于战国末期，贾谊等人使它更为成熟，但这还说明不了汉代人的创新精神。真正代表汉代人在赋体上的创造力，能体现汉代赋体形式独特的是汉代散体大赋，通称汉大赋，汉大赋的首创之作应是枚乘的《七发》。

与以往的四言诗体赋、骚体赋相比，《七发》在表现方式上有如下的创新。一是增多了长短不齐的散文化句式，减少了骚体赋的“兮”字句，而且韵、散互相配合，安排得当。二是改进了旧有的主客问答方式。在此之前，屈原《渔父》中的作者与渔父的问答、荀子《赋篇》中的臣与王的问答、贾谊《鹏鸟赋》中的作者与鹏鸟的问答，已开主客问答的先例，但枚乘的《七发》对此方式有重大的发展。如果说荀子的《赋篇》比较体小事单，那么枚乘的《七发》已体大事丰，具备了“大赋”的格式；如果说贾谊《鹏鸟赋》的问答比较简单，那么枚乘《七发》的问答已比较复杂，问答式已具故事的性质。《七发》开头的序言，以引子的形式交代写作缘由，引出主客之间的对话，开“客主以首引”的大赋通式。中间六段为赋的主体，通过一问一答，环环相扣，将要阐述的道理和观点逐层展开。最后卒章显志的尾声，照应开头，发挥出“要言妙道”的作用，形成一个宏大而完整的结构，具备了典型汉代大赋的鲜明特点，在此之前还没有这类的体式。

从汉武帝开始，汉赋的发展进入一个全盛的时期，或者也可以称作进入汉大赋鼎盛的时期。汉代经过几十年来的休养生息，经济上国力充实，思想上确立了儒家思想的独尊地位，政治上空前的统一强盛，对外拓疆通商，成为亚洲的中心，整个社会都充满了勃勃生机，整个民族都怀有无比自豪的情绪。这一切都在要求用文学来反映这个时代的巨大变化，社会的需要推动了赋体的大发展，因为赋体最能适应反映伟大盛世的要求。此外，汉赋的空前兴盛也与统治者的倡导奖掖有关。武帝即位前，因文、景二帝不好辞赋，所以著名的赋家均集中于藩国，其中吴王刘濞、梁孝王刘武和淮南王刘安处居多，如邹阳、严忌、枚乘、羊胜、公孙诡、公孙乘、路乔如等。汉武帝刘彻与文、景二帝不同，他自幼喜爱辞赋，当太子时就知道了枚乘的赋名，并心仪其人，因此他刚即位就派出安车蒲轮去征召枚乘，可惜枚乘此时年事已高，后病死于征召的途中。武帝又召枚乘之子枚皋“因赋殿上”，将他留在身边，让他随时献赋。

汉武帝刘彻具有雄才大略，他把倡导辞赋与治国安邦联系起来，一方面鼓励辞赋创作，另一方面招揽作家，下诏招延四方文学辩士于中央，据《汉书·严助传》载，当时严助、朱买臣、吾丘寿王、司马相如、主父偃、徐乐、严安、东方朔、穆仑、终军等，待诏于金马门，以赋为代表的文学中心随之由藩国转移到汉朝宫廷中。赋家对武帝的征召趋之若鹜，献赋还能得到统治者的奖赐，于是赋作数量空前增多。《汉书·艺文志》记载西汉有赋约千篇，十之八九为西汉中后期所作，而其中武帝时期的作品又占一半以上，说明武帝时期赋的创作空前兴盛。

汉武帝时期最著名的赋家是司马相如，他集以往辞赋各体之大成，并创造了一系列的大赋艺术范型，最后完成了汉大赋典型体式的定型，他的代表作《子虚赋》《上林赋》标志着汉大赋的完全成熟，他也成了汉大赋的代表作家，被称为汉赋的第一大家。

《子虚赋》《上林赋》气势雄伟宏阔，描写齐王政猎已惊天动地，结果楚王的畋猎声势比齐王更浩大，当亡是公叙述完天子的畋猎与游娱后，才知齐、楚二王的畋猎活动不过是为天子的畋猎与游娱做个铺衬，比起天子来，齐、楚该是“小巫见大巫”。作者借铺陈齐王、楚王、汉天子的游猎活动，来展现诸侯国与汉中央的疆域与实力，特别是汉天子的“鸿业”。作者以“苞括宇宙”的胸襟，尽现天地万物奇观，行文中洋溢着势不可挡的刚健气势，体现了作者胸怀天下、囊括一切的时代精神。在这二赋之中，汉天子的“鸿业”是通过多角度、全方位的景物描绘来“润色”的。无论是齐王率领战车千乘、骑兵万名在海边捕兽的场景，还是楚王统率壮士在云梦游猎的场面，还是天子在上林苑畋猎游娱的盛况，作者都要尽力修饰夸张、层层铺陈，以求所描摹的景物能穷形尽相，尽量展示汉帝国的强盛富有，从而突出体现汉大赋铺张扬厉的特点。

为了达到铺陈的极致，作者甚至不受现实的局限，突破时空的束缚，进行大胆新奇的想象和夸张，以体现汉大赋作家“苞括宇宙，总揽人物”的时代精神。

《子虚赋》《上林赋》之后，散体大赋成为最能润色大一统帝王鸿业的文学体裁，散体大赋创作盛极一时，西汉时期著名的大赋作家有吾丘寿王、东方朔、枚皋、王褒、扬雄等。东汉建国后，社会经济得以恢复，社会相对稳定，汉帝国声威重振，在这样的社会背景下，散体大赋仍居赋坛的主导地位，著名赋家有班彪、班固、傅毅、崔骃、马融、张衡等。

汉代散体大赋以其宏阔的篇幅和深厚的内涵闻名于世，其擅长描绘广袤无垠的土地、雄浑壮丽的山河、金碧辉煌的宫殿以及繁荣昌盛的人文景观。这些作品细腻地展现了当时社会生活中人们思想情感的波动和精神追求的变化。这种表达方式深刻体现了赋家“以大为美”的审美观念，并且这种观念正根植于汉帝国强盛的国力之中，是汉帝国辉煌时代的文化反映，其来自当时人们在各个领域的开拓创新，来自封建大一统体制的无比优越。汉大赋铺张辞藻，过分地追求艺术形式，固然有其弊端，但也说明“文学自觉”意识在形成，汉人以汉大赋的形式对“纯文学”的创制做了大胆的尝试。

从班固《汉书·艺文志》开始，人们就尝试对汉赋进行分类，越到后来越分得细，反而使各类型的汉赋互相交叉重叠，不得要领，模糊了它们之间的界限。在《两汉大文学史》一书中，作者对汉赋的分类有自己的看法，该书的作者认为从内容上可以将汉赋分为四大类：抒情赋、咏物赋、叙事赋、说理赋。这是就赋作的主要内容来讲的，事实上，每篇赋都不可能是单一的内容。按照构成赋体形式的语言结构，我们可以将汉赋分为三大类：散体赋、骚体赋、四言赋。所谓散体赋是指韵散相间，韵文部分是四言句式、六言句式的赋；骚体赋是指模仿屈原赋并以六言为主，句中带“兮”字的赋；四言赋则是由四言句式构成的赋。赋的分类全看我们分类者的立脚点与观察角度。比如，汉赋在形成过程中，深受《诗经》《楚辞》和先秦散文的影响，吸收了它们各自的特点。如果赋中《诗经》《楚辞》

的特点多一些，这种赋就可以称作骚体赋、四言赋；如果赋中先秦散文的特点多一些，这种赋就可以称作散体赋，散体大赋便是如此。除此之外，我们还把主客问答、体物写志、铺采摛文、劝百讽一等也视为散体大赋的特征或格式。侧重抒情的小赋早在西汉时就有了，但终未产生重大影响。东汉中叶后，大一统政体更加僵硬、腐化，社会危机四伏，朝政中外戚、宦官交替专权，经学神化，谶纬猖獗，残酷的“党锢之祸”给每个正直文人的心灵留下隐痛，太平盛世已成过去，文人已无“润色鸿业”的依据与热情，转而以小赋来倾诉自己对黑暗现实的愤懑，其作品有较多的批判现实内容。于是占据赋坛主导地位的散体大赋开始衰落，赋体开始向诗化方向转化，抒情小赋成为赋体创作的主流。本来散体赋、骚体赋、四言赋都可以咏物、叙事、说理和抒情，那怎么要单标出个“抒情小赋”呢？这里所说的“抒情小赋”本是相对咏物大赋而言的，咏物大赋是以摹写事物为主的体式，具有鸿篇巨制的特点，散体大赋就是具备了这些特征，所以有人又称散体大赋为咏物大赋。抒情小赋体制短小，不像散体大赋那样体制宏大，故称“小赋”，这点不难理解。因为内容是决定形式的前提，抒发个人一时情怀，不需要像歌颂太平盛世那样的鸿篇巨制。中国诗歌从《诗经》始，就形成了抒情的传统，诗与赋的区别，不仅在于韵、散句式的多少上，还表现在抒情成分的轻重上，赋体加强咏物、叙事、说理而弱化抒情，至散体大赋而达到极限。抒情小赋正是“反其道而行之”，其大大强化了赋中的抒情成分，故称“抒情小赋”。东汉中叶以后的抒情小赋与西汉时的骚体赋、四言赋相比，虽然很相近，甚至有些人把抒情小赋也视为骚体赋或四言赋，但细比较可以发现二者是有区别的。一是抒情小赋比骚体赋、四言赋更具抒情意味；二是抒情小赋在格式上不拘主客问答、句中不必非带“兮”字等，其形式灵活自由，感情真挚，直抒胸臆，相比之下更近于抒情诗歌。

代表汉赋由散体化向诗体化转化的作家，应首推张衡。张衡博学多才、淡泊名利、人品高尚、提倡科学，反对当时猖獗的迷信风气，33岁才出仕，历任太史令、河间相等职位。他不仅是东汉中叶伟大的科学家、文学家，也是中国史乃至世界史上少有的集科学家与文学家于一身的巨人。张衡早年的代表赋作是《二京赋》和《南都赋》，特别是《二京赋》，虽模仿班固《两都赋》主客问答的写法，由描写西京长安的《西京赋》与描写东京洛阳的《东京赋》构成，但花费了作者十多年的精心构思，在描写世俗生活方面比《两都赋》更加丰富多彩，对统治者的腐朽生活揭露得也较《两都赋》更深刻具体，从这可以看出他把笔锋向现实生活大面积转移的端倪。张衡晚年受奸佞排挤，离京出任河间相。河间王刘政向有横行不法的恶名，张衡虽有安邦济民的志向与才干，却无法施展，心情郁闷，在任上著有《四愁诗》《髑髅赋》《归田赋》等，以抒写自己的感时伤怀。《归田赋》是他以辞官归隐来宣泄自己对丑恶、污浊官场的憎恶与决绝，表达自己对怡然自得的田园生活的向往之情的著作。这是我国文学史上第一篇完整的以描述田园隐居乐趣为主题的赋作，开了东汉抒情小赋的先河，标志着汉赋的新变化。《归田赋》突破了汉代散体大赋“劝百讽一”的歌功颂德传统和板滞浮夸的体式，以短小自如的形式，直接抒写自己真实的感情，这种新的内容与形式，对后世的赋作创作影响很大。在他之后，汉代的文学界也产生了不少伤时感怀、愤世嫉俗的抒情小赋，其充分显示了这种赋体的勃勃生机。到魏晋时期，抒情小赋已蔚为大观，一跃成为赋体文学的主要形式。

二、汉诗

汉赋尽管吸收了散文体的许多特点，但因其讲究韵脚，理应属于韵文体，或换句话说理应属于诗歌。但汉代人所说的诗歌只指可以歌唱的“歌诗”，而不指只能吟诵不能歌唱的汉赋。汉代的文人喜欢用诗歌来抒怀言志、寄托情感、抒发志向、表现理想和抱负，这正是汉代诗坛上“歌诗”盛行的原因之一。“歌诗”在汉代已经从先秦时期的诗歌演唱意义转变为一个专门的名词。本书采用汉人诗歌的概念，并不包含赋。这不仅是因为汉赋具有“不歌而诵”的特点，还因为汉赋是汉代文学的显著标志，单独阐述汉赋便于揭示它对于汉代文学的特殊意义。

也许是因为汉赋成就辉煌，所以其夺目的光芒掩盖了诗歌的光泽，人们长期以来忽视了汉代诗歌的重大成就及其在中国诗歌史上的重要意义。比如，一些学者谈及中国古诗歌史时，往往把魏晋诗歌作为其伟大的开端，在谈及中国诗歌史时，把唐诗、宋词、元曲视为中国诗歌发展的几个对峙的巅峰，往往淡忘了汉诗承前启后的历史意义。更有甚者，仅据现存汉诗数量不多，而认为汉代是诗歌“消歇”“落寞”的时代。判断一个时代诗歌创作繁荣与否，不能仅凭现存的诗歌数量多少，而应该依据该时代诗歌创作的实际。我们现在可以证实的西周至春秋中叶的诗歌仅为《诗经》中的305首诗，但从没有人会因此说西周至春秋中叶是诗歌“消歇”“落寞”的时代，也从没有人会相信西周至春秋中叶只创作了300多首诗。现存的汉诗，仅是汉代诗歌中的很少一部分。据逯钦立《先秦汉魏晋南北朝诗》所辑，今存汉诗总计638首，这远不能反映汉诗的实际数量，汉代以诗名世的人很多，仅他们创作的诗歌，其数量估计就相当可观，又据《后汉书·文苑传》载，王逸在东汉诗人中还不算翘秀，仅他创作的汉诗就有123篇。可见，失传的以及动乱毁掉的汉诗还有很多，远不止这600多首。

再者说，我们看问题重在看其“质”，只有“质”才能说明问题的本质。汉诗一方面继承了《诗经》《楚辞》的优秀传统，另一方面创造出乐府诗、文人诗等新体诗，完成了五言诗、七言诗的体制建设，为后来2000多年中国封建社会提供了新的诗歌形式，为魏晋六朝乃至唐、宋、元诸朝诗歌的繁荣奠定了基础。汉诗标志着中国诗歌史上的巨变，它继往开来，开创了中国诗歌的新纪元。

现在研究汉诗有一定难度，其“难”还不在于现存汉诗数量不多，而难在现存的汉诗多是无名的作品，很难确定它的创作时间，有的作品甚至至今都无法估计其大致创作年代，其不像唐诗宋词那样几乎每一作品都有明晰的历史界限，这种现象给阐述汉诗的发展过程带来了困难。不过遵循“具体问题具体分析”的原则，对汉诗发展过程仍有归纳的方法。从大的方面讲，可歌可唱是汉诗最主要的特征，也是我们从宏观上把握汉诗创作的要点。但是，若从中国诗歌发展和文体角度考虑，我们则应该在“歌诗”这一总特征下把汉诗再分为骚体诗、乐府诗和文人五言诗三类，在“歌诗”的总特征下把握这三类诗歌既包容于一体又各有区别的发展过程，这是我们研究汉诗的重要基础。我们以诗体的发展为经，以社会生活变化为纬，还是可以看出汉诗的嬗变轨迹的。我们把汉诗的发展大致划分为两个阶段。一是骚体诗余绪与乐府诗兴盛的阶段。西汉初诗骚体还在沿用，在武帝盛世时乐府诗开始兴盛，乐府诗高度成熟则是在东汉时期。二是文人五言诗、七言诗的产生与发展阶段。文人五言诗与七言诗产生在西汉时期，文人五言诗的繁荣与文人七言诗的基本形成则是在东汉时期，特别是在东汉末的建安时期。

从汉初高祖刘邦立国到武帝刘彻执政的这一段时期，是汉帝国恢复大一统并逐步走向繁荣的年代。这个时期，经济上，采取休养生息的政策，国力日益强盛；文化上，废除了秦帝国的黑暗专制，在秦帝国窒息一时的春秋战国以来的各种思想文化又活跃起来。这个时期，新的歌诗已经萌生，但人们创作诗歌的主要样式，还是习惯于《诗经》式的四言体和《离骚》式的楚辞体。这说明文体的演变是一个渐进的漫长过程，即使新文体产生后，旧文体也会与新文体长期共存，旧文体只会逐渐走向衰落，决不会因为新文体的产生而立即消亡。

现存于这个时期的楚辞体诗歌，多为短歌，所以有人又称其为“楚声短歌”，作者多为汉初帝王后妃、诸侯等新兴地主阶级集团的上层人物，著名的作品有刘邦的《大风歌》、戚夫人的《舂歌》、刘友的《赵幽王歌》等，后面有刘彻的《秋风辞》《瓠子歌》《李夫人歌》、江都王刘建女儿刘细君的《悲愁歌》等。这些“贵族诗”已不像先秦“贵族诗”那样庄重典雅，而是语言浅显、感情真挚、直叙其事、直抒胸臆。虽然继承了以《离骚》为代表的楚辞体诗歌的体式，但也包含了五言、七言新诗体的因素。

汉高祖、吕后朝的楚辞体诗歌主要反映的是统治者内部的政治斗争，展示了统治者内部政治斗争的残酷激烈，抒发了作者在政治斗争中的忧虑、恐惧、愤恨、悲伤等感情。

汉武帝时期及西汉后期，骚体诗与四言体诗仍在使用，但兴盛的已是乐府诗。实际上，西汉前期的骚体诗、四言体诗和乐府诗并没有明显的界限，如果把乐府诗理解为可歌可唱的歌诗，那么许多西汉前期的骚体诗与四言体诗也应属于乐府诗，事实上，宋代郭茂倩编《乐府诗集》时，就把许多西汉前期的骚体诗与四言体诗也按乐府诗收辑进去了。

乐府诗本是乐府搜集和制作配乐歌唱的曲辞，当时称“歌诗”，到了六朝时才改称为乐府诗。我国是一个非常重视礼乐的国家，夏、商、周三代至秦朝都有乐官。据《汉书·百官公卿表上》记载，秦代乐官有“奉常”“少府”二署。“奉常”有属官“太乐”，“少府”有属官“乐府”。1977年，陕西临潼秦始皇墓附近出土的一口编钟上刻有秦篆“乐府”二字，证明《汉书》所记无误。汉承秦制，音乐机关也从秦代沿承下来，惠帝时就设了“乐府令”。人们之所以特别强调武帝时的乐府，是因为武帝时代，汉帝国已十分强盛，出于新的制礼作乐的需要，武帝时期的乐府在规模与职能上同以前的乐府相比，有了很大的变化。一是乐府机构庞大，谱写新声曲辞、教习歌舞、举行宗庙祭祀等从业人员众多。二是乐府负责大规模地采集民歌，据《汉书·艺文志》载：“自孝武立乐府而采歌谣，于是有代赵之讴，秦楚之风，皆感于哀乐，缘事而发，亦可以观风俗，知薄厚云。”[①] 采诗的范围几乎遍及全国。在当时的情况下，只有加强乐府的职能，才能和帝国的强盛相一致，才能满足帝国张扬国威的需要，这种风气直至东汉仍传承不息。

两汉乐府诗今存不足百篇，大部分保存在郭茂倩的《乐府诗集》中。《乐府诗集》所收作品以汉魏至隋唐的乐府诗为主，郭茂倩将这些乐府诗分为12类，汉乐府诗主要收在其中的《郊庙歌词》《鼓吹曲辞》《相和歌词》与《杂曲歌词》中。

郭茂倩对乐府诗的分类，基本以乐曲为标准，如《郊庙歌词》是描述帝王祭祀天地神祇和祖先的乐章，使用的是传统的“雅乐”。《鼓吹曲辞》使用的是鼓吹乐，吸收了北方民族的“新声”。《相和歌词》的名称大约取自丝竹相和而歌之意，

① 陈朴，徐峰．汉书译注[M]．2版．上海：上海三联书店，2018．

基本来自民间"俗乐"。《杂曲歌词》则使用的是杂牌曲子。此外，有人从作者及内容的角度来分类，将乐府诗大致分为两大类：一是汉乐府民歌与贵族；二是文人乐府诗。由于人们将前者视为乐府诗的精华，将后者视为乐府诗的糟粕，所以谈论汉乐府诗只提及汉乐府民歌，久而久之汉乐府诗的概念便被汉乐府民歌取代了，这其实是对汉乐府其他诗的粗暴否定，是一种庸俗社会学思想在汉诗研究上的表现。

汉乐府诗歌作为一种新的诗体，明显是对传统旧诗体体式的变革，实际上其在审美观、文风、艺术表现手法等多方面都有新的建树，如它广泛、深刻地反映社会现实，现实主义与浪漫主义结合得比较完美，感情真挚坦率，笔调清新自然，语言质朴活泼、富有生活气息与哲理意蕴，人物性格鲜明，故事情节生动等。汉乐府诗是中国诗歌的一座高峰，其辉煌的起点就是武帝时期乐府的设立与乐府诗的创作改制及收集。

第四节 汉代传记

一、传记文学的兴起

中国是世界上仅有的几个文明古国中的一个，有着自己独特的文化发展历史。中华文化总的特质表现为：传统悠久、积累深厚，每一历史时期都呈现出鲜明的民族特性。

当中国从秦汉进入封建地主制社会之后，西周的宗法制得到了重新改造，宗法制被赋予新的道德、伦理的解释，以使之适应中国封建社会新的生产力的发展，进而成为新的封建宗法制。在这种新的生产关系下，大一统的中央集权制的封建国家社会结构得到了长期的维护与强化，封建中央集权制下的多民族进行了大规模的融合，中国的封建制度得以长期处于一个相对稳定的状态。从世界范围来讲，中国的封建社会具有鲜明的典型性。

作为受中国社会历史发展制约的中国传统文化，其起源虽然很早，但其重要发展阶段却是在中国的封建社会。从有成文记载这一角度看，中华文化发展的历史，以在封建社会时期最为漫长，可以说，中国有成文的历史，绝大部分写的是封建社会的历史，其最重要而且最显著的文化现象是中国古代的文学、历史和哲学的巅峰时期都是在封建时期。具体来说，在中国从封建领主制度向封建地主制的转变过程中，春秋战国时期见证了哲学的巅峰；两汉时期，封建地主制得到了巩固，史学达到了高峰；而在唐宋时期，“纯文学”达到了巅峰。

中国传统哲学高峰的出现是中华民族聪明智慧的高度体现，证明了中华民族抽象思维达到了一个历史高水平。在中国传统哲学高峰期中所涌现出来的儒、道、法、墨、名、阴阳诸家学派，以其各自思想的精华，共同构成了中国早期封建社会“转型期”的社会意识形态，这种意识形态以理性的哲学形态取代了长期以来天命神学和祖宗崇拜的思想统治，把民族的理性认识水平提高到了前所未有的高度。这些哲学思想既比较完整地继承了以往古代文化的传统，又历史性地成为“转型期”中国传统文化的代表，并逐渐凝结成中华民族精神与民族心理的基本素质，而成为后世中国传统文化发展的主导思想。

诸子的哲学思想开创了一个理性自觉的时代，标志着中华民族自我意识的觉醒，形成了我国传统哲学的高峰，对后来中国社会及文化的发展有着巨大的推动作用。诸子哲学思想的巨大推动作用首先体现在，它以不同于以往任何宗教神学的意识形态，积极促成了秦汉封建地主中央集权制的确立，并为历史学家提供了先进的世界观与方法论，推动了汉代史学的高度发展。如果说在中国传统哲学高峰的时代，中国灿烂的文化主要体现在诸子关于人类与自然、社会与思维关系的哲理思辨上。那么，在中国传统史学高峰的时代，中国灿烂的文化主要体现在史学家对中华民族发展过程的形象叙述上。这种叙述为大一统封建地主中央集权制下的汉代人认识整个民族所创造的历史以及把握未来提供了思想武器。历史学只有获得民族自我意识的觉醒，具有先进的历史哲学观，才可能有民族发展的理性总结，历史学家才能站在理性的角度，以唯物主义的自然观来“究天人之际”，以先进的历史观来“通古今之变”，以揭示人类发展过程及其内在规律而“成一家之言”，把历史学真正变为科学。

汉代史学家既继承了道家唯物主义自然观，同时也吸收了阴阳家阴阳五行说的“合理的内核”，摒弃了其严重的迷信部分，发展了其唯物主义因素，从而把汉代历史学建立在唯物主义自然观的基础之上。同时，汉代史学家还充分地吸收了儒家重视人的进取、有为的思想。儒家是诸子百家中最有影响力的一个学派，其理论最显著的特点就是尽可能地用人事来说明社会历史，而避免使用“天道”来解释人事。仁是儒家最高的伦理原则，也是儒家历史观的最高原则。孔子的“仁”学，主张爱惜人力、尊重人格，肯定人的社会历史作用，给予人一个比较适当的社会地位。后来孟子又把孔子的“仁”学思想发展为更加系统的“仁政”学说，孟子主张所有统治者都应实行仁政，乐民之所乐，忧民之所忧，执政时着眼于争取民心，政治上就会达到“人和”的状态，这是富国强兵的决定因素，同时也是一条客观的、基本的历史发展规律。

司马迁始终坚持“人是历史的创造者”这一核心观点。在他的作品中，他深入地描述了历史进程中人的角色、社会中人与人之间错综复杂的关系，以及人物间的斗争和他们的持续进化，旨在揭示这一历史进程的根本规律。有了这样的指导思想，创立人物传记的体例就是很自然的事了。

《史记》以人物为中心，确立了人类共同创造历史的主题，司马迁首开先河，引入以人物传记为核心的历史研究方法，显著地强调了人的主观能动性在历史演变中的决定性作用。这一创新之举在史学观点、研究方法、内容记录、事件评述、史料筛选、人物描绘以及历史事实叙述等多个方面均展现出了非凡的价值。其深远的影响使得后世的封建时期学者在史学研究上难以逾越这一传统框架。司马迁的这一历史性贡献，使他成为中国古代史学界的杰出代表。自《史记》问世后，在长达300年的汉代历史长河中，众多学者纷纷遵循其传统格式，编纂史书。纪传体不仅成为汉代史学的基础形式，而且汉代历史学家的主要治史思想也深受司马迁先进社会历史观的影响。

中国传统史学在汉代形成高峰，其重要的、显著的标志就是在汉代产生了灿烂辉煌的历史著作《史记》。《史记》的作者司马迁充分地吸收了前人文化遗产的精神营养，再加之自己对历史的新认识，才对自己民族的发展全过程做出了全新的描述和评价。《史记》中所具备的进步历史观、科学的叙史方法以及崭新的纪传体例，宣告了中国科学的历史学由萌芽期转入形成期。

《史记》的文学成就对于我国文学发展具有重大意义。《史记》不仅为我国文学艺术园地增添了上起远古下至汉武帝时期的重要历史人物，而且为我国文学艺术提供了丰富的写作技巧，标志着中国文学艺术典型人物塑造方法的成熟。《史记》塑造人物形象的高度艺术性达到了时代的最高水平，不仅先秦的史传文学，而且《史记》以前的诗歌文赋之类的文学作品的人物形象塑造，与之相比，也轩轾自见。《史记》塑造了一系列的典型人物形象，并在创作实践中获得了一系列的塑造典型人物形象的成功经验。它代表了汉代文学的成就与水平，创造性地开辟了中国文学的一个新时代，在中华文化的发展历史上树立起了一座令人景仰的丰碑。

二、《史记》与《汉书》

《史记》所描写的是中国社会的历史人物，这些人物都是以往真实存在过的，《史记》的基本撰写要求，就是如何将这些历史人物真实地、形象地表现出来。历史的真实性要求作者必须尊重历史的真实，艺术的形象性又要求作者必须使人物实现艺术的典型化，历史真实性与艺术形象性的统一就是历史实录与艺术创作的统一，是司马迁传记创作的基本原则。

实录不等于不需要文采，《史记》所描写的是中国社会的历史人物，这些人物都是以往真实存在过的，传统的实录精神要求作者必须将这些历史人物真实地表现出来。传记人物需要以其性格特征来表现，因此要求作者对人物性格进行生动的描述。一方面，实录要求作者必须尊重历史的真实，体现出历史的真实性；另一方面，人物的生动性格特征又要求作者进行一定的典型化创作。二者相互结合才能使历史真实性与艺术形象性高度统一。

历史的真实性与艺术的形象性可以达到高度的一致性，也就是说，传记中的人物既能展现历史的真实面貌，同时也具有文学的代表性，《史记》中成功的人物描写就证明了这一点。做这样的统一工作确实是一项艰巨的任务，《史记》在这方面也有其不完美之处。有时，为了更好地突显人物的性格特点，可能会加入一些不完全可信的历史元素，增添了作者的想象和虚构。在这方面清代梁玉绳在其《史记志疑》中提出了一些质疑。尽管有时为了保持历史真实性而牺牲了艺术的形象性，但从宏观角度看，《史记》依然成功地用典型的人物形象向后代揭示了中国古代数千年的社会演变过程。

史家写史，当然应该忠实于历史真实，但此话说起来容易，做起来就难了，因为有种种主、客观原因的限制。一是史家有主观认识的局限，有时缺乏辨别真假历史现象的能力。二是有客观社会条件的限制，尤其是在政治黑暗的社会里，追求历史真实会为当朝统治者所不容。司马迁所处的汉武帝时代，虽无秦朝的“焚书令”，也无后世诸如清代那种“文字狱”，但也是酷吏横行，若讲真话，往往会招致严刑苛法的处置，司马迁有过惨痛的教训。但是，司马迁为了写出一部实录性的信史来，他一方面克服主观偏见，客观公允地认识、叙述、评价历史人物，另一方面决不苟且偷生去迎合当朝掌权者，对历史真实不负责任或有意歪曲。

司马迁在历史编纂中展现出了前所未有的客观与严谨，他对历史人物进行了真实而细致的描绘与分析。他打破了传统对帝王神圣不可侵犯的刻板印象，即便是在社会中被尊崇为英雄、不可轻易触犯的帝王，在司马迁的笔下也褪去了神圣的光环，被还原为有血有肉，甚至带有瑕疵的普通人，甚至在某些情况下其还被揭示出恶的一面。这种大胆而真实的描绘，彰显了司马迁对于历史的尊重和对人性的深入洞察。《史记》一般多从人物社会政治活动着眼，很少揭人隐私，但对帝王之淫乱却给予无情揭示，因为帝王生活的淫乱必然要与他政治上的腐败相联系。司马迁敢于直言的精神同样体现在他的著述中，司马迁敢于以犀利的笔锋对至高无上的帝王进行无情揭露，其他权贵就更不在话下了，他的批判锋芒指向了所有的暴君奸臣。

《史记》虽然以历史上的真人真事为题材，但对历史人物并非凡事必书或有闻必录。传记人物看上去好像生活本身那样鲜活，但这绝不是对历史生活及历史人物的机械摹写。《史记》中的人物形象有异于一般文学作品人物形象的塑造，它不能脱离历史的真实。同时，它也不同于文书档案中人物履历一类的资料，其描写的人物是历史的一面镜子，有活生生的、鲜明的人物性格特征，达到了实录与创作的高度统一，也就是达到了历史的真实性与艺术形象性的高度统一。

情节与细节完全是为显示人物性格特征而展开的。当司马迁集中描绘在某事件中值得敬仰的人物时，在他的心灵中，这个人物的弱点及不足便暂时被忘却，只剩下其优点与长处，并且在一定环境氛围下所发生的某些情节、细节也是紧紧与人物性格特征相联系的。当描绘在同事件中令人鄙夷的人物时，这个人物的优点与长处也会暂时被忘却，而只剩下令人厌恶的地方，在一定的事件背景出现的某些情节、细节也是紧紧与人物性格特征相联系的。

由于司马迁沉浸在对事件的描述之中，他的精神世界已置于往昔的历史环境之中，他为历史人物的性格、角色、感情所感动，好像自己已经置于历史人物之中，和历史人物直接进行精神交流。因此，他细心揣摩并晓得了每一个历史人物在事件中，他可能或应当看到什么，他应该或必然要想到什么，在那个背景下他只能说些什么或做些什么。司马迁虽然为人物的言行增添了许多想象与虚构，但这些想象与虚构都是作者准确地揣测人物真实的心理而创作出来的，他要为传中人转述当时的见闻与言语。

《史记》中的想象与虚构与小说相比，其特点更明显，《史记》中的想象与虚构是在历史事实基础上展开的，不仅能体现生活的必然、可能，而且有利于突出历史的真实，既有补充历史真实的效果又有巨大的感人魅力。而小说则是在不违背生活发展逻辑原则下进行的，只要不违背生活的必然性、可能性便具有了合理性，就不是虚妄的东西。《史记》在总体上是“以文运事”，即为了更好地记叙史实而作一些小情节、小细节的虚构，虽在个别地方也有“因文生事”的现象，但毕竟是个别现象。

《史记》选材从主旨出发，从突出人物性格特征出发，足以突出人物主要性格特征的事虽小但必详叙，反之不足以突出人物主要性格特征的事虽大但却粗略概括。人物在主要性格特征支配下还呈现出性格的丰富性和复杂性，所以司马迁注意把每一个人物都作为一个丰富的精神世界去认识，注意从不同侧面去表现这些人物的内在本质。有时司马迁虽然汇集了表面看好像是不相协调的素材，但他正是用这些不协调的素材融于人物一身，才使人物全面地反映了人生的矛盾过程，才使读者感到传记人物是生活在复杂矛盾世界之中血肉丰满的人。这样既突出了人物的精神实质，又表现了人物在各种境况下性格的发展变化，表现了人物性格的丰富性。从后来的史学角度来看，虽然这种选材法是不可取的，但是正是选材注重从人物性格特征出发，才极大增强了传记人物性格特征的表现力，使传记人物更具艺术形象性。

在司马迁开始思索人物传记主旨如何表达、有关材料如何择取、人物形象如何表现时，他就有了一定的组织规模，包含着这样那样的结构思维活动。当他反复推敲和精心策划，将丰富的题材进行整理排列，把所有材料融合为一个有机的整体艺术时，就是一种有意识的结构性思考。《史记》作为传记文学的重要篇章，其主体形象的塑造和主题的揭示均受到特定结构方式的精妙调控。该作品的核心思想即通过描绘传记中人物的命运轨迹来反映当时的社会现状。因此，将人物命运的演变过程作为展现形式被认为是《史记》最为贴切和恰当的结构安排。历史上的每一个人物，他们的生活经历都丰富多彩，思想和性格也错综复杂。为了精准地捕捉并展现这些人物的核心思想和主要特质，同时确保叙述不偏离历史事实，司马迁巧妙地采用了分散叙述的手法。他在其他相关人物的传记中，穿插描绘那些与主传人物主题和性格不太一致或稍显突兀的部分，这样既保证了主传人物形象的完整和连贯，又使得整个作品在结构上更加严谨和和谐。本传见人物的主要性格特征，全书的整体传记才见此人物的全貌，正述在本传，补充在他传，各传互为补充、互有联系。分散叙述法的使用，说明塑造典型人物形象已经成为司马迁的自觉创作意识。

《史记》把人物传记中的零散材料联结成一个有机的整体。整个传记是人物命运的始终记叙，人物命运特征是贯通全部传记的线索。以人物命运特征发展为线索，《史记》的传记结构包含三种形式。首先，以某一核心角色的命运为主线，而与之紧密交织的其他人物则如同舞台背景，用来巧妙地凸显这一主线人物的性格特征。其次，以两种命运发展为线索，这两种命运的发展轨迹并非孤立存在，而是相互呼应，这种呼应具有两种独特的形式，即对称与对比。对称展现的是两种命运属性间的和谐与匹配，它们共享着某种相似的特质或属性，彼此间相辅相成。而对比则揭示了两种命运属性间的鲜明对立，它们各自承载着与对方截然相反的特质，形成了强烈的反差。这种对称与对比不仅凸显了各自命运的独特性，还使得两种命运能够在一个错综复杂的整体结构中相互映衬，共同构成一个丰富而多维的叙事空间。最后，以一人命运发展为经线，数人命运发展为纬线的纵横交叉。经者为主角，纬者为配角，纬线上的人物有力地衬托着经线上的人物。

司马迁不遵循《左传》的编年体而创造纪传体，以50多万字来记述中国3000多年的事，其识力与笔力，卓绝千古、雄深雅健、自成一家。书成之后，西汉、东汉都有人来仿效，虽著述不少，但能与《史记》相提并论的只有班固的《汉书》。《汉书》是我国第一部纪、表、志、传体例完备的断代史，是我国后代纪传体断代史的权舆与准绳。《汉书》纪、传的文学性总体上不如《史记》，但它是继《史记》之后最杰出的传记文学作品，在文学史上的地位与影响力仅次于《史记》。其主题确立、题材选择、结构安排、人物刻画、字句驱遣等，也有自己的特色，有些地方甚至不比《史记》差。同《史记》一样，它也是后世传记文学的典范。

司马迁评价历史人物注重其历史作用，而班固相对多以尊儒与等级名分来定论。例如，司马迁进项羽于本纪，列陈胜于世家，而《汉书》的《古今人表》却把项羽、陈胜列入第六等，并把项羽降于《列传》。《史记》《汉书》都有《游侠列传》，司马迁对布衣之侠多同情与赞颂，而班固对游侠多指责。虽篇名相同、取材相同，然而司马迁与班固对农民起义领袖与下层游侠的态度竟如此不同，说明封建正统思想对班固有深刻的影响。但是，班固从封建大一统观念出发，在《汉书》中歌颂了一批忠于国家、抵御外强、保持民族气节的爱国英雄，同时鞭挞了苟且偷生、叛国投敌的民族败类，这方面的内容恰是《史记》有所逊色的。不仅如此，司马迁有时在人物传记中还流露出个人偏激的情绪，如对李陵的投降变节指责不够，对汉武帝心腹之人卫青、霍去病等人讥刺过多等。然而，在《汉书》中本传中的卫青、霍去病二人却具有“匈奴不灭，无以家为也”的雄心壮志，他们多次领兵大胜犯边的匈奴，保卫了汉朝的北疆地区，解除了外患，打开了通往西域的道路，为汉王朝的巩固、强盛立下了丰功伟绩。《汉书》中歌颂中华民族一脉相承的爱国精神的、描写具有爱国精神的英雄人物事迹的，还有张骞、赵充国、辛庆忌、李广、苏建、冯奉世等传记。

总的说来，《汉书》传记不及《史记》传记生动感人，但叙事详赡却胜于《史记》。《史记》以50多万字记中国3000多年之事，《汉书》以80多万字记中国

200 多年之事，《汉书》材料的详备可想而知。班固写《汉书》，不仅有《史记》《史记后传》及刘向、扬雄诸人的续补做基础，而且又利用“典校秘书”“读书禁中”等条件，既采集典籍诏令、文章诗赋，又旁贯琐事异闻，获得了大量的资料。对繁杂的资料，班固又进行了严格的鉴别与审核，班固选择材料的标准是真实可信与“切于世用”。他围绕传记的主题来提炼素材，如霍光秉政 20 余年，作者只选取了受武帝遗诏辅佐昭帝、迎立与废除昌邑王、立刘询为宣帝诸事，来刻画这位忠于汉室、权倾朝野的重臣形象。

《汉书》传记主题鲜明、布局严密，承转变化有方，如《晁错传》的文字数量是《史记》原文的好几倍，等于进行了重写。它以歌颂晁错为了国家不避杀身灭族之祸的精神为主题来统摄全文，这与《史记》原传指责晁错“变古乱常”有很大的不同，这从二书的赞文中看得最清楚。两者相比较可知，各自的思想与感情倾向是很鲜明的，《汉书》的赞文之所以比《史记》的赞文要好，不仅是因为班固对晁错的评价比司马迁要客观、公允、准确，还因为班固赞文的评价与传文的事迹是统一的。

以《史记》《汉书》为代表的汉代传记文学，是中国历史文学的典范，在中国长篇小说还未成熟以前，它是中国历史文学中唯一体制宏大、完整统一的叙事文学作品。先秦史传文学虽是叙事文学的主要渊源，但它仅是历史文学的初级形态，其叙事的文学手段还不是十分成熟，历史文学作品能达到叙事艺术最高峰的还是汉代的《史记》，它之后的《汉书》基本继承了它的优秀艺术传统。《史记》不仅为我国开创了传记文学体例，更重要的是在中国文学发展史上第一次比较自觉、比较完整地运用了典型化艺术方法塑造了各种典型人物，把中国散体的叙事写人文学推向了一个新高峰。它生动地展示了众多的中国历史人物形象，形象地再现了已逝去的中国几千年社会生活画面，深切地表达了古老的中华民族深厚的思想感情，充分地显示了历史文学独特的艺术形式与艺术手段，这些成就极大地促进了中华民族精神的进一步形成与中国文学的深入发展。《汉书》就是首先受其影响而形成的新的精神成果。

第五节　汉代小说与戏剧

中国古代小说与戏剧的基本艺术形式在汉代已初步形成，人们对这两个新的文学体裁已有明确的共识。我国古代小说、戏剧的初步形成期确实比古希腊要晚，但也不是晚得太久，这绝不是我们的主观愿望，而是中国文学发展的现实，中国古代小说、戏剧的初步形成期在汉代。

一、汉代小说

中国古代小说从孕育、演化到形成一种独立的文学体裁，经过了一个相当长的过程。先秦时期可以说是中国古代小说的孕育时期，这个时期的某些小说因素还蕴含在其他文体之中，无论是先秦的史书、诸子的杂说、地理的博物志，还是像卜筮这样的书籍，都为人们提供了生动的故事情节和形象的人物描述。从这些描述中，我们能感受到作者丰富而独特的想象力，虽然多是短小的片段，但已具有小说的许多重要因素，只是此时小说还没有自己独立的表现形式。

在汉代，随着偏重于通过描写故事、刻画人物形象来反映社会生活和作者思想感情的小说作品逐渐增多，社会开始形成一种新的文化现象。这一文化现象引起了大一统封建文化的代表人物——封建正统的史学家的重视，他们不得不以不同于以往的态度来审视这一文化现象，第一次客观地给小说在文坛上以独立的地位，把小说家第一次列于诸子之林中。

中国文学发展到汉代，小说因素全面发展，小说的流行趋势已经呈现出壮观的景象，它已经变成了一个显著的文化现象，汉人对于小说的理解也经历了质变。东汉文学家桓谭在其著作《新论》里提到:“若其小说家，合丛残小语，近取譬论，以作短书，治身理家，有可观之辞。”桓谭提到的“小说”已经代表了一种新的文学形式，尽管这种形式还保留着其初期的特点。例如，它采用了“丛残小语”式的“短书”形式，也就是零篇散简；所采用的表达方式是“近取譬论”，也就是运用比喻来解释某一特定道理的寓言、传说和故事等。桓谭不同意孔子弟子子夏“小道”会“致远恐泥，是以君子不为也”的看法，也不同意庄子“饰小说”“其于大达亦远矣”的观点。因此，其在《新论》中旗帜鲜明地阐述了“小说”的内涵，它并非仅“有可观之辞”，更是具备了“治身理家”的深刻力量。同时，文章还高度赞誉了小说在社会中的功能与作用，并首次将小说创作者尊称为“小说家”，这一举措极大地提高了小说及其创作者的社会地位和影响力。桓谭的认识反映了中国古代小说在汉代独立形成的现实。

桓谭之后，对小说概念作进一步阐述的是班固，班固率先确认了小说家这一独特文化创作者的地位。尽管小说在“君子”眼中并未得到特别的青睐，但小说家依旧坚韧不拔地生存、发展，并逐渐扩大了其社会影响力。令人瞩目的是，即使深受正统儒学思想熏陶的班固，在评价小说家时也不得不将其与影响深远的儒、道、法等思想创始人相提并论，这足以见得小说家在社会文化中的独特价值和地位。继桓谭之后，班固又进一步为小说确立名目，给小说一个比较明确的文体概念解释。班固比较客观地指出小说创作主体是“盖出于稗官”，即出自闾里乡间的小官，而最初出自民间的“刍荛狂夫之议”则正确解释了小说及小说家的来源，也指出了小说是以“街谈巷语，道听途说”的方式流传的。比起桓谭来，班固对小说的认识在某些方面作了新的补充，但在小说的社会功能方面，还没有桓谭认识得深刻。不过，班固为当时已形成的一种文化现象——小说的兴起，以及小说家的形成，正式赋予了名副其实的名号，并把这种文化现象正式载入国家正史之中，从而确认了小说及小说家的地位。

从形式上看，汉代小说主要还附在子、史、神话、传说的形态中而没有完全从这些形态中分离独立出来，或者说还在借用子、史、神话、传说的形式，所以总观汉代小说，有子史故事类小说和神怪故事类小说。子史故事类小说在内容上侧重反映历史与现实的真实，在艺术上以现实主义表现手法为主，但也不排除存在一定的夸张、想象甚至神魔怪异的成分。神怪故事类小说以神话、传说的形式出现，以浪漫主义手法见长，体现人们对美好理想的追求与对未来的幻想，但也有现实生活细节的真实描写。后来，在汉代子史故事类小说和神怪故事类小说的基础上，又有了魏晋南北朝志人小说与志怪小说的问世，汉代小说奠定了中国古代小说世俗与神怪两大流向的基础，汉代之后，小说的形态完全是小说自身发展规律的一种必然反映。

汉代子史故事类小说，又可细分为“子”与“史”两类。“子”类多指有先秦诸子著述特点的叙事说理类小说。先秦诸子的著作，意在说理，他们往往多以故事、寓言或形容、比喻来阐述、显示道理，这样，先秦诸子的文章便具有了叙事性和形象性，从而也具有了文学性。汉代的叙事说理类小说也是以阐明道理为目的的，也采用了叙事和议论相结合的形式，一般是先叙事后简要议论，即使缺少议论文字，其所叙之事也鲜明地寓含着某一哲理。汉代的叙事说理类小说明显地继承了先秦“子”书的特点。“史”类多指有史传著述特点的野史叙事类小说。这类小说题材取自史料，但目的并不在于写史，所以也不局限于史实的确凿，往往更倾向于逸闻传说，所以带有“野史”的特征，与“正史”有本质的区别。书中的逸闻传说可能有神奇怪异的故事，作者的虚构想象也极度夸张，但又与神怪故事类小说有区别。野史叙事类小说主要受史传的影响，它的虚构是为了情节的曲折、人物形象的鲜明；而神怪故事类小说主要受神话传说的影响，尽管它有时也依托于历史，但它的虚构是为了使神话传说更加神奇怪异。

在汉代小说中，神怪故事类小说是独具艺术魅力的。它用夸诞虚渺之笔，编织光怪陆离的诱人世界，透射出浓厚的神仙道术色彩。汉代神怪故事类小说又可细分为两类：地理博物类神怪小说和杂史杂传类神怪小说。地理博物类神怪小说是在《山海经》的直接影响下产生的，杂史杂传类神怪小说受《穆天子传》的影响较大。

在汉代地理博物类神怪小说中，《神异经》是其中比较重要的一部。《神异经》旧题东方朔著，东方朔是汉武帝的一位侍臣，传说他曾周游天下，在各地见识了很多稀奇古怪的事物，于是他就选取了那些在《山海经》中没有被提及的事物，把它们一一记录下来，组成一部汉代的"山海经"。《神异经》共有 9 篇，按照顺时针的方向分别记述了东、东南、南、西南、西、西北、北、东北和中（即"九荒"）9 个方位地域的山川地理、奇物异人，其重点在于记录奇异事物。这中间多有作者的想象和虚构，并且有关神异古怪的故事很有情趣，耐人寻味。

二、汉代戏剧

汉代音乐是很发达的，周代的鼓乐和吹乐，以及以"鼓吹"为核心的大合乐，共同构成了先秦时期鼓吹乐的形式和其在汉代的盛行基础。汉代鼓吹乐中所包含的大量音乐元素主要来自西周时期的"军乐"。最重要的是与汉代音乐相联系的汉代"百戏"，开始有了文学性质的戏剧因素。

汉代"百戏"是汇集各种乐、舞、歌、杂技的总称，是在夏代的乐舞、周代的散乐与"讲武"秦朝的"角抵俳优"基础上形成的新的"角抵戏"。最初秦朝的"角抵"指角力一类的竞技比赛，类似现在的拳击、摔跤活动，后来"角抵"逐渐与音乐配合起来，突出了它的表演性与娱乐性。到了汉代，尤其是汉武帝时期，音乐、化装、表演方面又进一步进行了改革创新和引入外域的杂技、幻术，所以"角抵"具有了一定的故事情节，形成了包括舞蹈、俳优、武术、杂技、幻术等同台演出、彼此竞胜的大型"百戏"。"角抵"已成各种表演艺术的会演，早已超出其原始的含义，所以人们又称"角抵"为"角抵百戏"。当时的京城长安是全国"百戏"演出的中心，几座宏大的宫殿，如西安门内的未央宫、上林苑里的平乐观、长安西城外的建章宫等，都是最好的演出场所。据《汉书·武帝纪》载，元封三年（公元前 108 年）春，武帝在未央宫举行过一次百戏演出，元封六年（公元前 105 年），又在平乐观再次举行演出。这两次演出规模都相当可观，不仅京城方圆三百里的人前来观看，还吸引了一批西域、南洋等地的人。从此以后，历朝凡是迎娶汉朝公主、招待外宾、元旦朝会等，都要设宴张乐，大演百戏，汉天子甚至有时还下诏观戏或亲临现场观戏，以示隆重和与民同乐。汉朝百戏的盛况，可从河南、山东、四川、陕西等地出土的表演陶俑、刻有百戏的汉代画像砖、画像石中窥见一斑。例如，山东沂南北寨村汉墓出土的巨幅画像石“乐舞百戏图”，山东济南北郊无影山汉墓出土的百戏陶俑，山东嘉祥宋山村出土的东王公、庖厨画像石，四川成都市郊出土的百戏画像砖，陕西米脂官庄出土的燕居观赏画像石等，都形象地反映了汉代百戏的具体演出场面。

汉代百戏不仅具备“娱人”的作用，而且具有灌输儒家思想进行教化的作用。当作为戏剧萌芽的歌舞、技艺等还未与其他戏剧因素综合成戏剧之际，就已经为孔孟儒家渲染了浓重的理性教化色彩。其明显根据便是以儒家史传为指导的有关俳优的记载，如优孟衣冠、麋鹿触敌、漆城御寇等，其并非意在强调俳优能歌善舞、善于模仿的表演技巧，对促进戏剧形成的重要作用，而是对其讽刺职能的肯定。

从现存资料看，在汉代百戏中，确实已经具有了戏剧文学因素的节目，如《东海黄公》就是其中之一。这个节目已不像传统的角抵戏那样，由演员登台竞技表演，互相打斗以强弱决定胜负。它除了技艺表演外，还有故事情节，黄公这一人物形象是以表演故事的身份出现的。黄公与虎搏斗，最后被虎所害，都是预先设计好的，这种设计落实到文字上就相当于后世戏曲的底本。我们现在还不能断定其底本中的内容就是《西京杂记》所记载的那样，但《东海黄公》确实打破了过去即兴逗乐与逢场作戏的模式，是我国最初的有人物、有化装、有情节的角抵戏，是我国具有文学因素的戏剧开端，为后世戏剧的发展奠定了基础。

如果说认为《东海黄公》有演出底本还属于一种推测，那么汉代的《公莫舞》歌词便是凿凿有据的演出底本了。《公莫舞》是一种以巾为道具的歌舞剧，所以也称“巾舞”。令人遗憾的是汉代的《公莫舞》歌词由于声辞合写，所以从东晋之后便无人可以辨识。

《公莫舞》被认为是我们今日所见的中国最早的一部融合角色、情节和科白唱元素的歌舞剧。尽管其剧情相对简洁，但其歌词却完整地展现了戏剧演出的“底本”特色，它代表了中国戏剧的初步形态，并标志着中国戏剧文学的开端。过去许多人认为汉代存在着百戏，但不存在具有文学性质的戏剧。《公莫舞》歌词的破译，将有剧本可考的中国戏剧史提前了1000多年，而且使我们改变了以往的中国戏剧落后的观念，研究《公莫舞》的意义与价值也正体现在这里。仅凭这一点就足以说明汉代已经有了戏剧文学，这对我们重新正确地认识汉代戏剧在中国戏曲发展史中的地位及意义，提供了新的依据。

第四章　汉代艺术

本章介绍丰富多彩的汉代艺术，主要从汉代雕塑艺术、汉代绘画艺术、汉代乐舞百戏文化以及汉代瓦当文化这四个方面对汉代的艺术成就进行介绍。

第一节　汉代雕塑艺术

汉代雕塑艺术是在前代基础上发展起来的。原始社会雕塑大体上分为人像雕塑和动物雕塑两大类。迄今为止，我国发现最古老的人像雕塑，属新石器时代繁盛阶段的遗物，而动物雕塑大多是小型作品，表现对象是当时人们所豢养的禽、畜和狩猎对象，以及具有神话性质的动物。三代时期的雕塑作品以青铜礼器为主，以人和动物或神异动物形象铸为器形。这类器物具有重要的政治、宗教、礼仪的意义。商代作品大多富于神秘、威慑的色彩，表现的是神化了的人与兽。西周以后，雕塑风格趋于写实。春秋战国时期，雕塑风格转向繁缛华美，追求装饰性，如陕西出土的一尊犀牛，其躯体特征，以及雕塑的体量感都得到了充分的表现，表现出了高超的雕塑技巧。

两汉时期雕塑艺术空前兴盛，涵盖了石刻、玉雕、陶塑、木雕以及铸铜等多种精湛技艺。其中，青铜雕塑具有独特的魅力，不仅数量众多，而且在影响力上独树一帜。那个时代的雕塑艺术遍布社会的各个角落，表现手法也随之得到飞跃性发展。具有纪念性的大型石刻作品、园林中的装饰雕塑、各式明器雕塑以及实用的装饰雕塑等，都呈现出显著的进步。至今，我们依然可以从丰富的汉代雕塑遗物中，领略到那个时代的艺术风采。

一、石刻

汉代雕塑艺术的显著进步，尤其体现在壮丽宏伟的石刻艺术上。在中国，位于西安市长安区的常家庄牵牛石刻和斗门镇内的织女石刻，是至今我们所能见到的最古老的两组大型石刻。这两组石刻东西相距约 3 千米，各自承载着不同历史时期的艺术精髓。常家庄的牵牛石刻源于西汉晚期，其以精湛的浮雕刻画技艺而著称；而斗门镇内的织女石刻则出自东汉初期，其以雕刻的精细和传神为特色。这两组石刻不仅是汉代雕塑艺术的杰出代表，更是中华文化的瑰宝。

在陕西省兴平市汉武帝茂陵的陪葬墓霍去病墓上，有一组西汉时期著名的大型石刻，这些石刻是由元狩六年（公元前 117 年）少府属官“左司空”署内的石匠所雕刻的。霍去病墓石刻是汉代石刻艺术的经典，被中外雕刻美学界称为“千古绝品”。

石刻的创作者巧妙地运用了循石造型的手法，将圆雕、浮雕与线刻等多样艺术技巧精妙地融为一体。他依据石材的天然形态和特质，让作品自然流露原始美感，同时在关键之处施以精细的雕琢，而在其余部分则只进行较为简约的处理。最终这些作品不仅具有写实主义的精准描绘，还融入了写意手法的自由奔放，展现出了双重的艺术魅力。

这组石刻中的焦点是马踏匈奴的场面，创作者以精湛的浮雕手法全景式地再现了马踏匈奴的壮丽历史场景，其艺术感染力极为强烈。在这尊高达 1.68 米的主题雕塑制作中，创作者巧妙地把一匹雄壮威武的战马作为骠骑将军的象征。用战马将侵略者践踏在地的典型情节，不仅颂扬了霍去病在与匈奴战斗中的杰出贡献，更展现了他面对强敌不屈不挠的精神。雕塑中，那些战败的匈奴士兵抬头仰望，手中紧握着尚未放下的弓箭，这象征着他们虽败，但依旧没有解除武装的投降意思。另外，整个作品的外部轮廓被精心雕刻，马头至马背的部分线条流畅且富有张力，这使得这匹战马的形象格外引人注目，成为一件充满力量与情感的艺术珍品。还有一跃马，高 1.5 米，长 2.4 米。这件大型石刻将马的体形与石头的天然形状配合得十分妥帖，有巧夺天工之妙。马的胸前用“分层减地”法雕琢成型，其他部位则运用线刻技法，用刀活脱娴熟，准确而生动，惟妙惟肖地表现了一匹骏马在腾跃时一刹那间的动作。

霍去病墓石刻的石料是雕刻工匠从大量的自然石料中选择出来的。观察那些鱼、蟾和蛙，它们几乎都保留了原石的形态和粗糙的触感，只是在关键的部分稍作雕刻，仅用几刀，便形成了眼睛、鼻子和嘴巴，从而使这些石头仿佛有了生命，舍繁就简、浑然天成，在我国石刻雕塑史上留下了辉煌的一页。

此外，咸阳石桥乡、山西安邑、青海海晏以及建章宫太液池也出土了石蹲虎、石走虎、石虎座和石鲸鱼等雕刻文物。还有四川省都江堰市出土的建宁元年（公元 168 年）李冰石像以宏伟的体态和独特魅力在大型石刻中独树一帜。此石像高达 2.9 米，体态庄重、气质非凡。石像全身裸露，无一丝华饰，却更显其坚韧与质朴。他面部肌肉丰盈，带着一抹恬淡的微笑，尽显从容与自信。双手高举过头，仿佛正在施展其治水之智。石像身披长袍，腰间束带，头戴斗笠，足蹬高筒靴，尽显古代水利工程师的风采。其衣袖宽大，垂于胸前，既增添了石刻对象的飘逸，又凸显了匠人细腻的雕刻技术。从整体来看，这座石像造型粗犷而稳重，雕刻风格朴素而精炼，线条流畅而有力，虽头部比例略显偏大，却更添其神韵。这座大型圆雕人像在四川地区尚属首次被发现，其细腻的刻画、生动的形象和逼真的造型，让人叹为观止。它不仅具有很高的审美价值，还承载着丰富的历史意义，被誉为我国古代石刻艺术的杰出代表之一。

在东汉时期的石俑艺术中，河北望都2号墓出土的光和五年（公元182年）石俑格外引人注目。其高度虽不高，仅为0.79米，却精细地刻画了一位骑马回家的欢乐人物形象，其手中提着买回的鱼和酒，脸上洋溢着生活的喜悦。马腹与基座之间的巧妙镂空设计，不仅展现了工匠精湛的圆雕技艺，也标志着这一时期石雕艺术的日益成熟。此外，在四川地区，东汉石俑的发掘成果颇为丰富。例如，在重庆江北区鹅石堡的东汉墓中，就有3件伎乐石俑被发掘。这些石俑姿态各异，有的坐、有的立，每个形象都通过简练的刀法和生动的刻画，赋予了人物鲜活的生命。又如，大足宝顶寺和乐山大佛附近也发现了东汉石俑，这些石俑不仅丰富了我们对东汉时期社会生活的了解，也为我们研究古代石雕艺术提供了宝贵的实物资料。

东汉时期的石刻艺术成就，亦在形态雄健的大型动物雕塑中得到了淋漓尽致的展现。在山东临沂石羊岭地区出土的一对高达0.95米的石羊引人注目。这对石羊以矩形石材为基础，胸前镌刻着隶书字样的“永和五年”“孝子孙侯”以及“孙仲乔所作羊”，整体造型古朴典雅，充满装饰性的趣味。除此之外，河北涿鹿县出土的石兽纹陶罐和壶形青铜尊，同样见证了东汉时期石刻艺术的精湛技艺。还有在汉汝南太守宗资墓中，桓帝延熹年代雕刻的石天禄和石辟邪，高度约1.65米，虽历经风化和侵蚀，但依旧挺拔英勇，尽显雄伟气势。而在河南洛阳孙旗屯发现的石天禄和石辟邪则展现了另一种风采。它们高度1.09米，身体长度达1.66米，体态健壮、表情威猛，并且保存完好，仿佛诉说着东汉时期的辉煌历史。此外，陕西咸阳沈家村出土的一对石兽、山东嘉祥武氏祠的一对石狮、四川芦山杨君墓出土的石狮以及四川雅安姚桥高颐墓出土的石辟邪等，都是东汉晚期石刻艺术的杰出代表，它们以其独特的艺术风格和精湛的雕刻技艺，为我们展示了东汉时期石刻艺术的独特魅力。

二、陶塑

汉代陶塑中陶俑最多，在汉代墓葬中多发现陪葬陶俑。陶俑作为一种具有鲜明创作意图的雕塑艺术，其深深植根于人们对祖先的崇高敬仰之中。墓葬中出土的陶俑，既是逝者身份地位与丧葬习俗的直观呈现，也承载着丰富的历史文化内涵。这些作品不仅是墓主生前财富和地位的象征，更营造了一种哀而不伤、荣而不骄的氛围。汉俑中的种种形象均生动展现了汉代社会的日常生活，为我们提供了窥探那个时代的宝贵窗口。同时，它们独特的造型手法和风格，也反映了汉代人民的精神风貌，成为人们精神寄托的具象化表达。这些陶俑不仅体现了汉代艺术家的匠心独运和创新能力，更以其卓越的艺术价值，成为研究汉代艺术与文化的重要物证。

秦始皇陵兵马俑的出土在我国古代雕塑史上是震惊人心的，其以“大、多、精、美”的特点被誉为“世界第八大奇迹”，改写了秦代雕塑的历史。汉承秦制，西汉时期的皇帝陵墓多发现陪葬兵马俑，甚至某些军功显赫的将领及受封的诸侯，也使用陶塑兵马俑随葬，以彰显其生前地位及权力。

1984 年我国考古学家在江苏徐州狮子山麓发现兵马俑从葬坑，出土了数以千计的陶塑兵马俑，它们皆作四路纵队排列，面朝西方，气势森严。除 4 件陶马外，其余皆为人俑，这些陶俑包括官吏俑、戴平顶盔立俑、发辫俑、发髻俑、战袍俑、跪坐俑、甲胄俑。高者 0.47～0.48 米，矮者 0.42～0.43 米。其性质与秦始皇兵马俑、汉杨家湾兵马俑相同，其风格与北洞山陶俑相类似。墓主人是西汉前期封在徐州的楚王刘戊。

在汉景帝阳陵（又称汉阳陵）陶俑陪葬坑中目前已经发现了数以万计的陶俑，其中有穿铠甲的兵俑。着衣式陶俑出土于陵园内的从葬坑内，平均身高约 0.6 米，是按照真人的 1/3 比例缩小制成的。其表面涂有淡淡的橘红色，犹如真人肌肤。这些陶俑最初安装有可以活动的木臂或拥盾执戟，或持戈握矛，身上原穿有丝或麻质的服饰或皮革铠甲，但由于年代久远，衣物已经腐朽，木臂也已朽烂，如今呈裸体缺臂的姿态面世。

汉阳陵衣式陶俑是我国陶塑史上的鲜明代表。这些陶俑躯体比例适中，简而不陋，肌肉和骨骼的塑造也颇富质感。发达的胸肌、敦厚的臂部、突出的腿肚，以及那明显的锁骨，无一不散发着阳刚之美。汉代工匠通过刻、抹、捏、塑的手法使人物的面部具有不同的个性和气质。汉阳陵塑衣式彩绘陶俑出土于陪葬墓园，模拟的应是王侯将相家的婢女或侍从。塑衣式彩绘男侍俑，高 0.63 米，身着乳白色右衽交领曲裙深衣，共穿3层衣袍。衣领、袖口、衣襟等处皆有红色绵缘。足蹬船形履，履端高翘。陶俑双手拱于袖中，身体直立并稍稍前倾。从其头顶有残损痕迹和两颊有丝带垂至颌下等情况看，此俑原应头戴冠，但出土时已残损。陶俑的发式为额际中分，拢至脑后上折，挽于冠下再梳成髻。那如剑一般的眉毛、黑亮的眼眸、上扬的胡须，以及紧闭的双唇，以简单的线条勾勒便将一个恪守职责、恭谨惟命的侍从形象刻画得栩栩如生。

汉景帝阳陵的封土堆东侧附近，排列着19个坑穴，这些坑穴可能象征着皇宫里负责皇帝生活的机构，因此出土了一些形体特别的陶俑。有一些裸体的陶俑让人们大吃一惊，因为他们没有阴囊，这并不是工匠粗心造成的，而是刻意表现的，他们是我国最早的宦官形象。除了宦官，其他的陶俑还有侍女俑，皇帝的日常生活主要靠宫女来服侍，当年她们身上都穿着艳丽的衣服，只是随着时间的流逝，这些衣服逐渐褪色和腐烂了。西汉侍女俑具有体态端庄、形象俊美的特点。汉阳陵“动物俑群”的数量、品种和塑造艺术，为全国陵墓陪葬之冠。古人祭祀用“三牲”“六畜”，而殉葬多用马匹，少以他物，一则为祭，二则为用。从汉阳陵葬坑中出土的数以千计的动物俑，分区分片，成群结队，更多的意味是为了“享用”。其数量之大、品种之多（马、牛、猪、羊、狗等）、塑造之精美，居全国陵墓陪葬之首位。

在古都洛阳，汉俑以其细腻的工艺展现了诸多生动鲜活的艺术形象，包括文吏的儒雅、仕女的婀娜、百戏的热闹、劳动俑的辛勤以及动物俑的灵动。这些陶俑不仅散发着汉代特有的韵味，更以其细腻入微的表情刻画和丰富了多变的面部形态，给人留下了深刻而强烈的印象。汉俑的造型手法古老而沉稳，技艺非凡，让人深刻感受到了汉代文化的深厚底蕴和独特魅力。它们所展现的质朴与夸张，正是汉民族审美心理在艺术上的直观体现，也反映了汉代人独特的思维方式和性格特点。这些汉俑不仅是历史的见证，更是艺术的瑰宝，为我们了解和研究汉代文化提供了宝贵的实物资料。

洛阳汉俑的设计独具匠心，其运用了宏大的写意手法，着重捕捉并强调形象的动态美。这种手法有时甚至会故意夸张和变形形象，以达到传神的艺术效果，深刻展现汉代人独特的审美情趣与文化底蕴。以洛阳涧西七里河东汉墓中出土的女舞俑为例，她们的形象飘逸而动人，尽管面容略显模糊，但设计师巧妙地夸张了她的细长腰颈，着重表现其头部、颈部和腰部的优雅扭转，使整体呈现出一种流动而富有韵律的美感。这种大尺度的律动美，正是汉代艺术的典型特征。

洛阳汉俑的陶塑艺术，汇聚了古代劳动人民的智慧与创造力，不仅体现了他们高超的技艺，更折射出汉代人民对美的无尽追求与向往。其中，七里河东汉墓出土的“三人倒立杂技俑”堪称一绝，它生动地再现了三个人在圆缸上倒立的精彩瞬间。两人紧贴缸沿倒立，身体互为支撑，而第三人则背倚其上，双脚在空中轻盈弯曲，形成了一幅惊险而巧妙的画面。该作品充满了夸张变形的艺术手法，是中国古代劳动人民独特艺术创造力的体现。它以非凡的想象力和创造力，构建了一个充满生命活力的时空画卷，为观众带来了多角度、多方向的视觉享受。这一空间形态既展现了惊险刺激的场面，又透露出一种巧妙的平衡与和谐；既贴近日常生活又不失艺术的超越性。

东汉时期，陶塑艺术的多样性显著增强，这恰恰映射了当时社会生活的多姿多彩和真实具体。从劳动与狩猎的生动场景，到农业生产的细致描绘，都体现了东汉人民日常生活的丰富多彩。例如，在农业生产方面，广东佛山澜石东汉墓出土的插秧运肥陶水田模型和四川彭山崖墓出土的持锸执箕俑等陶塑，都是对当时农业生产活动的真实记录。而河南陕州区和淅川县出土的由部曲家兵守卫的陶水榭，以及四川新津出土的佩刀执锸的部曲俑，则反映了庄园经济和阶级关系的存在。在描绘农妇辛勤劳作的陶塑中，四川新津出土的背儿捧箕俑、彭山出土的哺婴俑、新都出土的持镜执鞋俑以及河北内丘出土的抱婴举灯俑等，都生动地展现了古代妇女的辛勤与她们对子女深深的爱。同时，以家务劳动为主题的陶塑作品也不乏其例，如山东高唐、河北石家庄和四川重庆出土的庖厨俑，以及河北内丘的舂米俑，都为我们展示了古代家庭生活的日常细节。

在山东济南的无影山西汉墓中，出土了一组以舞蹈、音乐和杂技为焦点的陶俑群。这组陶俑群生动地再现了当时的艺术盛景，人物均为舞蹈和杂技表演者，其形象栩栩如生，令人动容。托板的中央，一场盛大的舞乐百戏正在上演。其中，6 名演员在舞台上翩翩起舞，一个由 7 人组成的乐队在一旁奏乐，而 1 名身着红衣的演员似乎是整个演出的灵魂人物，担任着指挥的角色。舞台四周，缤纷的彩带如彩虹般缠绕，营造出梦幻般的氛围。演员也各具特色，2 名身着长袍的女性，长袖飘飘、舞姿优雅；4 名年轻男性则赤足短衣，身手矫健，翻筋斗、倒立、柔术等表演精彩纷呈。乐队成员则专心致志地敲鼓、敲磬、敲瑟，为舞台上的表演者提供和谐的配乐。尽管这组陶俑在设计上相对简洁，主要展现了人物的形态与轮廓，但它们的色彩鲜艳明快，角色众多，生动地展现了西汉时期舞蹈和戏剧表演的热烈与生动，仿佛让人穿越时空，亲临那场精彩绝伦的演出。

东汉时期的陶俑，尽管尺寸不大，但每一个都展现着生命的活力。这些陶俑虽经简约塑造，但人物的姿态与形象皆栩栩如生，仿佛真实存在。这是因为当时的艺术家已经掌握了写实手法，并将其巧妙地运用于雕塑之中。

东汉时期的动物陶瓷雕塑，其形象极为栩栩如生。例如，河南辉县的百泉地区出土了陶制的子母羊和狗，河北沧州出土了绿釉陶制的猪，而四川成都、彭山和乐山等地则出土了陶制的大型马，汉阳陵出土的狗、羊、鸡等动物，也是惟妙惟肖、栩栩如生。

三、木雕

汉代木雕继承了楚、秦的艺术传统。两汉时期的木雕主要有俑、动物及车船模型等立体雕刻和木椁板上的浮雕两类。木俑及木模型两汉都曾流行，西汉时多流行于长江以南的江苏、湖北、湖南、广东等省，东汉时则流行于西北地区，尤其在甘肃省发现最多。

西汉最早的木俑，从技法上可以明显地看出其因受战国楚墓随葬木俑的影响，所以雕刻得更为细致传神。例如，长沙马王堆 1 号西汉墓出土的木俑分为着衣和不着衣两种。前一种因通体穿着丝织品的长衣，所以只对俑头施加了精细的雕刻，躯体仅雕出肩、臀、腰、腿等部位的大致轮廓，以支撑外着的彩衣。其中突出的有高度超过 0.79 米的两件戴冠男俑和 10 件体高 0.69～0.78 米的侍女俑。女俑面容秀美，以墨绘眉目，以朱涂口唇，颇具风姿。后一种则雕出肢体衣纹的细部轮廓，然后施加彩绘，其形体较小，多为歌乐侍仆。其中较为生动的是该墓北边厢出土的 5 件坐姿乐俑，或吹竽或鼓瑟，高 0.3 米左右。这批木俑承袭了先秦时期木俑的简约自然之风，同时又展现出更为精细的雕刻工艺。它们的主人是西汉早期的侯爵夫人辛追，她更为注重生活中的细腻与享受。因此，她带进墓葬中的，皆是生前陪伴左右的仆人，其中不乏彩绘俑，或许它们正是她生活中的下层仆从。另外，在江陵凤凰山 167 号汉墓中，考古学家发现了一组栩栩如生的车仗奴婢木俑群，共计 24 件。这组木俑包括持戟谒者俑、亭亭玉立的侍女俑、手持锄头的农奴俑、手握斧头的工奴俑，以及驾车用的木马和木轺车等。这些木俑充满了浓厚的生活气息，人物身形修长挺拔，身体线条流畅而富有变化，衣物纹理和质感都展现得细致入微，尤其是彩绘服饰，色彩鲜艳，为这些木俑增添了更多的生动性与真实感。

东汉时期的木俑，主要发现于甘肃武威地区，题材多为舞乐侍仆及鞍马和家畜、家禽等动物造型，还有前伸独角的镇墓兽。同时出现了较大的组合木雕，如前驾骏马的轺车模型，车上还有御车的木俑，全长 1.2 米。此外还有牛车、耕牛牵犁和双人博戏等模型。在雕刻技法上，此时期的木俑依然以强调外轮廓为主要特点，而在细微处的表现上则更多地运用了彩绘。因此，在雕刻过程中，刀法运用得极为简练，使得块面和棱线显得清晰分明，特别是头部的刻画，虽然细致但并未过度烦琐，整体风格显得拙朴而浑厚。对于形体特别硕大的作品，如高度超过 0.8 米的木马，工匠会分别雕刻其头、身、尾等部分，最后再通过嵌合或粘接的方式，将这些部分巧妙地组合成一个完整的作品。对于形体较小的俑和动物雕像，则由整木一次雕成。木雕制作最为精致的是双人博戏木雕，两个圆髻长衣男子相对而坐，中间放置方形六博盘，一人以右手握博正欲投掷，对面的人以右手抚膝，左手前摆，似欲向对方讲话，姿态生动、眉目传神，把当时人们博戏的情景重现在今人面前。

除木俑外，江南西汉墓也出土了木马及木船模型。广东广州皇帝岗出土了西汉晚期的木船模型，附有 5 件片状造型的举桨划船木俑，其侧面姿态颇为生动，为后人了解当时船舶的形制提供了参考资料。

四、铜雕

汉代的铜雕一反之前的写意而走向写实，以动物俑和人物俑居多，其造型古朴、形神兼备，这与当时的厚葬风俗有关。

汉代青铜雕塑因其精准捕捉和生动展现特定角色的面部表情与神态而备受赞誉。值得注意的是，广东和江苏出土的陶塑及石雕作品亦体现了这一特点。首先，我们要聚焦的是两广地区（广东省和广西壮族自治区）西汉初期墓葬中发掘的数组铜俑。其中，广西贵县风流岭 31 号墓出土的一件铜俑尤为引人注目。这尊铜俑身披盔甲，高达 0.39 米，身旁伴随一匹青铜马，其高度更是达到了 1.15 米。这尊铜俑以雄壮威武的姿态展现了汉代青铜雕塑的卓越技艺，无疑是西汉时期继秦陵铜车马之后的又一大型青铜雕塑杰作。

在陕西茂陵东侧的陪葬坑中挖掘出的鎏金铜马，其高度为 0.62 米，长度为 0.76 米，具有强健的体魄和闪亮的金色光芒，这充分展示了西汉晚期在雕塑和冶炼方面的高超技艺。马的肌肉和筋骨的雕刻符合解剖比例，马体匀称适度，造型朴实稳重。铜马通体鎏金，表面光洁度很高，鎏金匀称厚实，通体金光灿烂，达到了较高的艺术水平。从铜马工整的外貌、紧缩的腹部、端正的肢体来看，是乘用马品种的体型，尤其两耳及两耳间的鬃毛以及劲健而稳重的体态，尚保留了秦俑坑兵马俑的一些风格。有人认为鎏金铜马是西汉时期马的标志，也有人认为它是以西域大宛汗血马为原型而铸的。西汉著名史学家司马迁在《史记》中记载说，大宛国（今天的中亚一带）盛产汗血马，是天马的子孙，所以大宛汗血马又名“天马”。其特点是耐高寒、善奔跑，传说奔跑时前肩流汗如血，马蹄踏石留痕，属西域良马。汉武帝很喜欢马，为获此马曾派贰师将军李广利于太初四年（公元前101年）攻破大宛，终获此马。

西汉中后期，铜俑的种类日益繁多，彰显出丰富多样的艺术风格。陕西西安玉丰村出土的青铜羽人、河北满城刘胜墓中出土的铜说唱俑，以及甘肃灵台、西安东郊、四川资阳等地发现的铜六博俑，都是这一时期的杰出代表。青铜羽人以其独特的形象引人注目，他们长脸尖鼻，颧骨突出，大耳甚至超过头顶，肩臂上长着翼膀，举手微笑时流露出一种超凡脱俗的气质。这一形象不仅展现了当时铜雕艺术的精湛技艺，更深刻反映了封建贵族对于“羽化成仙”这一美好愿景的向往和追求。

在东汉时期的铜雕艺术中，甘肃武威雷台出土的铜奔马也被称为“马踏飞燕”，其造型极为精致和巧妙。这匹马的总高度为0.345米，从侧面看，它的基本轮廓是倒三角形的，展现出强烈的动感，因此被誉为汉代青铜雕塑中的一颗璀璨明珠。一匹正在急速奔跑的骏马，扬起的马蹄踢到了一只飞鸟，鸟儿在逃走的同时，还惊魂未定地回头看看究竟发生了什么。与此同时，马昂首嘶鸣，躯干壮实且四肢修长，腿蹄轻捷，三足腾空，飞驰向前，一足踏飞燕，故称“马踏飞燕”。这表现了骏马凌空飞腾、奔跑疾速的雄姿。尤其让人惊奇的是，该马是按古代相马经中所述的良马标准来雕塑的，几乎无一处不合标准，故有人认为它不仅是杰出的铜雕艺术品，而且是相马法式的完美呈现。甘肃武威雷台出土的青铜车马仪仗俑群亦是值得称道的。

汉代铜雕水平还表现在铜镜上。两汉时期铜镜的铸制业有了新的发展。当时的铜镜已成为一般用品，官方和私营铸镜业都得到了普遍的发展。因此墓葬中多有铜镜随葬。

在两汉时期，铜镜的合金配比相对稳定，主要包含了66%～70%的铜、23%～24%的锡，以及4%～6%的铅。因此，在铜镜的制作过程中，通常会选择锡含量较高的铅质材料作为底釉，以确保铜镜表面能够进行精细的抛光处理，达到更好的光泽效果。值得注意的是，汉以前的铜镜多以铜为主要材质，但铜质的不稳定性导致其容易氧化。为了改善这一状况，汉代在铸币时多采用铅或锡来替代部分铜的使用，而在铜镜中添加适量的铅，则是因为铅溶液具有良好的流动性，有助于热溶液在铸造过程中均匀分布，进而减少气泡的产生，提升镜面的平整度，并使铸造的文字和花纹更加清晰。

两汉时期的铜镜以其纷繁复杂的图案设计和精湛的制作工艺，产生了无与伦比的艺术魅力和装饰效果。在这些铜镜中，透镜状铜镜以其别具一格的风格赢得了人们的喜爱。并且，这些铜镜在不同的历史阶段，也呈现出了各自独特的韵味。从考古发掘的资料中我们不难发现，汉代的制镜业达到了极高的水平，特别是在南方地区，出土了众多精美的汉代铜镜。其中，长沙马王堆帛画中的画像砖所描绘的铜镜，更是其中的佼佼者，令人叹为观止。

王莽时期，铜镜的纹饰内容日益丰富，制作工艺愈加精细与有序。构图上，匠人巧妙地运用乳钉作为间隔，通过同心圆的方式将多个层次的纹带环绕其间，这种设计不仅增加了铜镜的立体感，还赋予了它强烈的节奏感。

东汉时期，铜镜的制作工艺表现出一种不断革新和提高的势头。人物与动物元素在装饰设计中备受欢迎，它们以生动的姿态和细腻的表现力，为铜镜增添了无限魅力。在技法方面，减地平雕和高浮雕等技法被广泛应用，雕刻者以精细的雕刻手法刻画出物体的形态和纹理，使得铜镜上的图像栩栩如生。

自西汉伊始，汉族引领的多民族国家统一格局愈发稳固并蓬勃发展，不同民族间的交流互动日趋频繁与深入。在此期间，边境民族的雕塑艺术亦取得了显著进步。在多元文化的交织中，匈奴族的雕塑艺术尤为璀璨夺目，其青铜文化遗存之丰富令人叹为观止。其中，北方匈奴族精心创作的动物纹铜带饰，以其独特的民族风情成为青铜雕塑艺术中的瑰宝；而南方的百越与滇族则以其人物与动物纹铜扣饰展现了别样的艺术风采。同时，受中原汉文化影响，西域少数民族的青铜器造型也备受瞩目，尤以马形纹饰最为精彩纷呈。西汉时期，匈奴族匠心独运地制作了长方形的透雕铜带装饰，这些装饰往往以草原生活为灵感，动物咬斗纹成为主要主题，构图对称而和谐。随着时间的推移，汉代之后中原汉人的青铜带饰亦展现出多样化的纹饰，虽然主题多围绕游牧民族的狩猎与战争场景，但已逐渐融入汉文化的精髓之中。

五、玉雕

在两汉盛世之际，社会的安定与国家的强盛为玉文化的蓬勃发展提供了肥沃的土壤。汉代玉器以其精致的造型和非凡的艺术魅力，赢得了人们的广泛喜爱。玉雕艺术在坚守传统雕刻技术的同时，也迈出了创新与发展的坚实步伐。这些玉器不仅在日常生活中作为不可或缺的装饰品点缀着人们的生活，更成为当时人们社会等级与身份地位的显著标志，因此备受统治阶层的青睐与推崇。从王公贵族到官宦之家，再到绅士与富商，各个阶层的人们都热衷于收藏和使用种类繁多、数量庞大且工艺精湛的玉石。同时，随着人们对美的不断追求和精神生活需求的日益增长，玉雕迎来了空前的繁荣，成为当时最具代表性和影响力的艺术品之一。

汉代的玉器在继承战国时期玉器传统的基础上，进行了创新与拓展。与过往相比，玉制礼器的种类有所减少，玉器不再是主要的装饰物，但玉佩作为佩饰的数量却有所增加。在雕刻技术上，汉代玉器相较于前代，圆雕、高浮雕和透雕等技法得到了更广泛的应用，使得玉器作品更加立体生动。

在汉代，玉石受到了广泛的重视，特别是白玉。这得益于丝绸之路的畅通，大量的和田玉被引入中原，为汉代的玉雕艺术打下了坚实的基础。汉代以前玉器多为素面或由浅灰釉白底黑花装饰，而汉代则是以红彩贴金装饰为主。玉器设计打破了对称等传统风格，充分发挥主观想象，内容丰富多样。粗细线条并用是汉代玉雕的特征，由阴线刻演变成游丝毛雕是汉代玉雕的重要标志。

最能体现汉代玉雕特色和雕琢工艺水平的是随葬玉，其在考古发掘中多有出现。玉衣是当时达官贵人死后身上穿的，由2000多块小玉加金、银、铜丝缀成与人体相符的罩衣，也被称作“玉押”。玉衣按部位可分为头罩、上身、袖子、手套、裤筒和鞋子6个部分，它把死者自头顶至足包了起来。皇帝的玉衣用金线缕结，故称为“金缕玉衣”。自汉景帝末年（公元前141年）或汉武帝初年（公元前110年）玉衣开始盛行，到目前我国已经出土几十套玉衣。魏文帝黄初三年（公元222年），曹丕下诏禁用玉衣，以后就不再见到玉衣了。到目前为止，刘胜墓里的金缕玉衣被认为是最有代表性的。刘胜的头部脸盖雕刻有眼睛、鼻子和嘴巴的轮廓，而腹部和臀部则显得凸出，裤腿的设计与人体相似。窦绾的玉衣比较短小，没有做出腹部和臀部的形状，这可能是出于对女性形体造型的避讳。刘胜玉衣全长1.88米，由2498片玉片组成，用于编缀的金丝约重1100克。

含玉为死者含在口中之用，常以蝉为含玉的形状是取其“蜕变”死而复生之意。将玉蝉置于口中，表示灵魂可脱离污秽的死亡躯壳，而开始高洁的新生活。加之蝉形与舌形相似，能配合口腔之形状，放在口中较为舒适。玉蝉雕琢最为生动的时期是汉代，玉蝉雕琢采用简单的“汉八刀”技术，刀法劲健有力，准确而逼真。

玉握为死者手中握着的器物，古人认为人死不能空手而去，手中要握着财富及权力。玉猪是汉代最流行的玉握，其造型多样，生动可爱。因为猪既是财富的象征，又有提供食品之意，所以玉猪的雕琢很多见。另外还有璜形玉器等作为玉握。

西汉后期，玉雕艺术达到了一个新的高峰。其中，在汉元帝渭陵附近出土的圆雕玉奔马，以其独特的魅力赢得了广泛赞誉。这件作品选材晶莹剔透，雕刻工艺精细入微，不仅展现了匠人的高超技艺，更融入了仙人盗药与天马行空的神秘故事，体现了西汉贵族对长生不老与升仙梦想的追求。此外，该墓葬中还有一系列精致的小型圆雕艺术品，如玉熊、玉鹰、玉辟邪等，它们造型古朴深沉，充满了神秘与庄重的气息，被人们誉为玉雕艺术的杰作。这些艺术品不仅展示了西汉时期玉雕艺术的精湛技艺，更体现了当时社会的审美追求与文化内涵。

在汉代，玉雕的抛光技术也臻至炉火纯青之境，玉衣片及其他玉器表面经过细致的打磨处理，呈现出如镜面般的璀璨光泽。在这一时期的玉雕艺术中，镶嵌技艺大放异彩，尤其是金镶玉尤为常见且多样，不仅涵盖了金银材料制作的华丽佩饰，还包含了用玉石雕琢的各种纹样器物。这些玉器的纹饰丰富多彩，既有精致的几何图案，如谷纹、蒲纹、涡纹和云雷纹等，又包含生动的动物纹样，如虎、鹿、兔、羊等，充满了汉代独特的玉雕艺术韵味。

第二节　汉代绘画艺术

和先秦绘画艺术相比，汉代绘画有了长足发展，表现在题材众多、内容丰富上。在构图、线描造型、形象刻画、表现手法以及色彩运用上都取得了引人注目的成就，体现出了汉文化的浪漫色彩。汉代绘画包括壁画、帛画、木简画和木版画以及绘在漆器上的漆画等几种形式，壁画是汉代绘画最基本的形式，它包括宫殿壁画和墓葬壁画两大类。

汉代是我国统一多民族封建国家形成与稳固的里程碑，也是民族艺术特色确立并蓬勃发展的关键阶段。汉王朝的鼎盛不仅推动了中原汉族的繁荣发展，更对少数民族地区产生了深远影响，为它们提供了繁荣发展的土壤和广阔的空间。回溯历史，秦始皇统一六国后，在政治、经济和文化等领域均实施了一系列深刻的改革，这些改革深刻影响了社会的发展轨迹。在西汉的武帝、昭帝和宣帝时代，统治者尤为重视绘画艺术，他们将其视为政治宣传和道德教化的重要载体。因此，绘画逐渐成了表彰功臣、弘扬美德的有力工具，宫殿内的壁画艺术也取得了举世瞩目的成就。这些壁画不仅绘画技艺精湛，更蕴含了丰富的历史内涵和文化价值，成为汉代绘画艺术的瑰宝。

一、墓葬壁画

汉代的壁画以宫殿壁画和墓葬壁画为主，分别代表阳间和阴间。地上建筑中的壁画由于建筑被焚烧和腐朽，能够留存下来的极少，在汉长安城长乐宫中有所发现，但遗存不多。而在墓葬中则保留了大量的壁画，既有石刻的，也有在砖上绘的。

据文献记载汉代宫殿壁画十分兴盛。文帝时，在未央宫承明殿上画了进善旌、诽谤木、敢谏鼓之类的壁画。武帝时，在甘泉宫台室四壁画了天、地、泰一的神仙群像。汉宣帝时，将辅国有功的大臣霍光、张安世、赵充国、苏武等11人的肖像绘于麒麟阁。东汉明帝年间，为表彰前世功臣，乃图画中兴“二十八将”于洛阳南宫云台上。皇帝于宫殿之中命人绘制这些壁画，政治目的十分明确，均在于扬善抑恶，号召人们忠于皇室朝廷。同时也推动了我国人物肖像画艺术水平的提高。

两汉时期，贵族生活豪华奢侈，厚葬之风极其兴盛。他们的墓修得很讲究，墓内有会客室、卧室、宴会厅、厨房、车马间等，在结构上分为前堂、后室、左右耳室等。有的地方还在墓前修石室或祠堂等地面建筑。这些地下墓室和墓前祠堂都用绘画或雕刻来装饰。

考古资料中发现的墓葬数量很多，我们所能看到的汉画，主要是墓葬中的壁画和石刻画像。汉墓壁画的发现，早在20世纪20年代初就开始了。目前见诸正式报道的就有60余处。它们的分布北到辽宁、内蒙古，南达长江流域，东至山东，西达甘肃，时间涵盖两汉，内容极为丰富。

汉代墓室装饰壁画的艺术传统始于西汉初期，并在东汉时期达到了鼎盛。这些墓葬中的壁画不仅是汉代社会经济繁荣与文化繁荣的缩影，还深刻反映了当时的审美观念与绘画艺术的发展脉络。

自20世纪50年代开始至1966年，考古学家对洛阳市烧沟村西汉晚期无名氏壁画墓、山西省平陆枣园村汉墓群、江苏省徐州黄山陇东汉晚期壁画墓、山东省梁山后银山东汉壁画墓、河南省密县打虎亭村西的东汉晚期的两座大型壁画墓，以及内蒙古托克托、辽阳棒台子和三道壕等多处壁画墓进行了系统的发掘和研究。这些研究初步揭示了汉墓壁画的地理分布规律和区域特色。进入20世纪70年代后，考古团队进一步在河北省的安平逯家庄、定县（今河北省定州市）八里店、陕西省千阳，以及内蒙古和林格尔等地，发掘出东汉晚期的大型砖室壁画墓，以及洛阳西汉晚期的卜千秋壁画墓。

汉墓壁画的内容丰富，有的表现贵族人士的生活方式，较常见的有显示墓主人生前显赫生活的出行图、饮宴百戏图、庖厨图等；有的展示历史人物的事迹，较常见的有贤君名臣、贞妇烈女、孝子贤孙等；有的表现神仙鬼怪；有的反映人民群众的一般生活场面，如劳作等。就目前的壁画内容而言，在陕西发现的西汉壁画墓内容主要是反映现实生活的场景及天象图，而在河南发现的壁画墓内容则主要反映神仙与天象等。

从艺术表现上看，汉代墓葬壁画已能深入揭示人物的精神状态，将人物内心世界表现出来。技法上有勾勒平涂，也有设骨法。线条有粗有细，用笔也有刚劲柔婉之区别。着色上有浓淡的渲染。其主要分布在河南与陕西两省，如西安交通大学、西安理工大学等都发现过西汉壁画墓，但规模较小。在西安交通大学的墓室内，墓壁与券顶之上布满了精美的壁画。壁画内容丰富多彩，涵盖了门吏形象、日常生活场景以及天文现象等多种元素。近40名人物栩栩如生，他们的表情和形象各具特色，仿佛将观众带入了那个时代的生活之中。这些壁画的制作技艺精湛，首先是在墓壁和券顶涂抹上一层白灰作为底色，其次是用墨线勾勒出图案的轮廓，最后以红、蓝、褐等色彩进行细致的填充，最终使得整个画面既色彩鲜明又富有层次感。

1976年发现的洛阳卜千秋壁画墓，时间大约是西汉昭帝到宣帝时期。壁画向人们展示了一个典型的驱邪升仙的主题。墓墙后壁上部正中绘有一个猪头怪人，这就是驱邪打鬼的“方相氏”，其下绘青龙、白虎，墓顶为一长卷式画面，自东向西依次画彩云，人身蛇尾的女娲，内有蟾蜍与桂树的满月，手持节、身披羽衣的方士，交缠奔驰的双龙，身似羊而枭首张翅的枭羊，鹰头凤尾、展翅飞翔的朱雀，昂头翘尾奔跑的白虎，头绾双髻、面向墓主、拱手下跪作迎接状的仙女。而乘三头乌、捧三足乌、闭目飞升的女主人和乘腾蛇持弓、闭目飞升的男主人则画在中间，其后有奔犬与蟾蜍。从艺术表现来看，线描勾勒粗放、自由、有力。虽然画中人物平静安详，但由于披肩、袖以及须发的线条流畅、洒脱，故而增强了整个画面的翘举飞扬之势。画面色彩虽只有朱红、淡赭、浅紫和石绿，但整个画面并不显单调。另外，画面内容虽为驱邪升仙，但其作风却是一种粗犷、奔放、自由、生动的写实主义手法，给人的感觉是新颖向上的，而不是阴森灰颓的。

洛阳王城公园的西汉墓壁画，前堂顶部绘有日月星云等天象图，隔墙正面画有二桃杀三士等历史故事和方相氏打鬼图。墓室后壁画有鸿门宴的历史故事，墓门内上额有“伏魔降吉祥”的画面，隔墙背后画有墓主人乘龙升仙的情景。这座西汉壁画墓是我国发现最早的壁画墓之一。其绘画色彩艳丽、笔触简练流畅、人物生动传神、场面布局紧凑，是两千年前壁画艺术的珍品。

汉画的内容主要有三大类。一是神话传说、阴阳五行、日月星辰等，是神化的自然界，也是人所向往的神仙世界。产生这类内容的原因是秦皇汉武都相信神仙之说，他们多次派人寻仙，寻求不死之药，汉武帝在华山、泰山都建立了祠神的宫观，建有与上天相通的“神仙道”。宫室服装也模仿了神仙用的东西，车上还画有云气，旗上画着龙蛇龟熊。东汉时，朝廷又特别推重谶纬之学，谶是一种吉凶的预言，纬包括天文历数、上古神话传说、地理知识、礼制经义等，所以各种神话怪说流行。贵族死后都希望上天成仙，他们的墓室自然也要布置成神话世界，以实现其升仙的愿望。二是表现历史故事，这与汉代经学盛行，儒家主张通过历史进行惩恶扬善的道德观念有关。三是表现贵族世俗生活的内容，主要是表现墓主生前的事迹，场面多是宴乐、百戏、狩猎、车马出行等这些日常起居的情景。由于这类内容最多，画得也最为热闹生动，所以充分反映出汉代贵族希望生前死后都能尽情享受物质生活的社会风气。

绘画的主要技法依赖于毛笔这一核心工具，并辅以朱、绿、黄、橙、紫等多种矿物颜料，这种独特的材料选择确保了壁画色彩历经岁月后能依然保持鲜亮，为后人呈现出鲜明的视觉效果。在塑造形象方面，它继承了春秋晚期那种写实与夸张并存的风格，而在绘画技艺上，则深化了从战国至西汉初期宫廷壁画和帛画中提炼出的墨线勾勒、平涂施色的方法。随着时间的推移，绘画技巧在东汉晚期得到了显著的进步，写意法、设骨法和白描法等多种技法相继涌现，展现了画家对笔墨运用的高超掌控力。在这一时期的壁画中，如望都 1 号墓的官员人物图，甚至可以看到画家运用渲染技巧，使人物形象更加立体生动。

汉代墓葬壁画之所以深受人们喜爱，主要归因于当时统治者对孝道与隆重葬礼的极度重视。他们严格遵循“事死如事生”的庄重礼仪，尤其是在东汉时期，由于察举孝廉政策的推行，举办盛大的葬礼成为人们通向官场的重要途径，因此进一步强化了社会对厚葬之风的追求。这种风气不仅推动了墓葬形制的发展与创新，还深刻影响了当时社会的风尚，使厚葬文化成为汉代社会的一种独特标签。

二、帛画

帛画是画在绢帛等织品上的图画，因作画方便、可以移动传看，故而大受统治者青睐。据《汉书》及唐人张彦远的《历代名画记》所载，两汉时期帛画数量众多、内容丰富。然而由于时间太久远，绢帛容易被毁坏，再加上天灾人祸，所以我们现在所看到的汉代帛画，只能是出自汉墓的“非衣”“铭旌”之类的随葬品了。

20世纪70年代中前期，先后在湖南长沙马王堆汉墓及山东银雀山汉墓出土了几幅帛画“非衣”。“非衣”是人死后绘制的“旌幡”，埋葬时需盖在棺上殉葬。这几幅帛画都是西汉前期的作品，在内容与风格上也颇为相似，反映了大汉帝国初期，大一统就已渗透到包括绘画在内的各个领域。

长沙马王堆1号汉墓出土的“T”形帛画“非衣”是汉代帛画创作的代表。该画长2.05米，上宽0.92米，下宽0.475米，分为天上、人间、地下3部分。上部代表天上，右上角画一轮红日，中有金乌，日下为盘缠的扶桑树，树叶间有八轮小型红日。左上角为一牙弯月，月上有玉兔和蟾蜍，日月之间为女娲，女娲两侧有5只仙鹤昂立。日月之下各有一吐舌巨龙，左侧有翼之龙，为应龙，两龙之间有两鹤飞翔。月下有女子轻盈而上，象征墓主升天。下悬一铎，两位兽首人身的司铎骑异兽，手牵绳，似在振铎作响。铎下画天门，门阙上伏一豹，门阙内两守门神拱手对坐。这就是汉人想象中的天宫景象。

帛画中部代表人间，画面正中是一位体态雍容的老妇人，其身着彩衣、拄杖缓行，是墓主人。身后有3位侍女随行，身前有2个跪迎的侍者。他们6人均立于长坛之上。他们上方绘有由花纹、鸟纹组成的三角形华盖，华盖下方为一展翅鸱鸮，两侧则绘有瑞禽、祥云等，这些事物形成了一种向天界冉冉上升的氛围。长坛由两神豹托起，豹踩两龙，两龙龙身交汇于一圆孔中，圆壁下悬一磬，左右有流苏，流苏上有羽人。悬磬下有一案桌，上置鼎、壶、杯、盘等祭器，案前有6人左右拱立，象征墓主家属在祭祀。

其下便是地下，一赤裸“地祇”双手托起象征大地的平板，下方有蛇及两条交颈大鱼，两侧有大龟、鸱鸮等神异动物，这就是汉人想象中的地下世界。整个画面构图诡异，足以代表汉人冥想中的宇宙。这幅帛画画艺精绝，对老妇人的刻画极为成功，其肥胖前倾的身姿、高傲的神情、雍容华贵的气质，毕现于帛上。构图上，既对称统一，又富于变化，且有一种灵动的上升感。线条运用更是纯熟、匀细、刚劲，创作者用长线条传达服饰绸缎柔软的质感，用浑厚质朴的粗线描绘动物和器物，达到了稳重凝练的效果。在设色上，多用朱红、土红等颜色，浓墨重彩、诡异绚烂，体现了汉代文化交汇在人们头脑中形成的神秘诡异的浪漫奇想。

由于汉人对自然界和人生的认识尚处于幼稚且世俗的阶段，因此汉画的艺术风格也是朴拙而稚气天真的。画面上人神杂处，百物交错，充满活力，虽然显得粗重笨拙，不像后代那样懂得使用含蓄和以虚为实的手法，构图总是塞得满满的，不讲远近、不留空白，铺天盖地而来。但是，五彩缤纷、琳琅满目的构图要素却也表现出汉人开阔的心胸和雄浑的气魄。人与兽造型的特点包括高度夸张的身体形态、手舞足蹈的大动作以及简约而纯粹的整体形象。画面构图饱满而不凌乱，疏密有致而不失均衡，展现出一种充满活力和速度的节奏，呈现出一种豪放而又充满野性的艺术风格。

三、画像石

画像石出现于西汉，盛行于东汉，是汉代人雕刻在墓室、祠堂四壁的装饰石刻壁画，是汉代文化的重要组成部分。

汉画像石的内容主要有升仙神异、天象祥瑞、驱异辟邪、生平威仪、经史故事、家居娱乐、生产活动等。由于受社会思潮和经济变革的影响，各个时期的石刻壁画内容有所侧重，如西汉至新莽时期，其主题多为升仙、神异、天象、辟邪；而东汉时期则多描绘威仪、祥瑞。

尽管汉画像石展现出了深沉、质朴和宏伟的时代特色，但在不同的地域，画像石在主题、雕刻方法和风格上也具有其独特的地域风格。画像石的地域分布非常广阔，大致可划分为四大区。

一是山东、苏北地区。山东的汉画像石遍布全省，临沂、沂南、苍山、枣庄、微山、济宁、嘉祥、邹城、滕州、曲阜、泰安、长清、安丘、诸城等地都有大量的画像石出土，尤以临沂、枣庄和济宁为中心的鲁南地区最为集中。苏北的画像石也很集中，以徐州为中心，包括徐州、铜山、睢宁、邳州等地。此区可延伸至皖北、豫东，甚至郑州附近。

二是以南阳为中心的豫南地区，包括南阳、唐河、新野、方城等地。

三是陕北地区，主要集中在绥德、米脂、神木等地，晋西北的画像石亦可纳入此区。

四是四川地区，成都、郫都、彭山、乐山、新津、雅安、芦山、长宁、宜宾等地均分布有数量不等的画像石。

除上述四大分布区域外，浙江、湖北、重庆、云南、北京、河北、甘肃等地也有零星分布。

从各地发现的大量画像石来观察，汉代画像石展现了一种独特的造型艺术，它以石为画布，以刀为画笔，巧妙地运用线条作为主要的造型手段。这些线条不仅精准地勾勒出物象的轮廓，更富有表现力地描绘了物象的动态和态势，使得每一个物象仿佛都被定格在了一个生动的瞬间。

其雕刻技法包括线刻、凹面雕、浅浮雕、高浮雕等。由于雕刻技法的演变，画像艺术呈现出时代、地域和风格上的多样性。西汉早期，阴刻技法占据主导地位，物象线条清晰流畅，人物刻画栩栩如生。到了西汉中期，雕刻技法进一步发展，阴刻技法与浅浮雕技法相结合，形成了新的艺术表现方式。西汉晚期、新朝以及东汉早期，凹面线刻和阴线刻成为流行的技法，为画像增添了更深的层次感和立体感。

彩绘技巧也是石刻壁画艺术风格的表现手段之一。石刻壁画在完成雕刻之后，再施以彩绘，无疑为作品增添了更加绚丽的光彩。彩绘过程中，艺术家主要使用毛笔作为工具，以朱、绿、黄、橙、紫等矿物颜料精心调配色彩，他们多数采用单线平涂的手法，偶尔会用白描的手法。然而，这些色彩的运用并非孤立，而是与石刻的线条紧密结合的，线条占据主导地位，而色彩则作为辅助来增强作品的艺术效果。以陕西神木大保当 11 号汉墓的彩绘为例，其艺术表现尤为精彩。以左门柱画像为例，彩绘的步骤大致如下。首先，艺术家将左门柱石打磨成平滑光洁的平面。其次，在这个平面上，他们用墨线细致地勾勒出月神、白虎、立虎等形象，尤其是月神的人面、人身、鸟足等细节部分，更是用墨线精心勾勒。在色彩运用上，月神的唇部施以红色，面部施以白粉，月轮中的蟾蜍则施以白色，裙子则施以红色。同时，白虎和立虎的斑纹也用墨线精细勾勒。最后，艺术家将主要形象的轮廓外剔除，使得这些形象呈现出剪影浮雕的效果，为整个作品增添了立体感和层次感。

第三节　汉代乐舞百戏文化

中国的音乐文化承载着深厚的历史底蕴，其历史之悠久、传承之绵延，令人叹为观止。从河南贾湖遗址中发现的 8000 年前的骨笛研究中，我们得以窥见古人音乐创作的起点；而“击石拊石，百兽率舞”与“三人操牛尾，投足以歌八阕”的生动描绘，则展现了远古时期人们质朴而热烈的音乐文化生活。这些歌舞虽形式简约，但内涵却丰富多彩，深藏着古人对原始宗教的虔诚之心和对社会音乐认知的朦胧轮廓。到了西周时期，社会政治、思想、文化都经历了重大的变革，当时的统治者秉持“民本思想”，将音乐作为连接天地人神的桥梁，创立了以“雅乐”为核心的礼乐制度。

汉代音乐文化随着国力强大和统治阶级的提倡，成为我国封建社会音乐文化发展的第一个高潮时期，正如《盐铁论·散不足》所说：“往者，民间酒会，各以党俗，弹筝鼓缶而已。无要妙之音，变羽之转。今富者钟鼓五乐，歌儿数曹。中者鸣竽调瑟，郑舞赵讴。”[①] 这可说是对汉代歌舞盛行之风的具体描绘。其在乐舞百戏理论形成、乐器种类、制作工艺等诸多方面，都为我国民族音乐文化奠定了坚实的基础。

汉代乐舞百戏文化的具体表现主要在以下几个方面。

一、乐府机构

过去传统观点认为，乐府出现在汉武帝时期。实质上新的考古资料已经证实，最迟在秦始皇时期就已经有了乐府的机构。为了稳固大一统的政权，秦始皇实施了一系列创新的国家制度。其中，他借鉴了周朝的采风制度，首次设立了国家级的音乐机构——乐府。这一史实为1976年在秦始皇陵食人官遗址出土的秦乐府钟上刻有的“乐府”二字铭文所证实，成为秦始皇推行文化统一政策的有力见证。到汉武帝时期乐府的机构与功能则更加完善。

乐府作为古代政府设立的音乐机构，其主要职责涵盖民间音乐的收集、整理、加工，以及宫廷音乐的管理。此外，乐府还负责组织祭祀、宴飨等重要场合的乐舞表演，并创编新音乐以满足政府活动的需求。

汉武帝登基后，他将全部心力倾注于国家的治理之中。在思想和文化的建设上，他采纳了董仲舒提出的“罢黜百家，独尊儒术”的主张，并欣然接受了河间献王刘德所献的儒家“雅乐”。然而，在汉武帝看来，这些雅乐虽具价值，但最为核心、最为重要的仍是传统祭祀中的巫乐。

经过改组的乐府由宫廷的少府直接管辖，且具有一个庞大的组织架构。乐府的最高领导为乐府令丞，其下设有音监、游徼、仆射三丞，共同维护机构的日常运作。在音乐创作方面，乐府特别聘请了乐工出身的杰出音乐家李延年担任主持，他的领导为乐府注入了专业音乐的艺术气息。此外，乐府还汇聚了张仲春等一众专业音乐家以及才华横溢的文人如司马相如等，共同为乐府的繁荣和发展贡献力量。

乐府的核心成员是那些技艺精湛的乐工。在汉成帝时期，他们的数量有千余人，即使到了汉哀帝“罢乐府”时，仍有829人坚守岗位。在这些乐工中，有2位“仆射”负责乐工的管理，5位“夜诵员”专门负责选读民歌，1位“听工”则专注于测音工作。此外，还有19名技艺精湛的工匠，他们分别担任“钟工员”“磬工员”“柱工员”“绳弦工员”等职位，负责乐器的制作与维修。另外，

① 马非百. 盐铁论简注[M]. 北京：中华书局，1984.

还有142名被称为“师学”的学员，他们是乐府未来的希望。

然而，乐府音乐的核心更多地体现在对各地民歌的广泛采集上。从《汉书·艺文志》所载的西汉138篇民歌的目录和汉哀帝时乐工所负责的各个乐种所在地区来看，这些民歌源自北起匈奴和其他北方少数民族居住地，南至长江以南，西起西域各地，东抵黄河之滨的辽阔地域。为了满足民歌的收集与记录需求，当时还创造了一种名为“声曲折”的记谱法，用以记录民歌的曲调。例如，《汉书·艺文志》中提及的“河南周歌诗七篇、河南周歌声曲折七篇”等，可能就是当时民歌的歌词集与曲调集的珍贵记录。这些民歌源于人民群众的真挚情感，是他们“感于哀乐，缘事而发”的心声，因此自然而然地反映了现实生活的丰富多彩和人民群众的多元需求。它们以强烈的现实感与郊祀歌所展现的浪漫色彩交相辉映，共同铸就了汉代乐府音乐独特而迷人的神韵与风采。

公元前7年，乐府这一音乐机构被正式撤销。当时的社会矛盾已经变得尖锐，豪强地主大规模兼并土地，导致广大农民生活困苦、四处流浪，社会经济呈现急剧衰退的态势。为了应对这一严峻现实，汉哀帝决定对乐府进行重大改革，他下令裁撤了441名乐工，而剩余的300多名乐工则被划归至专管雅乐的太乐署。这一举措标志着乐府机构被正式撤销。尽管如此，皇家的俗乐娱乐需求并不因哀帝的“罢乐府”而偃旗息鼓。

汉代的乐府民歌，除少部分内容有可能经封建文人进行修饰加工之外，大部分是当时各地的诗歌，有相当多是当时关中地区劳动人民自己创作的。流传到今天的汉代乐府民歌，虽然数量不多，但却具有比较高的文学价值。它们深刻地反映了当时的人民生活和社会面貌，真实地表达了各阶层民众的思想感情。除反映劳动人民的苦难生活之外，在汉代乐府诗歌中，还有相当数量的爱情民歌。在这些作品中，有的表达了对理想爱情的向往，有的对不忠于爱情、喜新厌旧的男子提出了责难，有的对束缚爱情自由的封建礼教表示抗议。

汉代长安的乐府民歌不仅具有高度的思想性，而且在艺术性上也达到了较高的水平。它最大的艺术特色就是诗歌中出现了具有鲜明性格的人物形象，并且有比较完整的故事情节，注重通过人物的语言和行动来表现人物性格，从而使人物形象栩栩如生、跃然纸上，令人如闻其声、如见其面。

汉代长安的乐府民歌继承和发扬了《诗经》的现实主义文学传统，对后代文学的发展产生了巨大的影响。它不仅代表了汉代诗歌的最高成就，而且在我国文学史上也占据着十分重要的地位，是2000多年以前我国的劳动人民留给后世的一份宝贵的文化遗产。

在汉代，乐府机构的进一步完善为我国的多民族音乐文化的进步提供了有力的推动力。这为音乐家提供了一个相对优越的生活环境和表演环境，同时也为培育更多音乐专才创造了有利条件。汉文帝时，为了加强中央集权统治，设置了乐官，并设立了专门负责宫廷歌舞演出事务的“太常卿”，从此，“太常”开始由国家直接管理。乐府被废除后，那些在乐府内接受过专业培训的各地民间艺术家再次流落民间。

二、鼓吹乐

鼓吹乐是打击乐器和管乐器排箫、横笛、笳、角等分奏的音乐，有时也伴有歌唱。其初创阶段不晚于汉初。班氏家族称雄于西北时，班壹已经用了鼓吹乐。其产生与古代北方民族马背上的音乐有关。在汉代形成了以打击乐器和吹奏乐器为主的演奏形式和乐种，其特点是节奏鲜明、音响洪亮高亢、风格古朴威猛，比之先秦雅乐，具有明显的雄壮、粗犷、刚健、热烈的特色。

鼓吹乐是我国民族音乐的重要形式，自汉代产生以来，广泛存在于宫廷、军队、民间、寺庙的各种仪式之中，是最具民族特色和生命力的民族音乐遗产。

从汉代画像石、画像砖中呈现的图像来看，在当时的音乐中，鼓无疑扮演着核心角色。这不仅从汉乐舞画像石中鼓的形象无处不在可以看出，更体现在它与其他多种乐器的协同演奏中，尤其是与舞蹈的紧密结合，仿佛二者已融为一体，不可分割。在鼓的种类中，我们发现有建鼓、鼗、鼙等，而建鼓似乎更为突出。建鼓因其较大的体型和特有的结构——一个木桩穿透鼓身并固定在底座上以确保其稳定性而在演奏中占据重要地位。仔细观察乐舞画像石，我们会发现鼗与鼙可以多次出现并同时演奏，而建鼓在同一画面中往往只出现一次，这进一步证明了建鼓的领导地位。此外，鼗，即后世的“货郎鼓”，以其连续点击的功能，在烘托气氛方面表现出色，常与排箫、埙、笙、竽、琴、瑟等乐器组合；而鼙则更擅长与歌唱配合，其声音相对沉闷，与建鼓和鼗的响亮之声形成鲜明对比。

显然，在汉代音乐文化中，鼓扮演着举足轻重的角色。在建鼓、鼗鼓和鼙鼓等不同类型的鼓中，建鼓以其领导地位脱颖而出，宛如龙首，不仅担负领奏的重任，还起到指挥的作用，堪称鼓中的王者。鼗鼓则因其操作的灵活性，在烘托和加强气氛方面大放异彩。而鼙鼓，其独特之处在于鼓腔内放置的米糠，不仅能缓解鼓击的冲击力，更为其音色和节奏的穿插增添了一抹神秘的色彩，展现了鼙鼓独有的柔性之美。

鼓吹乐被宫廷采用后，便用于军队、仪仗和宫廷的宴乐之中。由于乐队编制和运用的场合不同，所以使用的乐器和对其称呼也不同。鼓吹的称呼主要有以下几种，其一，黄门鼓吹。由天子近侍掌握，主要列于殿廷，备食举乐，用以宴飨君臣。其二，骑吹。是天子专用的卤簿音乐。其三，横吹。军队马上所奏的乐歌，主要乐器是鼓与角。所谓横吹，是指将横笛作为主奏乐器来演奏的音乐形式。横吹的乐器一般由鼓角、横笛等组成，有时还加用排箫等。其四，短箫铙歌。为军乐，主要用于社、庙、郊祀、校猎等盛大活动的音乐演奏中。

三、相和歌与相和大曲

相和歌是两汉时期对民间的“街陌谣讴”歌曲进行艺术处理或添加新词时，而形成的歌舞、大曲等音乐的统称。

相和大曲作为相和歌的最高级发展形式，是一种结构复杂的大型歌舞。它融合了歌曲、舞蹈和器乐，形成了具有特定大套结构的音乐艺术形式，主要由“艳”“趋”和“乱”三大部分构成。“艳”部分以华丽而婉转的旋律表达情感，通常出现在曲目的开头或中间部分；“趋”主要用于节奏紧凑、快速的段落，类似于“尾声”的效果；而“乱”则标志着曲目的结束。值得一提的是，在每个歌唱段落之后，都伴随着舞蹈和音乐的“解”部分。不过，相和大曲的各个组成部分可能会根据具体作品的风格和内容进行相应的调整和变化。

相和歌之名，最早记载于《晋书·乐志》，源于汉代民歌，同时融合了周代的“国风”与战国的“楚声”之精髓。其独特之处在于“丝竹交融，执节而歌”，即歌者自击“节”或“节鼓”以和之，与丝竹管弦之声相映成趣，共奏和谐乐章，这便是相和歌。

初期的相和歌，几乎全是来自“街陌谣讴”的“徒歌”与“但歌”。徒歌即无乐器伴奏的清唱，称为“谣”；但歌是一人唱三人和，称为“讴”。它们的曲式，一般结构较为简单，大多由单个的曲组成。曲又分为吟叹曲与诸调曲两类。曲一般保持着民歌“有辞有声”的本色。“辞”即“歌词声”，是衬腔所唱的虚词，如夷、伊、那、阿之类，有的也和“楚声”一样，在曲后加“乱”。

相和歌在演进过程中，逐渐与舞蹈、器乐演奏相交织，进而衍生出更为复杂的艺术形式——大曲或相和大曲。随着时间的推移，它逐步脱离了歌舞的束缚，转型为纯粹的器乐合奏，因而被称之为但曲。这些大曲和但曲都是相和歌发展到高级阶段的杰出表现。

关于相和歌的乐队，其早期的情况并未有详尽的记录。然而，如果从其命名的缘由出发进行揣测，其应至少包含“丝竹”（包括筝、笛与瑟）以及鼓。在这种乐队中，笛是一种横吹的竹管乐器。汉代的笛有长短两种，尾端开口，有1个吹孔与7个按音孔，可吹出一个完整的七声音阶和两个变化音。当时有一种“盘圆柄直”、12个柱、用手指弹弦的四弦乐器，即后世人们称的“阮”。它脱胎于秦代的“弦鼗”，因有12个柱，所以音域相当宽广，在当时是一种富有表现力的新乐器。

筝在战国时代已广泛应用于民间，有5根弦，形制与筑相似。推想其音量可能不大，表现力也有一定局限。相和歌乐队所用的筝近似于瑟，共鸣箱较大。其形制与后世的筝大体相同，共13弦。这种筝，据说来自汉代的并、凉两州。此时的琴有了“徽”，泛音和按音也得到了广泛运用。可见，这种乐队的表现力已相当可观。

汉代的相和歌，主要在宫廷“朝会”“置酒”“游猎”与民间“楔祓”等场合演唱。其作品大致分为两类：一类是前代的旧曲，如《阳阿》《采菱》《激楚》《今有人》等。这些作品原是战国时代就流行的楚地民歌或歌舞曲。到汉代就都成为相和歌或相和大曲的重要曲目了。其中《今有人》即“九歌”中的《山鬼》；《激楚》一曲则有“慷慨激楚声”的美名。可见它们基本上还保留着民间创作的本色。另一类是当时贵族的吟唱，如据说是汉武帝时作的《董逃行》和东汉时出现的《善哉行》等大量作品。这类作品以求仙长寿或“来日大难”“今日相乐”“欢日尚少，戚日苦多。以何忘忧，弹筝酒歌”等歌词，反映了人们对人生的态度。

汉代是舞蹈活动极为盛行的时代，宫廷宴会中常有精彩的舞蹈演出，同时豪门富户家中也蓄养女乐，甚至在民间的祭祀与丧葬场合，歌舞也成为不可或缺的一环。汉代的乐舞艺术风格恢宏大气、豪放洒脱，同时蕴含着刚劲与优雅，展现出千变万化的风貌，充满了前所未有的生命力和创造力。这个时代的乐舞富有丰富的激情和无限的想象，堪称乐舞艺术的鼎盛时期。汉代乐舞的蓬勃发展，为后世留下了宝贵的舞蹈文化遗产。

四、百戏

百戏是古代乐舞、杂技表演的总称。秦汉时期称作百戏，隋唐时期叫作散乐。百戏源于夏、商时期，始于春秋战国，于秦代形成，两汉时期广泛发展。西汉之前主要在宫廷表演，东汉在民间广为流传。百戏包括各种杂技、幻术、装扮人物的乐舞。

汉墓中出土的大量文物呈现出汉代社会宴饮、杂技、歌舞、百戏的热闹场景，当然也有怡情益智的六博棋艺、促进体能的蹴鞠（足球）等。不分宫廷民间，汉人的休闲活动丰富多彩，不论是体育竞技、百艺杂耍，还是文人的琴棋书画、宴集聚会，都多姿多彩、异常生动。

汉初曾罢角抵戏，至汉武帝，则复盛，比秦代可谓有过之而无不及。武帝广开上林苑，穿昆明池，建千门万户之宫，设酒池肉林以飨四夷之客。

汉和帝时期的李尤曾写下著名的《平乐观赋》。平乐观是东汉洛阳表演大型综艺娱乐节目角抵戏的主要场所，它展现了角抵戏的“秘戏连叙”情形。“戏车高橦，驰骋百马。连翩九仞，离合上下。或以驰骋，覆车颠倒。乌获扛鼎，千钧若羽。吞刃吐火，燕跃乌峙。陵高履索，踊跃旋舞。飞丸跳剑，沸渭回扰。巴渝隈一，逾肩相受。有仙驾雀，其形蚴虬。骑驴驰射，狐兔惊走。侏儒巨人，戏谑为耦。禽鹿六驳，白象朱首。鱼龙曼延”。[①]而张衡则以“角抵之妙戏”总领所有的散乐百戏，这说明角抵戏发生了巨大的变化，成了百戏的代称，它已经与“讲武之礼”没有什么关系，而成了一种综合性更强的大型杂技幻术表演。

鉴于汉代的角抵戏已经从单纯的“两两相角”角力竞技演变为规模盛大的综艺大赏，其所需的经费自然也随之飙升。因此，每当后世帝王感受到国家财政压力时，便会采取“去角抵，减乐府”等措施来减小财政压力。

足球运动也是当时的一种游戏，当时人称蹴鞠，即现在的踢足球。两汉时，此运动竞技更见风行，汉成帝刘骜、大臣梁冀、大将霍去病等都是蹴鞠的好手。霍去病出征塞外时，就常与士兵一起蹴鞠，借以振奋士气。在汉代，人们把蹴鞠视为治国习武之场。当时在三辅离宫中建有球场，供军士举行蹴鞠比赛和皇帝定期校阅之用。汉武帝是足球场上常见的观众。大臣董偃曾将各郡国的足球名将云集长安，开展比赛，武帝常去观赏，看到精彩之处，就令文学侍从枚皋吟诗作赋，讴歌足球运动。另外，政治上没有多少建树的汉成帝刘骜，在足球场上却是龙腾虎跃，常常弄得群臣惊慌失措。当时“贵人之家”无不爱好蹴鞠、斗鸡，五陵少年、游闲公子，均多喜蹴鞠之戏。文帝时的下层官吏、安陵阪里公乘项处是一个足球迷，在患了“牡疝”病之后，还不听医生的劝告，仍旧踢球，最后劳累过度，呕血而死。

1954 年，在成都羊子山的东汉墓穴中出土了一块乐舞百戏画像石。画面的左侧，一人安坐于地，身后侍立一人。左上角，有 4 人同样席地而坐，旁边则站立着一名侍童。而在画面的右侧长席上，坐着 5 位乐师正在演奏，其中有人吹着竽

① 费振刚. 全汉赋校注[M]. 广州：广东教育出版社，2005.

(或许是笙)、有人吹着排箫、有人抚琴，另外两人手中所持的乐器则不甚清晰（或许是在歌唱)。图像中央展示了舞蹈与各种杂技表演：一名女子正在跳着耸袖舞，另一人在表演倒立行走，还有人在表演飞剑、跳丸，一人举着长竿旋转盘子，还有人在跳盘鼓舞（地面上放置了五盘一鼓)。另有一名鼓舞伎怀抱小鼓，伸臂昂首跳跃。此外，还有反弓伎、蹬伎（似乎是倒立蹬物的表演)，一个徘优正在赤臂进行滑稽表演；还有一名伎人穿着长服站立着择击小鼓，这与文献记载中的击节者相符。

1969 年在山东省济南市郊无影山西汉墓中出土的汉代乐舞杂技陶俑，也充分反映出当时乐舞百戏的盛况。杂技陶俑是在一个长方形陶盘上精心烧制的，上面共有 21 个人物形象。其中，7 位人物正在场上进行杂技表演，他们的姿态各异，非常生动。特别引人注目的是两位女子，她们身着长袖花衣，面对着面轻盈起舞。另外，有两人展示着倒立技艺，他们双手撑地，上身保持笔直，下肢微微前曲，头部前倾，呈现出稳健而有力的“拿大顶”造型。还有一位艺人正飞身翻着筋斗，另一人则在进行高难度的柔术表演，他的双足从身后弯曲并放在头侧。在表演者的左前方，有一位穿着朱红色长衣的人物，他的衣服可以灵活转动，看起来像是整个表演的指挥者。表演者的右侧有由 7 人组成的乐队进行伴奏，他们使用的乐器包括钟、建鼓、小鼓、瑟和笙等。其中，有两名女子在跪着吹奏笙，其余的乐手都是男性。陶盘的左右两侧还各有 7 名观众，他们身着长衣，拱手站立，显然是在欣赏表演。其中一侧的 3 人戴着冕形冠，而另一侧的 4 人头戴环形帽。乐舞杂技陶俑集舞蹈、音乐、杂技于一体，布局井然有序、气氛热烈欢快、人物生动传神，再现了当时风行的“百戏”演出时的热闹场面，是当时百戏形式的具体表现。

第四节 汉代瓦当文化

一、汉代瓦当概述

瓦当的造型变化多端，既融合了绘画与雕刻的艺术精髓，又体现了实用与美学的完美结合，为古代建筑增添了独特的魅力。瓦当不仅为人们带来了美的艺术体验，更是考古学家在断定历史年代时的重要依据。此外，瓦当对于我国书法、篆刻、绘画等领域的研究也极具价值，为我们深入了解古代各个时期的政治、经济、文化提供了宝贵的参考资料。

瓦当究竟是什么呢？从瓦当上的文字可以看出，有些自称“当”，如“京师庾当”等；有些则称为“瓦”，如“都司空瓦”“长水屯瓦”等；还有称为“裳”的，如“长陵东裳”等；另外也有称作“甬”的，如“庶氏冢甬”等。过去，人们将“当”解释为“底”，意指屋檐边缘整齐排列的瓦片，每块瓦片紧密相连，而带有瓦头的筒瓦则位于众多瓦片的底部。瓦当位于椽头的下方，能够有效地阻挡风吹、日晒和雨淋，从而保护椽头免受侵蚀，进而延长建筑的寿命。

目前，我国已知的出现最早的瓦片是在4000年前的宝鸡桥镇遗址中发现的。这一遗址属于龙山文化时期，出土了筒瓦、板瓦和槽型瓦等多种类型的瓦片。这一重大发现在我国第三次文物普查中引起了广泛关注，它将我国使用瓦的历史提前了整整1000年，因此被誉为“华夏第一瓦”。瓦主要分为板瓦和筒瓦两种类型。在铺设房屋顶部时，人们会先将相对宽大的板瓦依次仰放在屋顶上，然后将弧度相对较窄的筒瓦覆盖在板瓦与板瓦纵向相接的缝隙上。值得注意的是，在最接近屋檐的最下方的一个筒瓦头部，有一个下垂的半圆形或圆形部分，这就是我们俗称的瓦当或瓦头。

目前已知的瓦当最早可追溯到西周时期，其出土于陕西扶风和岐山的周原遗址。这些瓦当大多为素面半圆形，偶尔也有重环纹的半瓦当。进入春秋战国时代后，各个诸侯国使用的瓦当开始展现出鲜明的地方特色，但主要还是以图纹瓦当为主。例如，山东临淄的齐故城遗址中出土了带有树木双兽纹的半瓦当，河北易县的燕下都遗址中发现了饕餮纹的半瓦当。而在陕西凤翔的秦雍城遗址中有动物纹的圆瓦当出土，咸阳有云纹和葵纹的瓦当出土，其中尤以秦代的动物纹瓦当最为出色。自秦代之后，云纹和葵纹的瓦当开始广泛流行。

在西汉初年，经过几十年的休养生息，国家实力逐渐得到恢复，经济与文化也迎来了新的发展契机。在建筑领域，也取得了显著的进步。西汉时期的宫殿、台榭等建筑，在继承秦代建筑风格的基础上，规模更为宏大壮丽。以国都长安为中心，宫殿建筑如长乐宫、未央宫、明光宫、北宫、桂宫、建章宫以及上林苑等，均依据地形而建，连绵成群，尽显华丽奢华，足以容纳“千乘万骑”，这充分展现了当时建筑规模的宏伟。这些建筑上装饰着瓦当，以彰显皇家的威严与气派。这为瓦当在汉代大放异彩奠定了坚实的基础，并为其发展开辟了广阔的空间。

汉代瓦当融合了绘画、浮雕、工艺美术以及书法等多种艺术形式，其独特的艺术风格和装饰技巧使其成为我国古代艺术宝库中独树一帜的艺术门类。历经千年，汉代瓦当依旧散发着持久而深远的艺术魅力。

每个时代的物品和艺术作品都是其社会物质文化水平和精神风貌的写照。作为重要的文化遗产，中国古代瓦当展现了别具一格的艺术风格和审美价值。汉代，正是瓦当艺术走向辉煌的时期，这一辉煌的背后，体现的是一个统一封建大帝国在物质和精神层面的全面繁荣与发展。

汉代瓦当在秦代瓦当的基础上得到了进一步发展，不仅在数量上有所增加，而且种类也更为繁多，制作流程也更加规范，纹饰和图案的排列也更有条理。这一时期的瓦当展现出极高的艺术价值和观赏性。值得一提的是，文字瓦当的普及不仅为瓦当艺术注入了新的文化内涵，还为其开辟了一个崭新的艺术研究空间，能够更精确地映射出当时的社会经济状况和思想观念。从这些精美的瓦当作品中，我们可以洞察到，汉墓出土的瓦当已经超越了单纯的实用功能，升华成一种值得人们欣赏的艺术品。

瓦当原本是为了满足建筑构造的实际需求而设计的，然而随着社会的进步，重要建筑开始追求装饰性，瓦当也随之展现出更多的装饰特质。在汉代，瓦当作为一种独特的绘画元素，在画像石上得到了广泛应用，成为汉画中不可或缺的一部分。因此，瓦当由最初的素面逐渐发展成多种形态，包括画像瓦当、带有几何图案的瓦当以及带有文字的瓦当等。在这些多样化的瓦当中，文字瓦当占据了重要地位，它不仅揭示了当时人们对事物认知的深入和审美情趣的提升，还为后世留存了宝贵的资料。自西汉盛世以来，文字瓦当和文字砖在装饰上的作用日益凸显。到了东汉早中期，大量的画像石和摩崖石刻有描绘人物、花鸟等图案，这标志着瓦当在汉代已经发展成为一种独立的艺术形式。在书写风格方面，瓦当上的文字以篆书为主，但也存在隶书的变体。此外，在特定场合下，瓦当上甚至出现了刻划符号和铭文，这类瓦当多用于祭祀或重要的礼仪场合。

汉代是瓦当工艺发展的鼎盛时期。在这个时期，瓦当的制作技艺达到了精湛的水平，新型瓦当应运而生，上面刻有篆体文字。这些瓦当以小篆书体为主，文字的排列和组织和谐统一、布局精心，深刻体现了汉代艺术的质朴与精妙。东汉之后的瓦当多采用隶书字体，字形结构规整严谨。其铭文多为祈愿吉祥之语，艺术魅力与精美的印章不相上下。汉画像石中常描绘神仙与祥瑞图案，其中也包含了许多寓意吉祥的瓦当，具有很高的审美价值。西汉瓦当的装饰中蕴含了“延年益寿”和“长生无极”的吉祥寓意，而动物图案则主要以“四神”——青龙、白虎、朱雀、玄武为主题。这种装饰风格和图案多应用于祭祀用品上，如马具、兵器和车马器等。

汉代瓦当的纹饰堪称精巧绝伦。王莽时期的四神瓦当——青龙、白虎、朱雀、玄武，不仅形态逼真，更透露出一种非凡的气势，无疑是这一时代的精品之作。

此外，还有多种动植物纹样，如龟纹、豹纹、鹤纹、玉兔纹以及花叶纹等，各具特色。在汉代瓦当中，文字瓦当和云纹瓦当尤为常见。这些瓦当在设计上别出心裁，中心设有乳钉，为铭文搭建了一个固定的展示框架，文字则在这个框架内灵活变换，或上或下，或左或右，并且文字的数量灵活多变，少则一字，多则可达十余字。

汉代瓦当在继承秦代及其之前瓦当的基础上，发展出了半圆形和圆形两种主要形制。其中，半圆形瓦当在汉代初期颇受欢迎，至于圆形瓦当，其形制在汉代初期仍与秦代瓦当风格相似，但自武帝时期起，其特征就变得更为鲜明了。在制作工艺上，汉代采用了新的方法：先用模子印好瓦面，再将其附着在瓦筒坯上。这种制作方式通常使得瓦面更为宽大，背面光滑平整，不再有明显的切割痕迹和棱角。

西汉时期的素面瓦当相对罕见，更为常见的是饰有纹饰或文字的瓦当。其中，饰纹瓦当可进一步被细分为图像纹瓦当和图案纹瓦当两种类型。图案纹瓦当的种类繁多，据《陕西金石志》记载，其包括麟凤、狻猊、飞鸿、双鱼、玉兔、蟾蜍等数十种不同的图案。这些图案的构图十分精巧，显示出了设计师的独运匠心。

二、汉代瓦当种类

根据汉代瓦当纹饰，汉代瓦当基本上被分为三大类：图像纹瓦当、图案纹瓦当和文字瓦当。

（一）图像纹瓦当

龙纹瓦当，西汉长安城遗址出土。直径 19.5 厘米，边轮较宽，当面为一鼓目长髯、张牙舞爪的盘龙形象，龙身饰细密的鳞甲。

蟾蜍玉兔瓦当，直径 18 厘米，边缘呈齿轮状。当面主纹是蟾蜍和玉兔，蟾蜍圆目鼓腹，身后有短尾，四肢屈张做跳跃状；玉兔鼓目长耳翘尾，做腾空奔跃状。周围衬以蔓草纹，该瓦当的图像取材于民间传说月宫里的蟾蜍、玉兔形象。

四神纹瓦当，由四种装饰有青龙、白虎、朱雀和玄武图案的瓦当构成，这些瓦当被放置在东、西、南、北四个方向的殿阁上，这四种动物组成的图案被称为“四神纹”。在汉代，四神纹被广泛应用在各种工艺品装饰中，如铜镜、漆器、石刻、砖瓦等。汉代人们认为四神与避邪求福有关，并代表着不同的季节和方位。具体来说，青龙代表东方和春季，白虎代表西方和秋季，朱雀代表南方和夏季，而玄武，这个由龟和蛇合体的奇特形象，则代表北方和冬季。

青龙纹瓦当，尺寸颇为可观，直径达18.6厘米，边轮宽约2厘米。其表面采用了半浮雕工艺，细腻地雕刻着一条青龙，龙体雄健、龙口大开，尽显磅礴气势。在古代人们的心目中，龙被视为至高无上的存在，象征着神灵与权威，历代帝王更是称自己为“真龙天子”。白虎纹瓦当，直径19厘米，边轮略宽，为2.1厘米。瓦当上刻画着一只雄壮的白虎，其身躯环绕中心圆，展现出威武之姿。虎口大张、目光炯炯，露出锋利的牙齿，首尾呼应，虎尾卷曲上扬，巧妙地填补了画面的空白，使得整体构图和谐均衡。朱雀纹瓦当则别具一格，直径为15.8厘米，边轮宽2厘米。朱雀，这一古人想象中的神圣之鸟，融合了孔雀、锦鸡、绶带鸟等多种飞禽的特点。瓦当上的朱雀口中衔着宝珠，头部高昂，尾部卷曲上扬，显得尤为威严而勇猛。然而，随着时代的变迁，朱雀的形象也在不断演变。玄武瓦当直径为18.5厘米，边轮宽2.1厘米。瓦面上雕刻着一只正在爬行的龟，龟的旁边有一条蛇灵活地盘绕着，一龟一蛇的组合，既巧妙地填补了画面的空白，又使得整个画面充满了生气与活力。这种设计不仅让原本呆滞的龟变得灵动起来，更让整个瓦当的画面显得错落有致、紧凑而富有动感。

（二）图案纹瓦当

图案纹瓦当作为图像纹瓦当的衍生物，其图案艺术不仅源于现实生活，更在生活的基础上进行了提炼与升华。只有深入洞察并理解生活的本质，才能创作出那些既生动又富有概括性的图案形象。这些瓦当上的图案并非直接复制现实生活中的物象，而是通过一种更为抽象、间接的方式来反映生活。尽管初看之下，这些图案似乎与我们的日常生活相去甚远，然而，只要我们细心探寻，便能发现它们与人们日常生活的紧密联系，并能追溯出它们所象征或模拟的原始物象。

图案纹瓦当可以进一步被细分为两大类：生活图案纹瓦当和纯粹图案纹瓦当。生活图案纹瓦当主要通过图案化的手法来描绘生活中的特定元素，如独特的树木纹、云纹等，并把它们表现在瓦当上，这些图案在自然界中并不常见。此外，还包括如穿云箭纹、山形纹以及经过艺术处理的动物图案纹等，这些都隐约透露出其原始的物象特征。而纯粹图案纹瓦当则不直接表现任何具体的物象，也无法明确追溯其背后的形象来源，它们更多地呈现出一种抽象的艺术美感。

图案纹瓦当是对日常生活中具体物象的深度提炼与抽象表达，它不仅是一种装饰性极强的艺术手段，同时也承载着象征性的意义，是绘画的重要语言元素。通过运用几何线条的简洁描绘，图案纹瓦当充分展现了线条艺术的独特魅力。在绘画领域，线条常被作为一种装饰性技巧，广泛应用于各类造型的塑造中。随着这一艺术形式的演变，其所表现的对象逐渐简化与变形，原本具有的具体意义可能逐渐被淡忘，然而线条本身却在不断变化与创新，赋予了图案以新的内涵与意蕴。

（三）文字瓦当

文字瓦当在汉代具有鲜明的时代印记和显著的社会地位，其内容丰富多彩，用词华美至极，包括了如“长生无极”“长乐未央”“长生未央”“富昌未央”“千秋万岁”“延年益寿”和“与华无极”等吉祥的颂歌。此外，它还涵盖了自然、生态、神话、图腾、历史、宫廷、官署、陵墓、地名、吉语、民俗、姓氏等多个方面，展示了丰富的自然景观、人文美学、政治内容和历史文化。文字瓦当主要使用阳文，其字数范围从一字到几十字都有。

1. 一字瓦当

“卫”这个字的瓦当在世间流传甚广，大多出自汉代长安城遗址。当面的位置上有一个“衛”字，这通常会占据整个面前的空间。有些人选择在面上涂抹朱红色或白色的垩粉。“衛”这个字代表了守卫的含义，这种瓦当是汉代卫尉或城墙、宫门的卫屯屋亭所使用的。在过去，人们普遍认为瓦当上的“衛”字可能是秦始皇在统一六国后，模仿卫国宫殿在咸阳制作的，因此在瓦当上标注“衛”字是不准确的。

1996年，陕西甘泉北部的鳖盖峁西汉墓出土了四块形制相似的“冢”字云纹瓦当。该瓦当是由泥质灰陶制成的，其直径为15.6厘米，厚度为2.4厘米，边轮的宽度为1厘米。在边轮内部，单线弦纹被用来将面围成一个圆形，而中间部分则是一个方形的格子，格子里刻有篆书的“冢”字。方格的4个角落都伸出了与四乳钉连接的界线，形成了四分当面的布局。

除此之外，一字瓦当还有“关”“郿”字瓦当。后来陕西省考古工作者在眉县尧上遗址还发现一个“利”字瓦当。

2. 二字瓦当

佐弋瓦当：佐弋瓦当是从汉代长安城遗址中被挖掘出来的。其直径为13.3厘米，厚度为2.3厘米，在其正面从右向左横向刻有篆体“佐弋”两个字，并在字的外侧有一圈弦纹。

千秋瓦当：千秋瓦当是陕西历史博物馆收藏的一件艺术品，其直径为18.5厘米。篆书中的“千秋”两字从右向左排列，字迹散乱，整体布局类似于“干火禾”三个字。其中“秋”字被书写为“禾”和“火”两个字，整体布局非常巧妙。

除此之外，二字瓦当还有“万岁”“上林”“甘林”“年宫”“梁宫”“家上”“冢舍”“华仓”“成山”“船室”等，大多表示官职、地名等。

3. 三字瓦当

三字瓦当以吉祥语为主，有“宜富贵”“益延寿”“甲天下”等。

4. 四字瓦当

在所有的文字瓦当中，四字瓦当的数量是最多的，这是因为四字瓦当的四个字在瓦当上的排列相对简单。因此，人们常常把四字瓦当成吉祥语瓦当和记事瓦当使用。寓意吉祥的瓦当最为常见，如“长生无极”“延年益寿”“长乐未央”“六畜蕃息”和“鹿甲天下”等。这些吉祥语瓦当一般是由四言诗或对联组成的。还存在如“汉并天下”和“单于和亲”这样的记事瓦当。

5. 五字瓦当

有在蓝田鼎湖延寿宫遗址发现的“鼎湖延寿宫”瓦当。

6. 六字瓦当

有“千金宜富景当”等瓦当。

7. 八字瓦当

有“千秋万岁与地毋极”“千秋万岁与天无极”“大吉祥富贵宜侯王”等瓦当。

8. 九字瓦当

有“长乐未央延年永寿昌”“延寿万岁常与天久长”等瓦当。

9. 十二字瓦当

该瓦当阳文篆书十二字“维天降灵，延元万年，天下康宁”。它们被分为三行垂直排列，每一行及其周围都装饰有乳钉和四片叶子的图案，字间以十字连缀成一个整体。篆书分为半圆形和圆形两种风格，其特点是弯曲而有力，形态优美而又可爱，整体布局和谐，其纹饰也会随着图形的设计而有所变化。

10. 二十一字瓦当

这是迄今为止我国发现的古代瓦当中字数最多的瓦当，它是一件残损的文物，其直径为15.6厘米。根据相关资料，这块瓦当的周围刻有篆文，内容为“程氏富贵为天思福禄延年保子孙长宜官秩寿万年”，由此可以推断这块瓦当很可能是程家所使用的。

汉代的瓦当不仅艺术和学术价值极高，其图案和文字更是我们深入理解汉代历史背景、风俗习惯的宝贵资料，对研究汉代历史文化和思想意识也极具参考价值。正因如此，自唐宋起，瓦当便在学术上备受瞩目。瓦当，这一中国古代重要的建筑装饰艺术品，其历史底蕴深厚。唐宋文献记载，时人常用瓦片制作砚台。

至明清时期，涌现出众多关于瓦当及其制作技艺的专著，其中《续资治通鉴长编》影响尤为深远，堪称中国首部专述瓦当生产技艺的史书。还有清代金石学的兴盛，引发了瓦当收藏的热潮，特别是在康熙、雍正、乾隆三朝，瓦当的记录工作得以系统开展。陈介祺、罗振玉等学者均对瓦当的搜集与研究怀有浓厚兴趣。

第五章　汉代风俗文化

汉代的风俗文化包罗万象，各类别的风俗均呈现出一些总体的特点。汉代的风俗文化既保持了历史传承的连续性，又显现出特定历史阶段的独特性。在展现全社会一致性风俗的同时，也凸显出鲜明的地域特色与差异。本章将从汉代风俗文化概述、汉代孝文化、汉代丧葬文化、汉代婚俗文化、汉代礼俗文化五个方面对汉代风俗文化展开介绍。

第一节　汉代风俗文化概述

一、汉代风俗文化的分类

汉代的风俗文化大体上可以被划分为三大类：物质风俗文化、社会风俗文化以及精神风俗文化，每一类又可以进一步被细分为多个具体的子类别。

（一）物质风俗文化

随着物质生产技术的持续进步，汉代民众的饮食习惯相较前代有了明显的改善。在内地各地区，谷物成为主食，而蔬菜、肉类、水产和果品则作为辅食，邻近的游牧民族则更偏爱肉类。汉族人民对食品的制作工艺颇为讲究，且逐渐朝着多样化的方向发展。在汉代，如炙、脍、羹、脯、菹等烹饪方式广受欢迎，而在调味品的选择上，酱和豉则占据了重要地位。在汉族的饮食习惯中，尊老观念深厚，如鼓励老年人享用肉类，而年轻人则多食用素食；同时，也注重食物的保健作用，如食用羊肉可滋补身体、多吃豆类可增强食欲等。此外，还存在诸多饮食禁忌，如在日食或月食时不饮酒、宴会中不得随意移动酒樽、打雷时不做酱料、会稽地区的人们忌食牛肉、祝阿地区的人们则不吃生鱼等。

随着汉王朝国力的日益强盛及其对北方草原民族政策的调整，汉代服饰的品质有了显著提升，并在西汉中期涌现出了一些新颖的服饰风格。当时，制作服装的主要材料涵盖丝绸、麻布、葛布、皮革以及羊毛等。在工艺方面，丝织品的质量优于麻布，而苎麻纺织品更是上乘之作。不同社会阶层拥有各自独特的服装设计风格，上层社会常见长袍宽袖配冠帽的装束，而下层民众则多穿着短衣窄袖，并以头巾为饰。鞋履在汉代具有特别的象征意义，它被视为文明与身份的一种标志。汉代女子以钗、华胜、步摇、珥、珰等为饰物，又喜以粉黛化妆。

汉代人们的居住条件得到了改善，建筑技艺也取得了显著的进步。在汉代城市中，涌现出了众多以住宅为主体的公共建筑。当时的皇家宫殿与庭院均展现出了非凡的宏伟气势，而奢华住宅则并未过分追求繁复装饰。普通住宅多采用一堂两室的设计布局，但对于权势显赫的豪门大户而言，他们的住宅往往分为前堂与后堂，这是他们尊贵身份与地位的象征。西汉后期，私人园林兴起；东汉时期，集住宅、园林、田地于一体的庄园大量涌现。汉人住宅内的陈设有床榻、枕席、帷帐、几案、屏风、箱柜、奁具、香炉、灯烛等。在建筑风格方面，西汉流行高台建筑，而东汉则流行木结构的多层砖瓦建筑。另外，在汉代，风水禁忌在建筑住宅时被极为看重。例如，人们坚持住宅的选址需与屋主的姓氏五音相契合，同时必须防止在动工建宅时冲撞太岁，也要避免住宅向西扩建。在当时的社会经济背景下，这些规定已成为人们普遍接受的常识，并演化为一种深入人心的文化习俗。人们对这种习俗的遵从有时甚至达到了极端的程度。

秦代已初步形成全国性的水陆交通网，汉代又在此基础上进行了维修和扩建，并开辟了沟通亚欧两洲的“丝绸之路”和进入印度的国际通道，这些举措使得交通更为畅达。汉王朝对人们的出行立有关禁制度，并严禁夜行。汉代男女行路一般无别，像《淮南子·齐俗训》中所说的“男女切踦，肩摩于道”① 的现象应当是普遍存在的。尽管曾有一些礼教思想浓重的官员试图使男女异路而行，但这种背离人性的行政规定自然不会收到多大成效。

除此之外，汉代生产风俗也焕然一新。农业在当时被称为“天下之大业”，是最基本的产业类型。汉代农业以种植业为主，兼有林业、渔业、畜牧业以及某些家庭副业。北方地区普遍施行铁犁牛耕的耕作方式，而南方地区则流行火耕水耨的耕作方式。修建沟渠塘陂灌溉农田亦成一代之风俗。同时，汉代手工业生产规模颇为可观，主要行业有纺织、冶金、酿酒、漆器制造、舟车制造、建筑、制盐、制糖、制陶、制革、编织等，其内部分工日趋细密，以致出现了“一杯棬用百人之力，一屏风就万人之功”的现象。汉代在器物制造方面有一个引人注目的风俗，即取法天、地、人和万物来进行器物造型。

① 刘安．淮南子[M]．陈广忠，译注．北京：中华书局，2023．

（二）社会风俗文化

汉代多“五口之家”式的小家庭，也有一些父母兄弟同居的大家庭。由于对儒家孝悌之道的提倡，“以分居为恶，以同居为美”成为一种普遍的社会观念。汉代家庭一般为一夫一妻，贫困家庭还存在多男共妻现象，社会上层则盛行一夫多妻和蓄养奴婢的家庭形式。在家庭成员之关系方面，汉代流行家长专制，妇女在家中处于从属地位。汉代宗族兼有祭祀单位、社会活动单位、经济互助单位等性质。

聚族而居、聚族而葬的现象在汉代普遍存在。当时的强宗大族在经济、政治甚至军事上都颇具实力，是一种不容忽视的社会力量。汉代乡村分布着大大小小的自然部落，汉朝统治者又在乡村设置了乡、里、亭等管理机构。汉代自朝廷到乡里普遍立社，乡里之社是祭祀土地神主的一般单位，其祭祀活动与组织方式对当时的乡村社会产生了很大影响。

汉代的主要节日有正旦、立春、正月上丁日、正月上亥日、社日（有二月社和八月社）、三月上巳日、五月五日、夏至、伏日、八月节、十月旦、冬至、腊日及小新岁（腊日第二天）等。在这些特定的日子里，人们会举行祭祖、祭神、宴饮、娱乐、团圆、交往、驱邪、迎季等各种庆祝活动，其中前两项在汉族的节日庆祝中占有非常重要的地位。汉代节日在历史上具有承前启后的作用，特别是元旦年节的出现对中国传统节日产生了深远影响。

汉代游艺活动大致可分为乐舞百戏、智力游戏、体育游戏和儿童游戏四种。汉代的音乐主要有吹奏乐、弹拨乐、击打乐三种类型，琴、瑟、箫、笛、笙、竽等丝竹类乐器也尤为流行。歌唱有清唱和乐器伴奏演唱两种形式。舞蹈有长袖舞、巾舞、盘舞、鼓舞以及各种兵器舞等形式，音乐歌舞常与百戏（包括各种杂技及其他表演）同时演出。汉代较为流行的百戏项目有冲狭燕濯、弄丸跳剑、叠案倒立、舞盘、舞轮、弄球、弄瓶、都卢缘橦、戏车、走索、象人表演等。汉代的智力游戏主要是棋艺，包括六博、格五（又称“簺戏”）、围棋、弹棋、樗蒲等，此外还有“射覆”（即猜物）、隐语、讲笑话等活动，而体育游戏则有狩猎、蹴鞠、击壤、投壶、扛鼎、摔跤、比武、搏兽、禽兽竞斗等。

人际交往在汉代社会很受重视。汉人在交际中运用了多种行为语言，如以作揖、叩拜、长跪、避席、握手、抱持等动作表示恭敬或友好之意，以免冠、徒跣、膝行、肉袒、自髡、负斧锧等行为向人谢罪，以啮指、啮臂、断发等行为表示发誓结盟等。交往中用来表明身份的“谒”和“刺”在当时已普遍使用于社会中上层的领导阶级中。

（三）精神风俗文化

汉代民间信仰主要包括神灵信仰、鬼怪信仰、方术信仰、道教和佛教信仰等。时人崇拜的神灵极其广泛，有天、地、社稷、日、月、星、山、河、海、风、雨、雷等自然神，有门、户、井、灶、中番、司命等职能神，有青龙、白虎、朱雀、玄武等动物神，有包括祖先、历史和当代著名人物以及西王母等的人格神。汉人对神灵的信仰带有强烈的从付出到索取的实用主义色彩。他们相信世界上存在着各种各样的鬼怪妖魔，它们能给人带来种种灾害祸祟，或能预示吉凶。因此汉人所信奉的方术有求仙、卜筮、相术、望气、风角、日月星占、占梦及其他杂占、各种充满保护性和破坏性的巫术等。道教起源于阴阳五行之说、黄老神仙之术以及各种巫术，大约形成于东汉中期，东汉末年的符箓派道教吸引了广大民众，从而掀起了一股信道之风。佛教发源于古印度，约在两汉之际传入中土，但在汉代民间似未产生很大影响。

此外，汉代风俗文化还有一些表现了各种具体的风俗门类的总体特点，如奢侈、享乐、重利、尊古、迷信等，体现这些特点的社会风气也是汉代风俗文化值得注意的方面。

二、汉代风俗文化的发展变化

总体来看，汉代风俗文化在保持相当大稳定性的同时，也呈现出一定程度的变革趋势。从汉初至西汉中期，汉代风俗文化中更多地保留了战国时期的遗风；而从西汉后期至东汉时期，随着大一统政治形态和经济结构的逐渐形成，相应的风俗文化也开始确立，这导致了服饰、居住、出行、丧葬、娱乐、信仰、儿童教育、人际交往以及社会风尚等方面都发生了某些变化。在这些变化中，风俗的儒家化现象尤为引人注目。

汉王朝初创之时，继承了战国时期的动荡、秦末的混乱、楚汉的争斗，以及秦朝“崇尚利益、简化道义，推崇力量、注重功绩”的遗留风尚。同时，中央领导层多来自平民阶层，他们把性格勇猛强悍的楚人作为统治的核心。加之北方边境地区深受北方游牧民族风俗的影响，因此在很长一段时间内，西汉社会都弥漫着崇尚武力、追求利益、轻视礼仪、放纵自由的风气。西汉人民普遍热爱马车竞技，因为他们能从这种运动中寻求快乐。此外，西汉时期的女性风气相对开放，男女交往自由，可以同行同饮，女性并不严格遵循“从一而终”的传统，因此离婚、再婚和私通现象都颇为常见。当时人们在婚配方面也不太注重家庭背景和社会等级，以西汉皇室的婚姻为例，在《汉书·外戚传》中记载的25位皇后和妃子，大多出身于社会底层。这些都反映了西汉时期轻浮强悍、崇尚武力或自由放纵的社会风尚。

自汉武帝“罢黜百家，独尊儒术”以来，社会上出现了崇儒读经的盛况，并于东汉前期达到顶点。与西汉建国之初中央领导集团文化素质较低不同，东汉开国君臣大多学习过儒经。两汉时期，随着儒学的普及，儒家文化逐渐渗透到民间生活的各个方面。儒家文化除提倡忠孝节义等伦理道德外，还主张生活作风持重舒徐，反对轻浮冒进。随着儒家文化对社会风俗的深远影响，从西汉至东汉，社会风尚逐渐从崇尚武力和利益转变为推崇文化和道义，同时，人们的性格也从急躁放纵逐渐变得沉稳谨慎。

东汉时期，社会风气中出现了更多的尚文崇义、舒缓谨厚的成分。与西汉时期相比，东汉的官吏作风趋于宽厚，东汉之人更强调下属、弟子对上司、师长的忠诚、敬重，而且前者为后者制服行丧蔚成风气。东汉之人更重视孝道，为尽孝服丧而牺牲身体健康、妻子儿女乃至自身性命的大有人在。汉代流行厚葬，从考古发现来看，东汉厚葬程度较西汉更深，这也是东汉人重视孝道的一种表现。

第二节 汉代孝文化

在我国传统文化中有一种专属于中华民族的文化表现，即“孝”。同时，在我国5000多年的文明发展历史中，孝文化源远流长，从未断绝。基于血缘宗法关系的孝文化，存在于每一个中华儿女的心中。在一定程度上，孝文化可以代表我国的传统文化。在孝文化的影响下，中华民族一直在努力创造和谐、美好的家庭关系。“孝”是中华民族传统文化的核心，也是儒家伦理观念的集中体现。

一、汉“以孝治天下”

我国古代社会的政治、文化在汉代基本定型，孝道在汉代具有崇高的地位，当时的社会统治秩序以孝为中心，统治者通过孝文化来统治国家、安抚民心。汉代独尊儒术，因此极为重视孝道治国安邦的作用，《孝经》《礼记》以及“三纲”学说是理论化、系统化的“以孝治天下”孝治思想的充分体现。孝道此时不再仅仅局限于家庭伦理中，还被扩展至社会伦理、政治伦理等方面，孝在社会政治中的表现即“忠”，两者共同构成了社会思想道德体系的核心。

西汉对先秦儒家的孝文化进行了继承与发展，提出了“以孝治天下”的施政方针。在伦理观念上，西汉的孝文化内涵丰富、体系完整、论证严谨。而且，孝道也被大力推行，慢慢发展为人们的行为准则。汉代统治者治理国家的方式即孝治，通过对这一施政方针的贯彻执行，汉代社会实现了稳定与繁荣，同时它也深刻地影响了后世历史发展的进程。

两汉皇帝中除西汉开国皇帝刘邦和东汉开国皇帝刘秀外，汉代皇帝的谥号都为“孝”。由此可见，汉代的皇帝都在亲身践行孝道，以为全国官民作榜样。

汉武帝之后的皇帝都对武帝“以孝治天下”的施政方针进行了继承。成帝建始年间（公元前32年—28年），规定老人70岁之后就可享受政府的法定待遇。地方政府会在秋天对老龄人口进行普查与登记，随之会为这些老人举办隆重的授杖仪式。这体现了汉代地方政府对孝治这一施政方针的贯彻执行，也体现了汉人对高龄老人的尊重与爱护。

同时，在汉代诏书中也有对各级官府行为的规定，即严禁各级官府擅自征召、系拘高龄老人，也不可以对老者实施殴打与辱骂，若是违背了这一规定就会被“弃市”。历史文献中记载了当时汝南地区云阳白水的亭长张熬不仅对受王杖者进行了辱骂和殴打，还逼迫老者修路。于是，太守和廷尉便将这一案件上报给了皇帝，皇帝裁定“对照诏书，就该弃市”，因此，张熬被执行了死刑。

在这一时期，由于最高统治者大力提倡孝道，所以对父母尽孝便成为官员想要退休的最好托词，统治者对此都会予以批准。

在汉代，修习《孝经》慢慢作为一项制度而被确立下来。在皇室，太子、诸王都要修习《孝经》，历史文献中记载汉宣帝、平帝以及广川王、沛宪王等都有学习《孝经》的经历。在民间，汉武帝就曾下诏让百姓拜三老、孝悌为师。借此，可以将孝道推行到社会的各个层面。西汉末平帝时期，政府在乡聚这一最基层的行政单位中设立了学校，同时学校中还设有专门的《孝经》教师来教化百姓，推广孝道。

学官在汉平帝元始三年被设立，同时政府将《孝经》确立为官方教本，并大力推行。汉平帝元始五年（公元5年），政府征召了数千名有学问者以及《五经》《论语》《孝经》《尔雅》的教授者来到京城，进行孝道的讲授和传播。东汉的所有皇帝都要求百姓对《孝经》进行讲诵，同时要求监试的主持者为《孝经》教师。

东汉的光武帝以及明帝都非常尊崇儒学，因此《孝经》在这一时期也享有很高的地位。《后汉书·儒林列传》记载，明帝还要求“自期门羽林之士，悉令通《孝经》章句”[①]。可见,《孝经》通过统治者的大力推广,已经深入百姓的内心,所以最晚东汉初《孝经》就出现在了百姓中。

相对于《五经》,《孝经》是汉代百姓的必读经书。原则上，不要求兼通《五经》,即只需要通《五经》中的一、两经即可。但每个人,无论年龄大小都要读《孝经》,甚至在汉帝国的少数民族也要学习《孝经》。东汉光武帝时期就曾令“虎贲士皆习《孝经》”，所以可以看出，在汉代《孝经》有很高的普及度。

二、汉代孝文化盛行的原因

其一，时代的需要，当时的社会组织结构以小农经济为基础，需要通过“孝”来统治国家。经济基础决定上层建筑，所以当时的小农经济结构和社会组织结构决定了汉代确立以孝治国的执政方针。汉代社会最主要的经济形式是小农经济，因此，当时直接承担社会生产的社会劳动力主要来自个体家庭。同时个体家庭的稳定以及繁衍，是小农生产能够顺利进行的根本。由于整个国家的物质如粮食、布帛、徭役、兵役等都源于小农家庭，所以小农经济直接决定了汉王朝的兴衰。汉代统治者对小农家庭的重要性有着清晰的认知，他们深刻地认识到只有安稳的小农家庭才能保证国家的安宁与强盛。所以，汉朝统治者对小农家庭的组织和管理非常重视，他们倾向于把家庭的道德观念作为治国纲领来对百姓进行管理。在对治国理念进行确立的过程中，统治者受到了先秦儒家孝道观念的启发。家族道德是先秦儒家学说中各类观念的原生点，儒家主张的孝道不仅可以使家庭稳定、和谐，也可以对社会秩序进行维系。统治者可以将孝道作为小农家庭的行为标准，让其培养出孝子，然后再把孝子发展为忠臣，如此就能建立起一个稳固的统治秩序。

将小家放大即国家。家族、家庭是汉代社会生活的基本单位以及整个社会的现实基础，因此，强调家庭道德成了统治者的政治统治工具，在这一政治理念下，家庭道德与政治道德相融合，“家”“国”融为一体，君权与父权互为表里。在家国一体观念的教化下，孝道观念成为当时社会伦理道德的核心，百姓自觉拥护君权，从而使汉代的封建统治得到加强。

其二，吸取了秦灭亡的教训。秦王朝的迅速覆灭促使汉王朝不得不反思秦亡的缘由，以探索新的统治之道。基于秦失利的经验教训，汉朝初期的统治者迫切需要建立新的社会统治秩序，来稳固自己的统治。政治家和思想家普遍认为，秦

① 范晔．后汉书[M]．北京：中华书局，1965．

王朝覆灭的主要原因在于其残暴的统治和严苛的刑罚，以及放弃了仁政和德治。因此，汉朝统治者致力于从儒家孝道思想出发倡导“礼教”，以塑造出一个和谐、美好的社会。

统治者认为只有管理好家庭，才能管理好整个国家。因此，为了促进小农家庭内部的团结，统治者大力倡导血亲伦理观念。同时，统治者又扩展了小农家庭血亲伦理观念的孝道内涵，将其转化为了政治伦理观念，即“孝”“忠”都是从人性出发的。因此，相较于秦朝统治者利用严苛的刑法统治国家，汉朝统治者更注重德治，更注重用血亲关系来维护小农家庭以及社会的稳定。汉代统治思想的重要原则为孝道，汉朝统治者追求“以孝治天下”。

在汉代统治者的认知中，君、父是可以合一的，二者具有相似性。因此，统治者认为想要巩固统治就要利用孝道。之后的宣帝对这一思想作了很清晰的解释，即“导民以孝，则天下顺”。

其三，“独尊儒术”为“以孝治天下”提供了理论保证。从历史资料中我们可以看到，只要是尊崇儒学的朝代，作为儒学核心思想的伦理思想一定影响着该朝的政治思想和政治制度，“修身、齐家、治国、平天下”是这些朝代的政治主张。汉初，百废待兴，为了修养生息，黄老思想较为保守的特点非常符合此时的国家情形。虽然道家学说是当时的统治思想，但是在朝官吏也有很多儒者，如叔孙通等，他们精通儒家文化，对朝廷的治理方式产生了一定的影响，他们使得汉朝统治者开始倾向于采取德化、礼治、仁政的方针来治理国家。到汉武帝时期，儒学成了新的统治思想。汉武帝令三公、诸侯等荐举贤良方正，直言极谏之士。来朝廷应试的最有影响力的当为儒学大师董仲舒，他对《春秋公羊传》的核心思想——大一统进行了宣说，“天人三策”由此提出。董仲舒奏请皇帝将儒家思想作为统治的指导思想，同时任用儒者为官员，并大力培养精通儒学的官员。在思想文化领域，董仲舒提倡建立起以“三纲五常”为核心的等级制度，以树立大一统君主的绝对权威，汉武帝对此一并采纳。

儒家思想的核心内容即孝道，推行孝道彰显了汉代统治者的崇高道德，这有利于统治者更好地对国家进行统治。所以，孝道被统治者赋予了无上的地位，成为国家层面重要的统治手段，同时还基于孝道设定了国家法律以进行奖惩。孝观念在汉朝之前仅仅是属于道德范畴，但此时已经成为汉代的治国手段，在政治生活中占据着最高的地位。

通过“以孝治天下”，汉代的社会很快繁荣起来，同时人民也过上了富足、安稳的生活。因此，后代许多统治者都对这种统治思想进行了继承与发扬。“孝”

也出现在了后代许多皇帝的谥号中，如东晋孝武帝，南朝宋的孝武帝，北魏孝文帝、孝明帝、孝庄帝、孝武帝，北齐孝昭帝，北周孝闵帝，南宋孝宗帝等。在制度层面，后代也对孝文化进行了延伸，如唐代的"孝悌力田"科、清代的"孝廉方正"等。

孝是中华民族的传统美德，经历了历朝历代的继承与发展，现已经成为内涵丰富的孝伦理体系。孝文化是我国独有的璀璨的文化明珠，在历史长河中闪耀着文明的光彩与人性的光辉。现代社会中，我们也要大力提倡孝文化，通过学习孝文化来更好地孝顺父母、建设和谐社会以及热爱我们的国家。

第三节　汉代丧葬文化

丧葬和宗教一样，是一种文化现象，是人类社会发展到一定阶段的产物，它在我国传统文化中占据着重要地位，深刻影响着古代人们的社会生活。我国封建社会在两汉时代处于强盛时期，儒家的"事死如事生"礼制主导着当时的丧葬习俗。受此影响，汉代葬礼普遍较为隆重，随葬品很多，墓葬修建也很华丽。同时，由于汉朝重视丧葬，所以我们现在能看到很多的汉代墓葬遗址，这推动了我们对汉代丧葬观念和丧葬文化意识的研究。

丧指哀悼死者的礼仪，葬指处置死者遗体的方式。我国古代的丧葬制度包括居丧制度和埋葬制度。

丧礼制度和丧服制度是居丧制度的主要内容。丧礼是死者家人为了死者安息所实施的一套礼仪，主要是为了帮助死者完全离开这个世界，并顺利超生。埋葬即将死者的身体进行掩埋，它有许多不同的方式，这跟当地的文化习俗以及死者的家庭情况有关。

葬礼为丧礼的延续，葬礼之后还有祭祀，祭祀是生者企图与死者继续往来的活动。在汉代，无论是埋葬制度还是丧礼、丧服制度，都具有等级分明、形式繁缛这两个显著的特点。

一、埋葬制度

我国古代传统的葬式是土葬，土葬必有坟墓，"坟墓"二字连称，表面看来是一回事，但其实这两个字的本来意义是有区别的。只有将死者放入棺木中，才可以进行土葬。土葬，即在土穴中放入棺木。墓，也被称为茔，即埋棺的那块地方，墓地范围之内被称为兆域。将土堆在墓地埋棺地方的上面，形成的土堆即坟，坟也被称为冢。简单来说，墓指平处，坟指高处。

直到春秋前期，古人仍然实行的是“墓而不坟”“不封不树”的丧葬制度。例如，殷王室墓群在河南安阳被发掘出来，可以看到这个墓群虽然有很大的规模，其中最大的墓室面积甚至超过了 700 平方米，但墓上无坟，与地持平。同样的，秦公 1 号大墓在陕西凤翔县雍城被发掘出来，它虽然占地达 5000 平方米，但是在地面之上也未见封土。

通过历史文献可以得知，春秋中期土丘坟在中原地区出现并开始流行。《礼记・檀弓上》记载，孔子的父亲在孔子很小的时候就去世了，但孔子不知道其父墓地的位置，后来经过长时间的寻找，才在防山找到，孔子也随之将其母的遗骨迁来与之合葬。

受墓葬习俗流行以及统治阶级重视厚葬的影响，冢墓变得非常普及。春秋战国时期，各国诸侯竞相争霸，他们生前就通过奢侈的生活来展现自己的特权，同样，他们认为自己的墓葬也要能够展现自己的威权，自己死后也要居于万人之上，继续享受自己生前的生活。因此，这些诸侯都选择利用高大的封土来向世人以及后世彰显自己的地位，于是掀起了设置冢墓的风潮。死者的身份地位借助坟丘的不同大小以及形状得到了彰显，这也体现了当时森严的等级制度。

汉代几乎可以说是无墓不坟了。当时规模最为宏大的坟墓，即帝陵。之所以称为帝陵，一方面是因为它的占地面积很大，而且其封土像山岭一样高，另一方面也是借崇高的山陵来彰显帝王权威的至高无上。战国初赵肃侯的寿陵是最早被称为陵的坟墓，惠文王之后秦王的葬地也被称为陵。今陕西临潼骊山北麓有秦始皇陵，其原名“丽山”，是古代最高大的封土墓。

从战国时起，方形就被认为是最好的冢墓形状。从秦朝一直到宋代，其帝陵一般都是在长方形或正方形的基础上一层一层地夯筑黄土，并且，从下到上面积慢慢缩小，达到一定高度后，仍是将长方形或正方形的平面作为封土堆的顶端。这样的坟丘被称为“覆斗形”，因为它看起来就像是一个方锥体被截去了顶部，也像是一个斗被倒放在地面上。帝王一般在生前就会命人修建陵墓，由于坟丘是方形的，所以将其讳称为“方中”“方上”以寓意吉祥。只有帝王以及被允许的皇室成员才可以使用方形坟丘，战国秦汉以来普通人的坟丘形状主要是圆锥形以及半圆形。历史上，也有除帝王外的气势恢宏的功臣的墓封土，这主要是为了纪念他们的赫赫功劳。例如，像大青山一般的汉代卫青墓封土、像祁连山一般的霍去病墓封土。

由于宗法制的影响，家族墓地盛行。公墓和邦墓是家庭墓的两种类型。国君和王室贵族及其子孙的墓地即公墓，公墓具有严整的规划，主要基于宗法关系来对尊卑次序进行排列，然后据此安排各墓地的位置，各朝代帝王的墓被安排在中间，同时按照一昭一穆、左昭右穆的次序，将之后的各帝王放置在最早葬入的帝王之后进行轮流排列。贵族虽然与帝王同出一系，但也要根据血缘关系的亲疏区分出不同的等级，并按照身份地位的高低，葬在帝王墓的左右，身份高的靠前，身份低的靠后。

汉代族墓制度虽然早已不再实施，但它对后世的社会生活产生了深刻的影响。一方面，在宗族观念较为强大的地区，人们不仅生前要住在一起，死后也要葬在宗族的墓地中。有的强宗豪族拥有占地面积非常大的墓地，以致多朝之后仍然持续不断地有本族成员葬入。同样地，在这些宗族墓地中，墓穴的安排也是以血缘关系的亲疏以及被葬者身份地位的高低为标准的。山东曲阜孔氏的墓地孔林是最著名的宗族墓地，它有3000多亩的占地面积，在2000多年的历史中，有无数的孔氏族人被葬入此地。不过，孔氏墓地之所以长期存在，这主要受益于孔氏家族在封建社会中的特殊地位。

另一方面，家族墓地在每一个人心中都占据着重要地位。祖宗坟墓在古代被认为是人伦大端，所以如果有的子孙不被允许葬入祖坟，就会被人们认为是非常严厉的惩罚。一个人即使远走他乡，落叶归根也是他的期盼，希望可以在家乡老死，然后被葬入家族墓地。如果有人客死他乡，他的家人也会尽力将其灵柩运送回家乡。

在汉代，人们对墓地的选择十分严格，要经过风水先生的缜密选择。这样做的主要目的是更好地保存尸体，防止尸体被水灌虫食。这一时期，民间巫术与阴阳五行学说相结合，产生了一套相地之术，此术主要被用来找寻能给后代带来福运的风水宝地。这种相地之术被称为堪舆之学，有关这方面论述的著作有《汉书·艺文志》中的《宫宅地形》《堪舆金匮》等。东汉张衡也曾对堪舆之学进行过宣扬，他写了一篇《冢赋》来对墓地上下冈拢的形势进行描述。

风水中的有些内容是符合自然规律的，这些内容来自人们对自然界的长期观察。但是，在古代社会，由于信息闭塞，人们倾向于将风水描述得神乎其神，这实际上更多的是迷信。

古人讲究阴宅和阳宅，人死后挖的墓穴叫作阴宅，墓穴也被称为墓圹，主要分为竖穴和横穴。从地面一直往下挖，所形成的土坑，即竖穴。先从地面往下挖，然后再进行横向掏挖，所形成的洞室墓，即横穴。墓室是墓穴垫土之后所形成的空间，可以用来放置棺木和随葬品。坟墓的地下部分即墓室。汉代有多种结构的墓室，如土室、贝墓、石室、砖室、木椁室等，这些墓室都是对人们生前生活中的宫室房屋建筑形式的模仿。墓室前堂后室的总格局是固定的，其他方面如居室形式以及丰俭大小方面，主要受死者所处的地域以及贫富这些因素的影响。大部分墓室都有明显的前后两部分，“堂”即前半部分，供桌以及随葬品一般被放置在前堂。“室”即后半部分，棺木被放置在后室。有一些大型墓葬仿照传统的居室制度，有许多的墓葬分室，如西汉中山靖王刘胜墓在今河北满城发现，这个墓葬有中室、后室和两个耳室，同时还有回廊回绕着后室。

墓葬形制在整个汉帝国或汉文化圈之内，主要有主流和支流两种类型。土洞墓、竖穴木椁墓这类主流墓葬形制，是对先秦墓葬形制的继承，同时横穴砖室墓由以上两类墓葬形制发展而来，它们是汉代墓葬的普遍形制。东北地区的贝墓、山东的石板墓、四川的崖墓等均属于支流墓葬形制，它们各具地方特色。

秦汉两代的竖穴木椁墓在基本结构方面是一样的，都是从地面往下垂直挖出一个长方形的土圹作为墓室来放置棺椁的。长方形是椁室的一般构造，椁板主要通过凹槽榫卯来结合。同时为了放置棺木及随葬品，也会将椁分割为不同的空间。长方形是棺木的主要形状。在椁室外面，根据不同的目的，所填土的类型也是不一样的，如木炭和白膏泥具有防潮功能，所以为了防潮会填此类土，甚至有的墓穴为了防潮直接在底部修建了排水设施。从地面往下挖一竖坑，然后在底部横挖出一穴，再用砖块砌成墓室来放置棺木，这种墓室就是砖室墓。土洞墓的洞穴形制类似于砖室墓的横穴，也是先从地面往下挖一竖穴墓道，然后在底部横挖出一洞穴，这个洞穴最早是用来放置随葬品的龛室，随着它不断扩大，最终成为墓室用来放置棺木。当前，关中地区的墓葬主要就是土洞墓的形制。我国古代墓葬方式在汉代发生了重大转变，主流的墓葬形制由竖穴木椁土坑墓转变为砖室墓。

“黄肠题凑”墓是汉代达官贵人的重要墓葬形式。一方面它可以表示墓主人的身份和地位，另一方面也有利于保护棺木，使之不受损坏。从现有的考古材料可知题凑在结构上的基本特点有两点，一是层层平铺、叠垒，一般不用榫卯；二是木头皆内向，即题凑四壁所垒筑的枋木全与同侧椁室壁板呈垂直方向，从内侧看，四壁都只见枋木的端头，题凑的名称便是根据这种特定的方式衍生出来的。黄肠是因题凑用的木材都是剥去树皮的柏木枋，因木色淡黄而得名。根据汉代礼制，黄肠题凑与玉衣、梓宫、便房、外藏椁同属帝王陵墓中的重要组成部分，若经朝廷特赐，个别勋臣贵戚也可使用黄肠题凑墓。

在诸侯大墓中，河北省满城汉墓和山东省曲阜九龙山汉墓可以作为西汉中期新兴的横穴式墓的代表。它们是在山崖中穿凿巨大的洞穴，作为墓室，故也称为“崖墓”，其形制和结构完全模仿房屋。

汉代墓葬陪葬品以日常生活用具为主，对礼制的要求比过去要少了，这是墓葬陪葬品的一大变化。这充分说明了汉代人更实在一些，生者希望死者能在死后的世界生活得既有钱又舒适。例如，西汉中期以后，陶制的灶、仓、囷成为当时墓葬中较为普遍的随葬品，这些随葬品表明墓主人有充足的粮食。同时，随葬品中还有各类模型，如家畜家禽、楼房、阁、屋、池塘、田产等。其他的随葬品，如车、船、各种仆侍陶俑则象征着墓主人的财富，也象征着墓主人在地下有非常舒适的生活。

二、葬具和随葬物品

孝文化是汉代社会的主流文化，同时最高统治者大力提倡孝道，因此汉代可谓厚葬成风，上层阶级，如帝王、皇亲国戚、官员等的葬礼尤其奢侈与浮夸。

盛放死者遗体的用具，即葬具，用于土葬的葬具被称为棺。瓦棺是最早的棺，用瓦棺下葬则被称为瓦棺葬。木棺最早出现在商代，通过出土的文物我们可以发现，战国时期仍然在沿用周制的棺椁制度。象征着地上建筑的木椁，在战国秦汉大型墓葬中规模非常大，就如墓室一般，因此被称为椁室。工匠会用板壁将椁室分割出头箱、边箱、棺箱、足箱等好几个空间，棺箱被用来放置棺木，然后用随葬品将其他空间填满。汉中山靖王刘胜及其妻窦绾的墓在河北满城被发现和挖掘，一共出土了包含两件金缕玉衣在内的4200多件随葬品。汉代一位列侯夫人的墓葬在长沙马王堆汉墓中被发现，虽然据历史记载她当时的封邑只有700户，但她的墓葬中有大量的随葬品。实施厚葬，是对社会财富的一种浪费，而且有很多随葬品的陵墓一般都会被盗掘，因此厚葬是一种不理性的行为。

明器在各种各样的随葬品中，是一种比较特殊的存在。明器又被称为鬼器，它是仿照日常生活中各种器物所制作的模型，是用来随葬的物品。制作明器的原料一般为木、石、瓷、竹、陶等，常见的明器是礼器、兵器、工具以及井、仓、车、船、庭园、房屋等的模型，还有的明器为家畜鸟兽的模型。陶俑和各种家禽等这类明器，在汉代墓葬中经常可以见到。

三、丧礼制度

丧礼在古代又被称为凶礼，是一种与殡殓死者、举办丧事、居丧祭奠等有关的仪式礼节。在古人看来，亲人尤其是父母的丧事是需要认真办理的大事，因此古代的丧礼制度非常严格。

在丧礼制度方面，汉代主要承袭了前代的丧礼制度。古代丧礼制度被详细记载于《仪礼》之中，体现出了森严的等级秩序。比如，身份地位不同的人的“死”，其说法也有着尊卑区别，“天子死曰‘崩’，诸侯曰‘薨’，大夫曰‘卒’，士曰‘不禄’，庶人曰‘死’”[①]，丧礼的等级同样也对应着死者的身份地位。

在汉代，人从死后到下葬，要经过一系列烦琐的礼仪程序，而且很多程序都被后代延续下来。丧礼的礼仪程序大致有以下几方面。

初终。病危之人要被安置在适寝，即正室、正寝中。家人要一直守护在病危之人的床榻前，当其死亡时，其子及诸亲戚都要放声大哭。

复。这种仪式主要是用来将死者的灵魂召回。复者在仪式中的道具主要为死者的衣服，复者需要一只手提着死者衣服的领子，一只手拉着死者衣服的腰部，然后面向北方即幽冥世界所在的位置，用拉长的声音大声呼喊死者的名字，让其灵魂归来。喊过多次之后，将衣服交由另一个人，再给死者的尸体穿上。

命赴。安排人将死者的死讯通知给死者的亲属和朋友，即报丧。在后世用讣代替了赴，讣告，即丧主发出的书面通知。死者的儿子，即丧主，长子是领头人。如果是父亲去世，丧主称孤子。如果是母亲去世，丧主称哀子。当父母双亡，在第二个葬礼中，丧主称孤哀子。如果死者的长子已经去世，就需要长孙来作为领头人，称为承重孙。主丧者不能是妇女。

吊唁致襚。唁，即收到讣告的亲友来死者家中吊丧，同时对死者家属进行慰问。死者家属在停放尸体的屋室中要一直哭，当有人来吊唁时，要对其跪拜答谢并迎送如礼。致襚，即赠送死者的衣被，这是吊唁者前来吊唁时要携带的物品。

铭旌。“铭旌”也叫作“柩”，后来又改称“幡”，是招魂的标志。竖在灵柩前标志死者官职和姓名的旗幡，多用绛帛粉书。品官则借衔题写曰某官某公之柩，士或平民则称显考显批。《丧葬出行图》在唐河县电厂汉墓中被发现，展现了当时的送丧习俗。马王堆汉墓曾经发现5幅铭旌，其中1号墓1幅，3号墓4幅，是迄今发现的汉代最早的独幅绘画作品。

沐浴。清洁死者的身体，包括梳理死者的头发以及为其修剪指甲。

饭含。在死者的口中放入珠、贝、米、玉等物。饭，即在死者口中放入粮食，同时掺和碎玉粒。含，即在死者口中放入珠玉等物。

① 王文锦．礼记译解[M]．北京：中华书局，2016．

设重、设燎。重，即木牌，被放置在堂前庭中。不同身份地位的死者，有着不同大小的重，古人主要用它来代替神主牌位，来代表死者的亡灵。设燎，即晚上的时候，在庭中和堂上点燃蜡烛。设燎可以为死者照明供品，助其享用。

小殓。小殓，即身份地位低的死者要在死后第二天正式穿上入棺的寿衣。而身份地位高的，如诸侯五日小殓，天子七日小殓。小殓之前要在房中陈列所有的殓衣以及亲友所致之隧，但不是全都要给死者穿上。入殓时，要在堂下陈放馔，并一边给死者穿上衣服，一边对其进行祭奠。当时的统治者除要穿绫罗绸缎以外，还要穿玉衣。

大殓。大殓，即死者死后第三天为其举行的入棺仪式。举行大殓前，也要先在房中陈列殓衣等，同时还要在堂中放置奠。棺木抬进堂中后，主人主妇即要放声痛哭。之后，执事人会帮助主人主妇在棺内铺席置衾，主人随即奉尸入棺、盖棺。然后，所有宾客都要过来，祭奠死者，向其行礼。

成服。成服，即死者家属根据血缘亲疏远近穿着不同等级的丧服。

朝夕哭奠。朝夕哭、朝夕奠，即下葬前，亲属穿着成服在殡所中每天早晚哭奠。当有吊唁致奠的宾客时，主人要痛哭以及答拜迎送。

筮宅、卜日。请人占卦对墓地葬所以及下葬日期进行选择。死者身份不同，停殡待葬的日期也会不同。

既夕哭。即最后一次哭奠，时间在下葬前两天的晚上。

迁柩。灵柩在下葬前一天要先被迁入祖庙。启殡时，要将铭旌取下，并放在重上，载重并行，同时要用布对灵柩进行拂拭，以将凶邪之气扫除。在祖庙中放入灵柩后，也要进行祖奠。赠谥之礼是在统治者启殡前进行的礼仪，即以国君的名义，按照死者生前的功绩，为其颁布一个带有褒奖意义的谥号。

发引。即下葬之日柩车启行，前往墓地。致娟，即亲友助葬，给主人赠送车马束帛等物品。致赙，就是赠送钱物。启行前，要先陈列出所有的随葬品，然后对着灵柩对记录随葬品的遣册进行诵读，同时行奠仪。丧主是发引队伍的领头人，大家一边哭，一边前行，在灵车之前，亲友手执柩车的绳索前行。灵车，又被称为柳车，不同身份地位的死者，其灵车也有等级差别，表现在大小、装饰、挽车人数、翼以及人举着的大扇上面。当墓地位于较远的位置时，人们会乘车去送葬。执事人会手执随葬品或者放置在随行车中。发引在后世被称为出殡。

下葬。将石灰、木炭铺垫在已挖掘好的墓圹中，同时在墓圹前立碑。当灵车来到墓地，并将灵柩抬下后，会举行祭奠仪式。再以碑穿作支点，将灵柩用绳索慢慢安稳地放入圹中，这一步即窆，也被称为封。铭旌会被放在灵柩上面，棺木的旁边会放置各种随葬品，人们会拿棺衣覆盖棺木和随葬品，之后将圹用土进行掩埋，同时筑土成坟。

反哭。下葬结束后，主人用灵车奉重回到殡所，然后在堂中痛苦，这一仪式叫作反哭。

虞祭。虞祭在反哭后立即进行。虞即安的意思，虽然已经将死者的形体下葬，但是死者的鬼魂还在飘荡，此时它非常彷徨，无所归依，所以要通过祭祀礼仪对其进行安慰，使其回归到另一个世界。虞祭时会设置丰盛的祭品，礼仪也很正式。神主由桑木制作而成，上面会书写死者的官爵名讳，在虞祭时会将其进行正式的设置以代表死者。

卒哭。虞祭后会举行卒哭之祭，即停止哭泣的仪式，在祭后丧主即“止无时之哭”。后世一般在丧后第一百天举行卒哭祭。后来，佛教对丧礼制度造成一定的影响，出现了习俗“做七”，即人死后每隔七天就做一次佛事，设置斋饭，祭奠死者。这是因为在佛学中有这样一种说法，即人的魂魄生于人出生后的第四十九天，人的魂魄也散于人死后的第四十九天。五七在“做七”中是最隆重的，“七七”被称为断七，也即卒哭。

祔。卒哭后的第二天，丧主会在祖庙中敬奉死者的神主，同时按昭穆次序在神座上进行安放，与祖先一起合祭，这种仪式即祔。待祭祀完成后，再将神主奉归回家。

对死者的祭祀从虞祭开始，就变丧祭为吉祭，因此人们不用在祭祀的时候继续哭泣。将神主奉回家，安置在家中后，就代表着完成了丧礼的主要程序，但是丧事对于居父母之丧三年的丧主来说，仍要继续。小祥之祭需要在丧后满一周年的时候举行，大祥之祭需要在丧后满两周年的时候举行。神主在大祥之祭结束后将被正式放置在祖庙中。死者死亡的第二十五个月，即大祥之祭的举行时期，同时禫祭也要在当月举行。禫祭过后，人们不用再穿丧服，并且不必再居丧，丧主可以开始过正常的生活。忌日，即死者去世的周年纪念日，丧主在忌日时不得饮酒作乐。

一般来说，等级越高的人的丧礼制度，会更加复杂。历代帝王、皇亲国戚以及官员的丧礼不仅是为了凸显子女的孝顺，还有维护统治秩序的目的，因此上层阶级的丧礼会更加重视各种仪式细节，以彰显自己的身份地位，同时加强人们的等级观念。处于社会底层的老百姓，经济并不宽裕，因此丧事一般都比较精简。

四、丧服制度

我国封建社会伦理体系中注重父宗，父宗九族都属于亲属范围，即自高祖至玄孙的九个世代的男系后裔及其配偶都属于亲属范围。父宗九族内的亲属，无论是直系亲属还是旁系亲属都属于有服亲属，死者死后都要服丧。亲者服重，疏者服轻，依次递减。丧服制度按服丧期限及丧服粗细的不同，分为五种，即所谓五服。

很早之前，死者死后其亲属就要改变日常服饰以祭奠死者。丧服在我国古代典籍中，不只是代表一种居丧时的服饰，还规定了居丧的时间以及居丧期间人们的生活起居。不同居丧者按照与死者血缘关系的亲疏有着不同程度的丧服制度。

儒家推崇者对春秋战国时的丧服制度进行了归纳与整理，并详细记录在《仪礼·丧服》中。儒学在战国时即为显学，在汉代时经过独尊儒术，其地位得到大大提高，儒家所倡导的各项礼仪制度都被统治阶层所推行，因此以《仪礼·丧服》为准则的规范化的丧服制度贯穿于我国整个封建时期，并被历代王朝以法律的形式确定下来。此丧服制度在漫长的历史发展中，整体上并未发生过改变，仅仅有一些小细节方面的改动。丧服制度是传统伦理的重要表现形式，深入民心，同时也深刻地影响着社会的方方面面。

《仪礼·丧服》中规定丧服有五种等级，即五服，由重到轻，分为斩衰、齐衰、大功、小功、缌麻。死者的亲属根据与死者的亲疏远近，分别进行对应程度的服丧。五服中的每一服，都有其特定的居丧服饰、居丧时间和行为限制。

一是斩衰。此丧服最重，适用于子为父、未嫁之女为父、嫁后因故复从父居之女为父、嗣子为所嗣之父、承重孙为祖父、妻妾为夫、父为长子服丧的情况。

斩衰裳、杖、绞带、苴绖、冠绳缨、菅屦是持斩衰之服的男子所要穿的衣服。丧服上衣即衰，下衣即裳，它们都是麻质的。不进行任何的缝缉，即斩。古时人们用每幅（二尺二寸为一幅）三升或三升半（八十缕为一升）的最粗的生麻布来制作斩衰裳，这种衣裳不会被缝边，非常粗陋简单，以此来表达对死者深深的哀痛之情。持斩衰之服的男子不会贴身穿着斩衰裳，斩衰裳里面还会穿白色孝衣，后世持斩衰之服的人会在身上披麻布片来代替斩衰裳，故人们将其称为披麻戴孝。

二是齐衰。它属于二等丧服，齐衰三年、齐衰杖期、齐衰不杖期、齐衰三月是它的四个等级。

齐衰三年适用于在父亲已先卒的情况下，子及未嫁之女、嫁后复归之女为母服丧的情况。虽然父母都是子女的生身之亲，然而在宗法社会中，男女地位是不平等的，父亲属于一家之中最尊贵的存在，母亲的地位低于父亲。因此，如果父亲健在，而母亲先去世，父亲为母亲只服齐衰杖期，其子也必须只服齐衰杖期；如果父亲先去世，在为母亲服丧时，其子也不能加重丧服，因为父宗会对此加以制止，因此，其子只能为母亲服二等丧服齐衰三年。

疏衰裳、齐、牡麻绖、冠布缨、削杖、布带、疏屦是齐衰三年的全套丧服。

三是大功。仅次于齐衰一等，适用于为从父兄弟，已嫁之姑母、姊妹、女儿，未嫁之从父姊妹及孙女，嫡长孙之外的众孙，嫡长子之妻服丧的情况。此外，已嫁之女为兄弟及兄弟之子（侄），已嫁、未嫁之女为伯叔父母、姑母、姊妹，妻子为丈夫之祖父母、伯叔父母以及夫之兄弟之女已嫁者，出嗣之子为同父兄弟及未嫁姊妹，也都是大功之服。

大功的丧期为九个月，丧服为布衰裳、牡麻绖、冠布缨、布带、绳屦。这里的布是指稍经锻治的熟麻布，较齐衰用的生麻布细密。

四是小功。仅次于大功一等，适用于为从祖父母，堂伯叔父母，从祖兄弟，已嫁之从父姊妹及孙女，长子外的诸子之妻，未嫁之从祖姑姊妹，外祖父母、从母服丧的情况。此外，妻为娣姒（妯娌）、夫之姑母、姊妹，出嗣之子为同父姊妹之已嫁者，也服小功。

小功丧期为五个月，其服饰是布衰裳、澡麻带、绖、冠布缨、吉屦无絇。小功所用的麻布较大功更细。所谓澡麻，是指经过洗涤的较白的麻。吉屦即日常所穿的鞋，絇是鞋鼻上的装饰，用以系带。小功是轻丧，不必专备服丧用的鞋，吉屦无絇即可。

五是缌麻。这是最轻一等的丧服，适用于为族曾祖父母、族祖父母、族父母、族兄弟、从祖兄弟之子等服丧的情况。

缌麻丧期仅为三个月。当时用来制作朝服的最细的麻布每幅十五升抽去一半麻缕，就成为缌。因为其细如丝，所以适宜用作最轻一等的丧服。

第四节　汉代婚俗文化

在汉代，随着社会经济的发展、国家大统一局面的稳定及文化的熏陶，各地的婚俗大致有了相通之处。但我国幅员辽阔、人口众多，社会发展并不平衡，因此，“千里不同风，百里不同俗”的现象依然存在。

在中国历史上汉代具有重要的地位，汉代在经济、政治、文化思想领域的各个方面都作出了重大改变，并展现出了大气磅礴的气势，对后世产生了深远的影响。“罢黜百家，独尊儒术”是汉武帝之后才实施的国家政策，在儒学盛行于天下之前，汉初却是“天下一致而百虑，同归而殊途”[①]，统治者对诸子之学都进行了一定的采纳，并未有所偏重。同时，在这一时期，人们也开始与外国进行接触，这在一定程度上开阔了中国汉代人的视野，外来文化也对汉代人们的精神生活造成了深刻的影响。在这样的情况下，虽然统治者要求人们遵守“成人伦，助教化”等儒家的道德信条，但在现实生活中，人们并未被这类道德信条深深地捆绑住。所以，相较于之前婚姻形式观念在汉代有着更为丰富多彩的样貌。

一、婚姻观念

婚姻观念是在一定社会结构中，作为社会化的人对男女之间的婚姻关系所持有的基本态度和基本看法。相较于秦代，汉代人的婚姻观念出现了一个显著变化，即妇女在社会生活中的地位和作用被更加重视了。汉代人的夫妻关系可以用《说文》中“妻者，齐也”这句格言来代表。在汉代，当丈夫外出远行时，妻子是可以当家作主的，对待来访的宾客也可以以女主人的姿态，对其进行迎接、宴饮与出送等，同时妻子还可以出门进行社交。对于参加社会活动的妇女，在《汉乐府·陇西行》中有这样的评价：“健妇持门户，亦胜一丈夫。”

汉代妇女，不仅可以在家里独当一面，而且可以参与国家事务。根据历史记载，中国历史上第一位著名的女外交家冯嫽是汉代楚公主解忧的侍者，在汉朝与西域各国进行的军事外交活动中经常可以见到她的身影，她常常持汉节代表公主发表意见。

在汉代人的爱情中融入伦理道德反映了汉代人婚姻观念的变化。在汉代，当一对男女相爱时，他们两人都要立下誓言以尊重对方，维护这段感情，并且他们都要遵守这种爱情誓言，保持忠贞不二。如果外界阻碍这种幸福的爱情，他们甚至会用生命进行反抗。

在汉代婚姻观念中，夫妻双方可以根据自己的情况，自主选择离婚。比如，妻子不满意丈夫，可以选择离婚再改嫁。《汉书·张耳传》中说，外黄富家之女与前夫离异后，自愿改嫁士人张耳为妻。《汉书·朱买臣传》记载，朱买臣入仕前，家境贫寒，好读书，不治家业，常以打柴为生。而他无论何时何地都手持书本进行诵读，即使在众目睽睽之下他也会这样做，一点不顾及他人的眼光，他的妻子

① 黄寿祺，张善文．周易译注[M]．上海：上海古籍出版社，2018．

为此感到很丢脸，所以要与他离婚。朱买臣无法使他的妻子回心转意，因此他的妻子很快就改嫁了。除此之外，汉代还推翻了秦时的规定，即使是寡妇也可以改嫁。在汉代，各个阶层都有自主选择婚姻对象的权利。

在汉代平民百姓中，如果丈夫死了，妻子改嫁是很正常的现象。陈平是汉高祖时期的开国功臣，其人聪明绝顶，而且在选择配偶时，也是慧眼识珠，很有胆识。他的妻子是富人张负的孙女，陈平是她的第六任丈夫，她的前五任丈夫都死了，但是陈平对此并没有介意，所以其妻选择他时，他也同意了这门婚事。据此可以看出，在当时的社会，寡妇改嫁是很平常的一件事情。

以上情况均表明，与秦相比，汉代人的婚姻观念发生了很大改变。这种变化同时也反映在最高统治者身上，在西汉时期，皇帝主要根据自己的喜好进行选妃，如汉武帝亲选陈阿娇、钩戈夫人、李夫人、卫子夫等。汉元帝选妃王政君，即使事出有些偶然，但也是皇帝自主选择的。

二、婚姻礼仪

汉代人的结婚年龄，按礼书所载，男子三十而娶，女子二十而嫁。王充在《论衡·齐世篇》中指出，这一制度在当时并不奉行。王充的看法是符合当时实际情况的。惠帝时曾规定，女子15岁以上必须出嫁，否则要罚“五算”。宣帝时，王吉曾呼吁改变“世俗嫁娶太早”的恶习，他指出“夫妇，人伦大纲，夭寿之萌也。世俗嫁娶太早，未知为人父之道而有子，是以教化不明而民多夭”①，这表明在西汉时代，早婚的危害已经被有识之士发现并提出来了，只是当时统治者并未予以采纳。汉代，一般情况下男子十五六岁就会娶妻，女子十三四岁就会嫁人，如著名女史学家、教育家班昭十四岁便执箕帚于曹氏之家，而帝王的成婚年龄就更早。汉昭帝始立，年仅8岁，就立上官安之女为皇后，而上官皇后当时才6岁，及至15岁便成为寡妇。汉平帝9岁即位，娶王莽之女为皇后，而王皇后当时也才9岁。

至于汉时男女双方选择配偶的标准大致有以下几种情况。

有以男女双方的形象为标准者。汉代相人之术十分流行，所以婚姻大事往往通过相人，把男女双方的体格相貌与未来的吉凶、祸福联系起来，而议定终身。例如，刘邦在一次饮宴中被吕雉的父亲吕公相中，吕公亲自对刘邦说：“臣少好相人，相人多矣，无如季相，愿季自爱。臣有息女，愿为季箕帚妾。”②又如，《汉书·

① 陈朴，徐峰．汉书译注[M]．2版．上海：上海三联书店，2018．

② 司马迁．史记[M]．北京：中华书局，1959．

循吏传》所载，黄霸年轻时为阳夏县的小吏，他曾与相者共同乘车外出，在路上遇一妇女，相者对黄霸说："此妇人当富贵，不然，相书不可用也。"[①]黄霸遂娶其为妻，成为终身伴侣。这种以形象定终身的做法被史学家记述得神乎其神，虽如今看来这是一种迷信，不可确信，但这在当时却是一种时代风气。

汉代的婚礼，因武帝之后儒学盛行，许多士大夫嫁娶多沿袭古礼。《仪礼·士昏礼》规定婚礼有"纳采""问名""纳吉""纳征""请期""亲迎"6个程序，大体包括婚姻由父母做主、媒人从中说合、选择婚期、新郎迎亲、女方家长向新娘作临时告诫这6个方面的内容。这就是"六礼"，六礼具备，婚姻关系始告成立。

议婚时，男方请媒人向女方提亲，并把玄纁、羊、雁等30种东西作为礼物赠予女方的程序被称为"纳采"。

当男方求亲后，如承蒙女方应允，就要再派人执雁去女方家，以谦虚的口吻询问女方之名，故称之为"问名"。这次女方家要对客人热情款待。男方得知女子的名字后，即以男女双方的生辰八字进行占卜，辨明女方姓氏，以便同姓不婚，测定婚姻吉凶。

经过占卜，一旦获得吉兆，就要将雁作为礼物，把合婚佳音通知女方家，此礼称为"纳吉"。此时雁就成了订婚的信物。这是订婚阶段的主要礼仪。

双方婚约已定之后，男方要送给女方玄纁、束帛、俪皮，这叫"纳徵"或"纳币"。束帛是指帛五匹为一束，每匹的卷法是两端对卷，一束共十端。俪皮是指成双的鹿皮。所送之礼要取双忌单，以示吉祥如意。这项古礼是六礼中唯一不用雁的仪式。

纳徵之后，男家再用雁到女方家请问结婚日期，古人称之为"请期"。具体日期自然要依卦订婚日。汉人认为不择吉日结婚，就要大祸临头，小则个人死亡，大则举家灭门。因此，选择吉祥之日结婚，在汉代婚俗中是至为重要的一件事。

汉代由于嫁娶竞奢成风，所以女方家陪送嫁妆一般都很丰盛，但这往往为有识之士所不取，甚至直接遭到拒绝。当时贫寒之家及以尚俭为志的读书人，在嫁女时，陪嫁往往十分简朴。

婚期已到之日，届时男家新婿要亲往女家迎娶，古礼称之为"亲迎"。到了迎亲之时，新郎着黑色礼服，乘黑漆的车子，前面有人执烛引导，后面两辆从车（与新娘坐的车同）跟随，一起到女家迎娶。乃至女家，新娘已妆梳整齐，以帕蒙首（即"盖巾"，俗称"盖头"）等在中房。新娘父亲亲自出门把女婿及男方宾

---

① 陈朴，徐峰．汉书译注[M]．2版．上海：上海三联书店，2018．

客迎进家门。这时新郎将雁交给女方，行礼而出。新娘随至车前，新郎亲自将车上的索子“绥”授给她，引新娘上车。然后新郎亲自驾车，随后由专门驾车人代替，一同开始去男方家，另外，女家送行的人要一起跟从。当时，富豪之家举行亲迎仪式往往是“车軿各十，骑奴侍僮，夹毂节引。富者竞欲相过，贫者耻不逮及”。[①]

到了男家门前，新郎先乘车入门。待新娘等一行人到达后，由新郎将新娘接进家门，入宅参拜，此礼称为“拜堂”。拜堂后，接着行正婚礼。行了礼，便可设宴共食，饮交杯酒，这也称“合卺”或“合瓢”。这时，侍女以金钱彩果撒掷，亦称为“撒帐”。同时，夫家受宾客之贺，飨客以酒肉。宴毕，新郎、新娘脱去礼服。新郎入室，亲自摘下新娘缨饰，撤去室内之烛，婚礼遂告完成，然后洞房过花烛夜。

婚后第二天，清晨新娘梳洗完毕要去谒见舅姑（即公婆）。枣献于舅，干肉献于姑，然后向舅姑进食。新婚三月后，新妇要以礼见于祖庙。

三、婚姻破碎

汉代男女婚后离异是一种普遍的社会现象。它是在生产资料私有制的基础上形成的男女不平等关系的必然产物，也是转房婚、买卖婚、指腹婚等把妇女当做活财产的婚姻形式所带来的必然后果。在汉代，男女结成婚姻关系以后，女子如果要离弃男子，便可自求离去更嫁，一般不受法律和习俗约束，妇女还算有一点自由。

在汉代，夫妇结婚后，男方如欲离弃女方，大多按照古礼“七弃三不去”的原则行事，这虽无律令明文规定，但我们从《大戴礼记·本命篇》及《春秋公羊传》何休注中可以看到其具体规定：妇人有七弃三不去。无子弃，绝世也。淫佚弃，乱类也。不事姑舅弃，悖德也。口舌弃，离亲弃，反义也。嫉妒弃，乱家也。恶疾弃，不可奉宗庙也。尝更三年丧不去，不忘恩也。贱娶贵不去，不背德也。有所受而无所归不去，不穷穷也。[②]从这些规定中，我们可以看到在汉代的家庭、婚姻关系中，阶级剥削和阶级压迫的性质体现得十分明显。夫妇在家庭关系中的地位，类似于主人与家内奴隶的关系。在古代，种种礼法限制以及约束着妇女的行为，妇女必须谨小慎微，才能避免出错，如果稍有差错，夫家就会以此为理由，将其进行遣归。可以看出，当时的妇女在身体上及精神上都是不自由的，她们深

① 王符．潜夫论[M]．王健，注说．开封：河南大学出版社，2008．

② 公羊高．春秋公羊传[M]．顾馨，徐明，校点．沈阳：辽宁教育出版社，1997．

受礼制的束缚，无法享受正常的家庭生活，其生活通常是压抑与痛苦的。即使古礼中有对女子权益的保护机制，但那也只局限于贵族女子，一般的妇女大多生活在水深火热之中。

第五节　汉代礼俗文化

礼俗是一种社会生活，是由风俗习惯演变而来的一种文化现象。“俗”是社会的风俗习惯，“礼”是由俗规定而成的一种礼节或仪式。以“礼”节制社会习惯，保持社会秩序，就出现了礼俗。因此，论及社会风俗，就不能不涉及礼俗。

西汉建立之初，便十分重视礼的作用，以礼来节制臣僚的行为。汉高祖虽是“以儒冠为溺器”、缺乏文化教养的市井无赖，但当他引兵围鲁，“鲁中诸儒尚讲诵习礼，弦歌之音不绝”[①]时，也对礼的作用有所认识。待其登上皇帝宝座，每逢宴会群臣，群臣饮酒争功，拔剑击柱，忘乎所以，使汉廷变成了吵闹场所时，高祖为此也大为苦恼，不知所措。这时降汉的秦博士叔孙通，自告奋勇，愿替新朝制定礼仪。博士在秦代是皇帝的文化官，需参与议政，或顾问熟悉典章制度。汉高祖闻讯，欣然同意。于是叔孙通率领他的弟子和鲁地儒生30多人，“采古礼与秦仪杂就之”，在长安郊外，用草做人、顿首稽首、导演朝仪。先教群臣，后教皇帝，如此反复一个月。适逢新年，长乐宫亦竣工，遂正式演试一次。天刚亮，群臣就各按自己的等级，一次次地被谒者引进殿门。此时朝廷中早已排列了车骑，陈设了兵器，升了旗帜，殿上传一声“趋！”殿下的郎中数百人就夹侍在殿外的两旁；功臣、列侯、诸将军、官吏都向东站立；文官传呼警卫，从诸侯以下，直到六百石的吏员依次向皇帝朝贺。殿堂上无不肃穆。等到朝贺完毕，皇帝又在殿上置酒，文臣武将都低着头饮酒，无人敢喧哗失礼。这时汉高祖抬头一望，殿堂上庄严、肃穆，鸦雀无声，暗自高兴。待朝仪结束，高祖情不自禁地说道：“我今日方知皇帝的尊贵了！”遂拜叔孙通为太常，掌宗庙礼仪，赐金五百金。他的弟子也各有酬金，自不必说。自此以后，汉朝便有了朝仪。及至惠帝时，叔孙通又领命制定宗庙仪法。与此同时，惠帝还在太常以下设立许多官属，让专职官吏掌管礼仪，并由精通礼仪的人充任。例如，汉初的鲁人徐生，“善为容”，在汉文帝时任礼官大夫，他的子孙及弟子也多以善礼任汉朝的礼仪大夫。

---

① 陈朴，徐峰．汉书译注[M]．2版．上海：上海三联书店，2018．

秦汉时代之礼俗，除宫廷君臣之间的朝仪外，其余的礼大多数是继承古礼，有吉礼、嘉礼、宾礼、军礼、凶礼等五类。如按社会风俗来看，主要是婚俗、丧俗、祭俗、节俗等。本文在此专谈祭礼。

祭礼的内容很多，主要是指祭天地、祭社、祭祖等崇拜天地之间和尊祖的活动。

一、祭天地

在皇帝祭天地活动中，其影响最大的是封禅。所谓封禅，就是祭祀泰山的一种隆重典礼。登泰山筑坛祭天曰“封”，在泰山下的小山梁父（甫）山或肃然山等地筑坛祭地曰“禅”。可见封禅就是祭天地的一种祀典。

历代帝王都会举行受命大典，以向世人宣告自己的统治地位，其中最高礼仪即封禅之礼，只有自认为是“明君圣主”的君王，才会有勇气举行此礼仪。古人认为，如果该帝王的功德不足以支撑他举行封禅之礼，他硬要举行的话，很可能会触犯“上天神灵”，从而导致自己以及国家的灭亡。秦始皇自以为自己“功盖五帝，泽及牛马”[①]，便匆忙封禅。不料十年之后，秦王朝却在戍卒陈胜、吴广首倡的起义军打击下迅速灭亡，成为历史上“短命”的王朝。儒家为了强调天命至高无上的地位，断定秦始皇功德全无，因此他们认为“始皇上泰山，为暴风雨所击，不得封禅”[②]，意思是秦始皇不具备举行封禅典礼的资格，所以他没有走到山顶就引起了天怒，上帝以风雨来惩罚他，不久就亡国了。这样的说法进一步抬高了上帝的权威，提高了封禅之礼的地位。

汉初，百废待兴，加之东部地区分封了许多封国，高祖不便到泰山封禅。文帝之时，一度有博士诸生谋议巡狩封禅之事，但无封禅之举。景帝之时，并没有人关注封禅之事。直到汉武帝即位，汉朝国力强盛，天下太平，人民安居乐业，汉武帝有着远大的志向，正准备干一番大事业，加上他又是一个好动的皇帝，遂令儒者赵绾、王臧等一班公卿草拟巡狩、封禅之事。然而，朝廷大权操纵在他祖母窦太后手中，有这位黄老信徒的掣肘，武帝只好把雄心暂时按捺下去。过了四年，窦太后寿终正寝，昔日支持封禅礼的儒生马上向武帝进言举行封禅礼。元鼎四年（公元前113年），齐人公孙卿上书武帝，称武帝在这一年要得宝鼎，鼎上有从黄帝传出来的文书，上面写道“汉兴复当黄帝之时”“汉之圣者在高祖之孙

① 司马迁．史记[M]．北京：中华书局，1959.

② 陈朴，徐峰．汉书译注[M]．2版．上海：上海三联书店，2018.

且曾孙也，宝鼎出而与神通，封禅……黄帝得上泰山封”[①]。最先受鼎的齐人申公曾预言“汉主亦当上封，上封则能仙登天矣”[②]，宝鼎、鼎书被汉武帝收归囊中后，封禅已是大势所趋，公卿诸生也开始积极准备封禅之事。

元封元年，汉武帝登泰山举行封禅典礼，其规模非常浩大，动用了许多人力、物力。他首先动兵十余万，北巡朔东，还祭黄帝陵于桥山（今陕西省黄陵县北）。之后，东巡海上，与侍中奉车子侯登泰山，举行封禅。次日，又禅于泰山之下的肃然山，当他举行封禅时，下令叫人把远方的奇兽飞禽放了满山，象征祥瑞不召而至。礼毕之后，他坐在明堂，志得意满，受群臣的轮番上寿。此时，他如释重负、心花怒放，欣然下诏改元为元封，以纪念封禅之壮举。

元封元年之后，汉武帝每隔五年就要登泰山封禅祭天地。在汉武帝统治时期，他非常重视封禅之礼，前后一共举行了5次声势浩大的封禅礼。西汉建立之初，汉高祖以赤帝子自居，闻秦有白、青、黄、赤之祠，却无黑帝祠，遂立黑帝祠，并起名为北畤。祭法是承袭秦制，文帝十五年（公元前165年），文帝曾于夏四月，“至雍见五畤，行亲郊之礼”[③]，景帝也曾至雍行亲郊之礼。

武帝即位，行郊祀之礼更为频繁。俄而在长安东南郊祭泰一，俄而祭三一（天一、地一、泰一），没有固定的郊祀处所。郊祀大约是每隔三年举办一次，郊祀之处，先后有雍州（今甘肃省凉州区）、甘泉（今陕西省淳化县西北）、汾阳（今山西省万荣县）等处，郊雍五畤皆秦朝、汉初的故事。在汉武帝时代，郊祀礼的具体方式、地点仍在形成中，尚未制度化。尽管此时祭天在国都西北的甘泉，祭地在国都东北的汾阳，相距300余里，好在武帝好动不好静，喜欢游历，喜欢神仙，为了事天通神，跑二三百里，也乐在其中。

值得一提的是，汉武帝时代为举行郊祀仪式，武帝令司马相如作词，大音乐家李延年配乐创作了《郊祀歌》，以赞美天地神，歌咏神灵，表示祥瑞。自汉代以后历代王朝都沿袭汉制，作郊祀歌以供祭祀天地。

从郊祀、封禅礼，可以看出它们有共同之处，都是祭祀天地之礼。天、地在统治阶层的认知中，是有意志的人格神，它们统治着整个人世间，所以皇帝通过举办这些盛大的典礼，对自己的皇权进行神化，从而从天、地处获得绝对的权威，以此更好地对天下进行统治。二者的不同之处在于，封禅的地点在泰山，而郊祀的地点在国都之郊，前者礼仪隆重，后者简便、灵活。

① 司马迁．史记[M]．北京：中华书局，1959．

② 司马迁．史记[M]．北京：中华书局，1959．

③ 陈朴，徐峰．汉书译注[M]．2版．上海：上海三联书店，2018．

祭天地是皇帝遇到大事时要举办的仪式，这些大事不只包括郊祀，还包括皇帝即位、朝会、盟誓、封拜等。此外，对日、月、星、辰、风、雷、电诸神也都有祭祀。

二、祭社

祭社神即祭社。皇天后土经常一起出现在古人的说法中，皇天即天神，后土即社神，也被称为土地神。据《礼记·祭法》记载：红发蛇神的水神——共工氏，有一儿子名叫勾龙，曾任土官，平定九土，故后人祀后土为“社神”。社稷、五祀、五岳、山林川泽都属于社神，社神即四方百物之神。社稷居于社神的首位。社是土地，稷是五谷之长。稷非土无以为生，土非稷无以见生生之效，因此有社必有稷，有稷必有社。土与稷为人类生活衣食之源。我国以农立国，农为立国之本，重农贵粟是历代帝王的既定政策，因此他们对社稷十分重视，甚至把以社稷作为国家的代称。关系国家安危之臣被称为“社稷臣”。“执干戈以捍卫社稷”，也是士责无旁贷的义务。因之帝王、诸侯奉社稷为土谷之神，并设坛立庙以祭祀，以此祈求国家的兴盛、种族的繁衍，五谷丰收，无水旱之灾。

西周祭社有郊游社，郊以祭上帝，社以祭后土。凡立国者，皆有行郊社之礼。冬至日祭天于南郊称为“郊”，夏至日祭地于北郊称为“社”，合称“郊社”。不过，天子、诸侯的祭社之礼有明显区别。封禅、郊祀是天子祀天地之礼，诸侯不得参加，但诸侯可以祭社神。

古代帝王祭祀土神、谷神所设之坛，称为“帝社”或“王社”；诸侯受土于王社后，回归封地，所立志社称为“国社”或“侯社”。大夫以至庶人都立社，庶人二十五家为一里，里各立社，为“里社”。里社是私社，其余为官社。官社祭社稷神，里社祭土地神。可见，在先秦时代，尊如天子，贱如庶人，都在祭社，祭社之所被称为“社稷坛”。

祭社作为一种宗教信仰，到了秦汉时代仍传承不绝、盛行不衰。当秦始皇一统天下，法家学说勃然高扬之时，祭社活动依然频繁。秦始皇不仅封泰山、禅梁父山，而且南至湘山，东登会稽，祭河神，望祭海神，同时下令郡县守令也要祭其所属山川之神，三老祭社神。民间里有关社的祭社活动也热闹非凡。陈平微曾在乡里举行的祭社活动中，担任社宰，待祭社完毕之后，他把供给社神之肉（亦称“社肉”或“福肉”）分给各户吃掉。由此看来，秦时祭社要供牛羊肉或酒，祭社完毕之后，便在社神面前饱食牛羊，也可能开展狂热的歌舞，甚至自由恋爱等活动。以赤帝之子自诩的刘邦，把秦代的上帝（白帝）一剑斩为两段之后，也曾高高兴兴去丰东的粉榆社进行祈求活动。

三、祭祖

祭祖活动出现于何时，长期以来众说纷纭、莫衷一是。值得庆幸的是，1981年春，考古工作者在辽宁西部山区凌源与建平界的牛河梁红山文化积石冢墓地，发掘了一座具有5000年历史的女神庙遗址，出土了一尊较完整的女神头像。在女神庙之北，还发掘出了一座人工筑起来的山台——举行盛大宗教仪式的活动中心。墓前有开阔地，是筑坛祭祀祖先亡灵的场所。这座墓地告诉我们在红山文化后期，即5000年前人们就已越过自然崇拜、图腾崇拜阶段，而进入对祖先偶像的崇拜阶段。这种祭祖大约是当时对氏族组织中有功于创业，或造福于氏族的领袖进行的祭祀。

阶级社会继承了这种崇拜祖先偶像的仪式，随之产生了各种相关的礼制，在西周时代人们非常重视自己的祖宗，认为祖宗与上帝同等重要，敬天尊祖的宗教观念也由此产生。人们认为天上的主宰者是上帝，地上的主宰者是天子，冥世的权威者是祖先，一家之主即家长。从此以后，人人崇拜祖先，自古迄今不衰。祭祖的礼俗成为家族中最重要的尽孝方法，也是伦理文化的中心。

祭祖礼制进入秦汉时代，得到了进一步的发展完善。这些礼制主要反映在宗庙制度上。周王畿的故地是秦人建国之地，秦继承了周的宗庙制度。秦设置了七庙来对七代祖先进行供奉。据《礼记·王制》记载，“天子七庙”“诸侯五庙”“大夫三庙”“士一庙”“庶人祭于寝”①。秦始皇死后，公元前209年秦二世（胡亥）与群臣廷议尊始皇庙时，置七庙，尊始皇庙为“帝者祖庙”。因此，后世开始称封建王朝为“七庙”。

西汉时，在祭祖制度上，统治者对西周的“七庙”之制进行了突破，郡国宗庙自高祖至宣帝时期一共建立了167所，这167所郡国宗庙就是祖宗庙。因祭祖礼俗比较混乱，所以为史家所非，是“背经违故”。这种现象一直延续到东汉。

① 王文锦．礼记译解[M]．北京：中华书局，2016．

第六章　汉代社会生活

两汉为中国封建社会的发展奠定了坚实的基础，汉朝年间，国土疆域极为辽阔，其在政治经济、思想文化、制度风俗等方面也取得了非凡的成就并流传于后世。同时，中华民族特有的文化风貌及民族特色在两汉时期也得以形成，并对后世产生了深远的影响。当时社会生活的重要内容即衣、食、住、行，这些内容反映了人们的日常生活面貌，同时也是人们进行其他创造性活动的基础。本章将从汉代服饰文化、汉代饮食文化、汉代居住文化与出行文化三个方面对汉代社会生活展开介绍。

第一节　汉代服饰文化

通过对前代服饰制度的继承以及自身的不断完善，汉代的服饰制度愈发复杂与严密，基于社会阶层与身份等级的服饰穿着是其主要内容。

服饰的社会文化功能在汉代被人们重视，在服饰方面尊贵者与贤德者要与普通人相区分，以彰显其特殊的地位，这种服饰礼制任何人都不能违背。同时，服饰制度还具有规则详细的特点，即对一个人所有的服饰穿着都要按等级进行规定，没有遗漏，甚至不同地位的人群有其专属的服饰花纹、颜色以及样式，其规定非常复杂与细致。

西汉的服饰制度主要是对秦制的承袭，尤其是在西汉初年，国家推行休养生息的政策，在服饰制度方面并未作过多规定，只简单规定“爵非公乘以上，毋得冠刘氏冠”，刘氏冠即刘邦微贱时所戴的冠，同时也规定秦时的黑衣大帽为百官的朝服和祭服，这是当时服饰制度的主要内容。到汉武帝时期，“罢黜百家，独尊儒术”取代了黄老的“无为而治”成为新的统治思想，服饰制度也开始体现儒家所提倡的等级观念，元封七年汉武帝为表示受命于天，即下诏改正朔，易服色，当年便开始以太初元年纪年，以正月为岁首，同时，还将服色为黑的传统改为服色尚黄，数用五。此次改制只在服饰颜色方面作出了改变，并未涉及服饰的其他方面。建武年间，东汉光武帝刘秀对颜色作出了新的规定，他认为东汉之所以能统治天下，是因为具备火德，所以要以红色为尊，服饰车旗的颜色都应该尚红。东汉明帝时才对服饰制度进行了详细规范。

东汉时期的冠服制度不仅继承了秦和西汉的服饰制度，还对《周官》《礼记》《尚书》《皋陶篇》等三代古制进行了继承，同时也融入了儒家的伦理道德、礼乐教化、等级规范等思想内涵。由此中国形成了独具特色的冠服制度，汉代的冠帽、上衣、下裳、鞋袜以及配饰这五个方面都是其服饰特色的具体反映。

一、冠帽

《后汉书·志·舆服下》中共提到了19种冠帽，分别是冕冠、长冠、委貌冠、皮弁冠、爵弁冠、通天冠、远游冠、高山冠、进贤冠、法冠、武冠、建华冠、方山冠、巧士冠、却非冠、却敌冠、樊哙冠、术氏冠和鹖冠。

冠帽可以被划分为两种主要的类型：一类是祭祀礼仪活动中佩戴的祭服类冠帽，包括冕冠、长冠、委貌冠、皮弁冠、爵弁冠、建华冠、方山冠、巧士冠；另一类是朝会或工作时所佩戴的朝服类冠帽，包括通天冠、远游冠、高山冠、进贤冠、法冠、武冠、却非冠、却敌冠、樊哙冠、术氏冠。

上层阶级的男子只有在特定的场合以及情况下才可以佩戴冠帽，如朝会、祭祀等，冠帽象征着正式与严肃，代表着一种礼仪。帻是官员平常在家所佩戴的服饰，以代替正式的冠帽。最早帻是平常百姓用来包发的头巾，后来帻的地位逐渐提高，东汉时期“上下群臣贵贱皆服之”，甚至在汉末成了一种时尚，上层贵族普遍都戴帻。有一次下雨时，郭泰戴的头巾因雨折了一角，当时的人看到后都竞相模仿，认为那很优美，这种折了一角的头巾样式也被当时的人们赋予了“林宗巾”的美名。

汉代冠帽的形制及佩戴制度体现了严密的等级制度与深刻的文化内涵，不同身份地位的人所佩戴的冠帽是不同的，同时还有很多其他的复杂规定。

二、上衣

汉代上衣的样式和穿着规制主要来自对秦制的继承，但在具体的花纹细节、颜色布料等方面，汉代统治者对此进行了新的规定，所以在汉代具有了较为完备的衣着体制。在不同的时间场合，身份地位不同的人所穿的衣服也是不同的，汉代在这方面有很详细的规定。

汉代的上衣样式主要有长式和短式两种，长式上衣主要有袍服、襜褕、禅衣和深衣，此类上衣主要是上层贵族穿来进行朝拜以及祭祀用的，有一些也可以在日常生活中穿。襦、袭、衫、褠是短衣的主要形式，其中襦和袭为外衣，衫和褠为内衣。襦具有短小方便的特点，所以襦在汉代是最为普遍的穿着，每一个阶层的人都可以穿着襦，根据不同人的需求襦也发展出了短式和长式等诸多种类。

随着汉代社会的发展，其服饰制度变得越来越严密与详细，在服饰的颜色、花纹及衣料等方面，其都有所涉及，并作出了详细的规定。

君臣百官的服色在祭祀时要适应于四时迎气之制，所以不同的季节其服饰的颜色要有所变化。汉朝对秦朝的服饰形制进行了继承，服饰颜色尚黑，汉武帝时期，经过“易服色”的改革，服饰颜色尚黄，东汉光武帝刘秀时期，根据火德之说，服饰颜色尚赤。

东汉明帝永平二年（公元59年），又对祭祀与朝会服制进行了重新规定，“衣裳玄上纁下”是祭祀朝会时天子、三公、九卿、特进侯等百官的祭服，即黑红色是上衣的颜色，浅红色是下裳的颜色；“绀上皂下”是后宫的太皇太后、皇太后、皇后的祭服，即天青色是上衣的颜色，黑色是下裳的颜色；“青上缥下”为蚕服，即藏青色是上衣的颜色，月白色是下裳的颜色；“纯缥上下”是贵人助蚕服，即月白色是上衣、下裳的颜色；“采十二色，重缘袍”是公主、贵人、妃以上在嫁娶时，为表示喜庆所穿着的用精细衣料制作而成的衣服。上面介绍的是贵族官员丰富多彩的服色，与之对应的则是普通百姓单一的素色服色，一般百姓没有多余的钱财来打扮自己，其衣服大多用料粗糙，没有过多的装饰与色彩，因此也被称为“白衣”。同时，有制度规定平民百姓不可穿着彩色衣服，如《春秋繁露·服制》中记载，“散民不敢服杂彩”，西汉末成帝时也规定平民百姓的常服之色为青、绿两色，贵族常服之色为青紫色。据此可以得知，汉代具有较为完备的服色制度，对不同阶层以及不同礼仪场合的服色都有详细的规定。

花纹不仅具有装饰服饰的作用，还具有不同的象征意义，既可以表达美好的祝愿，也可用来彰显不同的身份地位。

图案花纹有12种，即12章，分别是日、月、星辰、山、龙、华虫、宗彝、藻、火、粉米、黼、黻。日、月、星辰有高居天空临照万物之意；山有稳重坚固之意；龙为灵兽，有神性灵变之意；华虫为美丽雉鸟，有华丽明艳之意；宗彝为祭祀礼器，有禁敬德义之意；藻为水草，有清洁之意；火为光明之意；粉米即白米，有哺育滋养之意；黼为斧形，有勇敢果断之意；黻为要形，有明辨是非之意。天子在祭祀等重要场合必须穿着有此12章花纹图案的服饰，山、龙以下7章是三公、诸侯被允许使用的图案，华虫以下6章是九卿被允许使用的图案。由此可知，汉代的服饰制度在图案使用方面具有明确详细的规范，贵族官员必须根据自己的身份地位使用图案，否则就是僭越。

不同身份地位的人的衣料质量也有粗精之分。一方面，受限于经济条件，平民百姓穿衣只求御寒保暖，因此其衣料质量都很粗糙，但是贵族富户因为有能力购买精美的衣料，所以他们对服饰的华美舒适非常注重；另一方面，汉代服饰制度上也对不同身份地位的人的服饰衣料进行了规定，身份地位越高的人的衣料越精细。

三、下裳

绔、裈、裙、蔽膝是汉代下裳的主要形式。

绔也称“袴”，合裆绔与不合裆绔是其主要形式。不合裆绔主要流行于西汉早期，即一腿穿一裤筒，再将两者用绳系于腰间，在四川宜宾翠屏村7号东汉墓出土的石棺上，百戏表演者被雕刻于其上，其中有一个人穿着绔，但他的上衣在表演倒立时出现了倒翻，同时露出了他的下体，从这可以看出其绔是不合裆的，所以当时的人一般配以长式上衣来穿绔，同时会更加注意自己的行为动作，以免出现不雅的形象。直到西汉中期，合裆的绔才开始出现。

形制短小，贴身穿着的下衣，即裈。在汉代，有一种下层仆役卑贱之人穿着的裈，即在两腿间及腰部缠一块布，这被称为犊鼻裈。

妇女的下裳一般为裙，为了美观，裙的衣料与纹绣会更精美。

从大腿至膝部的类似围裙的下裳，即蔽膝。蔽膝不是系在腰上，而是系于腰间的大带上，主要是为了装饰及保护衣服的。

四、鞋袜

单底和复底是汉代鞋的两种主要形式。鞜、履、屩等是单底鞋，一般较薄；舄是复底鞋，一般较厚。

履是单底鞋，按照材料和样式又可以分为皮履、丝履、麻履等小类。用皮革制成的履即皮履，也被称为鞮、鞜。下层劳动者多穿鞮，上层人物多穿鞜，鞜比较贵重；军士也穿皮制的靴，其中军官穿的长筒靴具有华美的装饰与多样的花纹，非常精美，普通骑兵穿的一般是朴素低浅的短筒靴；贵族及妇女多穿用丝锦制成的丝履。青丝履是西汉马王堆汉墓出土的五双鞋子的样式之一，其是用丝缕编织的鞋面，用麻线编织的鞋底，据此可以得知上层富贵之家多穿着丝履。下层劳动者多穿用麻、草编织而成的廉价草鞋，即麻履，也被称为麤、不借。制作麻履的原料随处可见，所以麻履非常便宜，而且它也具有方便劳作的特点，因此下层劳动者主要穿麻履。

舄和屐是鞋的主要形式。鞋下有木底的厚底鞋，即舄，其主要用于需要长时间站立的场合，也可用于湿泥地。汉代在祭祀等礼仪场合中，规定参加人员都要穿舄，同时这是有身份地位的人才能穿的鞋，平民百姓不能穿。下面有两个齿的木底鞋，即屐，与舄相比，屐更加轻巧，其与日本现在的木屐相类似。在举办庆典时，富贵人家为了追求造型上的华美，有时会穿着一些鞋面上用五色丝和漆画进行了装饰的木屐。

袜子也被称为足衣，根据材质的不同，可以分为革袜、丝袜、布袜。在汉代，袜子的长度超过了一尺，一端还带有绳结，穿袜子时需绑在腿上同时用绳结来收口，即“结袜”，当时身份低贱的仆人经常穿着结袜。革袜是使用皮革制成的袜子，在汉代，皮革袜子很常见。丝袜是由丝绸或绢制成的袜子，通常由富贵人士穿着。西汉马王堆汉墓里还挖掘出了两双袜子，它们是绢制的双层夹袜，袜口处有带子，细绢是袜面，粗绢是袜里，这说明了当时贵族对袜子的制作非常讲究。相对而言，用麻布制成的布袜是普通民众所穿的袜子。不同社会阶层的人们穿着的袜子材质有所不同，贵族会选择质地精良、设计精美的袜子，有时为了更美观，还会在袜子上绣花纹。此外，不同的场合对袜子的颜色也有一些规定。平时，人们通常穿着素白色的袜子，而在参加祭祀仪式时，为了显示对祭祀对象的敬意，则会穿着绛色即红色的袜子。

五、配饰

佩绶、印、玉佩等是汉代人的主要配饰，这些配饰不仅象征着高贵的品格，还能体现人们的官阶地位，同时还能提升服饰的美感。在汉代，它们被视为至关重要的配饰，因此汉朝统治者对它们有着非常严谨详细的规定。

佩绶可以追溯到古代，其具有丰富而深刻的政治和文化意义。汉代佩绶制度在继承秦制的基础上有所创新和发展，汉代不仅延续了秦朝的制度，还实施了严格的“组绶”制度。汉代处于封建社会发展的成熟阶段，官员的等级不仅在服饰上有明显区分，而且通过腰间佩戴的绶也能看出官员之间的差别。组和绶都属于丝织带子类织物。组不是装饰品，它是比较狭窄的丝条，主要用来绑腰。绶上织有丙丁纹，它是约三指宽的丝条，不同颜色以及不同数量的绪头代表着不同的等级，朝廷颁发官印时也会颁发绶，即“印绶”。根据材质的不同，印有玉、金、银、铜之分，不同等级的绶其长短与颜色也不同。根据汉代的法律，官员退职或死亡，都要将印绶返还给朝廷。

系印的织带，即绶，不同的官阶具有不同的印与绶。在汉代不同质料、纹样、名称的印，象征着不同的官阶。

在汉代人们以佩戴玉佩为风尚，玉佩具有温润洁白的特点，被认为是君子美好品德的象征。玉因其温滑柔润、清澈透亮、纯粹圣洁、丝润晶莹等特质，被人们认为是集仁德、智慧、忠义等各种美好品质于一身的代表。同时玉给人的感觉又很低调、大气，因此能够彰显出佩戴者较为深厚的德行操守。另外，不同质地与形状的玉佩，也是佩戴者身份地位的体现。

第二节 汉代饮食文化

中国的饮食在汉代之前就已经发展得较为成熟，在饮食上人们不仅食用五谷，而且食用许多种类的蔬菜、肉制品及其他副食品，同时还发展出了类型多样的烹饪方法，如腌、煮、烤等。汉代在饮食方面不仅对前代的饮食烹饪方式进行了继承，还有了自己的发展和创新，其饮食、烹饪较之前代达到了更高的水平。

汉代农业的蓬勃发展，不仅为人们提供了各种各样的食材，以供人们制作出各种美食，还让人们变得更加富裕，所以有条件来追求更美味的食物。因此，汉代农业的进步是促进当时饮食文化不断发展的主要原因。

一、汉代饮食概况

（一）主食

相较于前代，汉代出现了更多的主食种类，这主要受两方面因素的影响：一是农业的发展，二是人们的口味喜好。麦子、粟、水稻及豆、黍、麻等是汉代的主要粮食作物，对其进行加工后形成的饼、饭、粥是汉代人们的主食。

汉代具有种类繁多的粮食作物，基本有18类，分别是粟、麦子、水稻、糜子、黍、䅟稗、芋、高粱、荞麦、青稞、豆类（大豆、小豆和豌豆）、麻、稗、桄榔、菰米、薯蓣、芝麻、燕麦，其中人们食用较多的可能是粟、麦子、水稻、黍、豆类和麻。由于其他作物的种植区域比较小、产量低、不符合大众口味，因此只是主食的替代、补充品，在汉代人们的饮食结构中并不重要。

早在先秦时期人们就已经开始种植麦子，同时大麦和小麦也已经被人们所区分。但是，汉代以前的人们并不喜欢吃麦子这种粮食作物，他们认为麦子是生长于贫瘠之地的作物，比较低等，是粗食。而在汉代，越来越多的地方开始种植小麦，小麦的产量也不断增加。《淮南子·地形训》中就专门提到了黄河中下游的齐鲁东方之地“其地宜麦”，通过历史文献可以发现，汉代将小麦的种植从黄河下游地区推广到了中游地区，并一直延伸到西北、西南地区。小麦的推广主要受益于新的小麦加工技术，因为小麦制作的主食变得更加好吃，更加符合人们的口味，所以人们增加了小麦的种植面积，同时人们也开始着重对小麦的生长情况进行研究，以增加小麦的产量。

粟又被称为谷子、小米，粟这种作物起源于中国，同时粟的种植历史非常悠久。20世纪30年代，一些粟壳在山西万荣县菊村瓦渣斜遗址中被挖掘出来，通过测定得知这些粟壳属于龙山至仰韶文化时期，因此可以断定中国人民很早就种植粟这种作物了。秦汉时期人们将粟作为主食，所以很多情况下粟即粮食的代称。粟在当时被广泛种植，人们习惯食用粟，同时赈灾的粮食也主要是粟。例如，在武帝元鼎二年（公元前115年），为赈济灾民，巴蜀地区的粟就被政府调到江陵地区，这不仅显示了粟作为主要粮食作物的重要地位，也表明除了黄河流域，西南四川等地也是粟的种植区域。

作为汉代主要粮食作物的水稻，具有较高的地位，被人们认为是珍贵的食物。先秦时期，由于北方水稻的产量很低，所以水稻非常珍贵，只有王公贵族才有机会享受到水稻的美味。在汉代，人们同样认为水稻的味道很好，因此随着生产技术的提高，人们扩大了水稻的种植区域，使其成为一种主要粮食作物。

麦子、粟、水稻及豆、黍、麻这些主要的粮食作物经常出现在汉代文学作品中，饼、饭、粥即对其进行加工后的食物，它们是汉代人日常生活中的主要饮食。

饼、饵都属饼类，只是所用原料稍有不同，“溲面而蒸熟之则为饼，饼之言并也，相合并也。溲米蒸熟之则为饵，饵之言而也，相黏而也”。[①] 据此可知，将麦子磨成面粉再和水之后得到的未经发酵的死面饼，即汉代的饼。蒸、煮、烤是汉代饼的三种主要做法，据此也产生了很多种类的饼，据东汉刘熙《释名·释饮

① 史游. 急就篇[M]. 长沙：岳麓书社，1989.

食》记载，当时已有7种饼，即胡饼、蒸饼、汤饼、蝎饼、髓饼、金饼、索饼，可见当时人们很爱吃饼。

汉代穷苦百姓的主食一般为麦饭，即将麦麸皮一起进行加工食用的饭。制作麦饭非常简单，还不浪费粮食，但是由于要一起吃麸皮，所以口感并不好。在汉代，吃麦饭这种粗疏之食象征着节俭或贫寒，官员吃麦饭则象征着朴素与清廉。同时，粟、黍、水稻等谷物都可以通过蒸或煮的烹饪方法加工成饭，所以汉代具有类型多样的饭。饭不仅制作简单，晒干之后还可以长期保存，所以人们外出主要携带饭。干饭具有较粗的颗粒，在外既可以干吃也可以就水吃，不仅能吃饱还很方便，所以汉代人们普遍食用饭。

汉代人们经常食用的主食还有粥，如麦粥、豆粥、粟粥等，各种谷物粮食都可以用来煮粥，人们认为味道最好的粥是豆粥，并将其称为“甘豆粥”。粥较软，好消化，因此很适合老人吃。在赈济救灾时，粥也是灾民食物的最佳选择。

（二）副食

将副食进一步划分可分为蔬菜、肉类以及水果类。

1. 蔬菜

在汉代，蔬菜品种十分丰富，根据《氾胜之书》《四月民令》以及张衡《南都赋》的统计，当时已有20多种蔬菜，葵、韭、芹、藕、笋、瓠、瓜、萝卜及葱、姜、蒜、椒等是人们经常食用的蔬菜，同时人们也经常吃用大豆制成的豆腐。

在人们经常食用的蔬菜中，有些具有悠久的种植历史，它们经常出现在文学作品中，如在《诗经》中经常可以看见葵，《豳风·七月》中就有“七月烹葵及菽”的语句，据此可知，先秦时期人们经常食用葵这种蔬菜。

张骞出使西域将许多蔬菜通过丝绸之路传向内地，这也是汉代蔬菜种类众多的原因之一。胡麻（芝麻）、胡萝卜、胡豆（蚕豆）、大蒜、大葱等，都是从异域传来的蔬菜，后发展为人们喜爱的食物。有的蔬菜名称中的“胡”字，也彰显了其异域的身份。

豆腐起源于汉代，它具有很高的营养价值，由于它的原料是产量丰富的大豆，同时制作工艺简单，可以大量制作，所以它的价格很低，同时它的味道也非常鲜美，因此直到今天大家仍然很爱吃豆腐。1960年“庖厨图”出土于河南省密县（今新密市）打虎亭1号汉墓，其中就有浸豆、磨豆、滤浆、点浆、挤榨等完整的制作豆腐的工艺流程。除此之外，据近代耿鉴庭考证，“淮南堂”的字样被印在日本古代的豆腐干上，由此可知，豆腐与淮南王刘安有某种特殊关系。汉代人们的饮食结构由于豆腐的加入变得更加完善，同时大豆也逐渐转变为食材原料，成为人们的副食。

汉代还创造出了另一种很美味的食物，即豆豉，人们主要将其作为调味的副食品进行食用。豆豉主要是由大豆，同时再辅以各种调味料如盐、蜜、姜、醋、椒等制作而成的。齐鲁地区的豆豉非常出名，是当地的一大特色，其味道鲜美、浓郁，令人回味无穷。据考证，汉代很多地方都会将豆豉作为日常食用的调味品，人们对豆豉的需求量很大，豆豉在汉代人的饮食结构中占据重要地位。

2. 肉类

汉代具有多品种的肉类，包括饲养的牲畜、水产类及野生禽兽类。

人们经常食用鸡、猪、羊、狗、牛等饲养动物，牛肉是最珍贵的肉类，羊肉和狗肉次之，最普通的肉是鸡肉和猪肉。

在汉代，最主要的肉食是鸡肉和鸡蛋，由于鸡肉和鸡蛋价格便宜且容易购买，所以是普通的社会下层成员在节日食用以及用来招待客人的主要肉类。而且，当时的人们还建有养鸡场以饲养大量的鸡。关于鸡的随葬品，在马王堆汉墓中也有被发现，同时陶鸡的模型也出现在了汉代其他的墓葬中，因此可以得知鸡肉在汉代人的饮食结构中占据重要地位。

鱼、虾、蟹、蚌、龟、螺等水产类肉食，汉代人们都有食用。在汉代，人们食用量最大同时食用最为普遍的水产为鱼。经鉴定，在马王堆汉墓中存在鳜鱼、鲤鱼、鳡鱼、鲫鱼、银鲴、刺鳊6种鱼类的骨骼。受限于自然条件，汉代内陆地区虽然吃鱼，但并不像河湖密布的南方及沿海地区那样普遍。这种情况也可以通过出土的相关画像砖得到验证，根据考古发掘可以得知，山东、江苏等沿海地区出土的表现捕鱼场景或以鱼为主题的画像砖要多于内陆地区。

汉代人们也经常食用野生禽兽类动物，经鉴定马王堆汉墓中存在许多种野生禽兽类动物的骨骼，如华南兔、竹鸡、环颈雉、鹤、斑鸠、喜鹊、鸳鸯、雁、麻雀、梅花鹿等，在墓中还发现了装它们的竹笥。当时自然环境比较好，所以存在大量的野生禽兽，因此人们得以猎杀它们进行食用。

综上所述，汉代具有丰富的可食用的肉类品种，主要包括三大类，即饲养的牲畜、水产类及野生禽兽类。据此可以总结出，汉代肉类饮食有以下两方面的特点：一是相较于前代，汉代食用的肉的种类更加丰富，反映了汉代较为奢侈的饮食特点；二是一般只有上层阶级才有机会食用各种类型的肉，同时不同地域所食用的肉类也是不同的。

3．水果类

在汉代，水果是多种多样的，《急就篇》就列出了8种常见的水果：梨、柿、柰、桃、枣、杏、瓜、棣，这些应该是当时人们普遍食用的一些水果。汉代皇室、贵族等食用的水果既有原产于中原内地的，又有通过丝绸之路引进的，如“瀚海梨”“西王枣”“胡桃”“葡萄”“石榴”等，还有一些是非常有名的，如敦煌的瓜、宛中的朱柿、房陵的缥李、酒泉的白柰、贡落的文瓜、黄甘的华橘、昆山的蒲桃、朔滨的巨栗、西山的杏等，这些各地进献的水果无疑是各个种类中的上品，其品质尤为出众，味道甘美。

（三）饮料

汉代人的饮料主要有茶和酒两类，另外还有少量的乳饮料及果汁。

1．茶

汉代人们已经了解到饮茶的一些功效，这也侧面反映出茶在中国具有悠久的食用历史。最晚到西汉，中国就已经出现了饮茶习俗，但当时茶只是一小部分人的饮料之一，所以饮茶还未如后世那般普及。同时，汉代以及汉代之前的文学作品及历史典籍中关于茶的记载都很少，远不如酒的记载多。巴蜀地区是汉代主要的产茶区，江南地区在东汉时期也开始大量种植茶叶。

2．酒

酒的酿造和饮用在中国都有相当长的历史，从上古开始，人们就十分喜爱饮酒了。在汉代，饮酒依然是人们的喜好，因此酿酒业也有了进一步的发展。

汉代的饮酒之风极为普遍，上至达官贵人，下至普通百姓，都有饮酒的记载保留至今。酒在达官贵人的宴饮聚会中多为必备之物，上层社会不论是官吏还是儒生，不论是男子还是妇女，都极爱饮酒。不仅上层社会如此，普通百姓人家也常以酒待客，饮酒之风盛行。

汉代的酿酒业也比较发达，在四川新都县出土的“酿酒”画像砖上，人们正在进行酿酒工作，有人送糟，有人和曲，有人在旁观察，炉灶、酒赛等器具也都齐备，表现了民间酿酒的工作场面。酿酒业的发达不仅表现在行业规模庞大，还表现在酿造技术的提高，在酿酒制曲技术上已有一定的发展，人们能够普遍使用“复式发酵法”。

曹操还写了《奏上九酝酒法》，其中记录了酿酒的原料、时间、方法、过程等，以“九酝酒法”酿制的酒度数更高，味道也更醇美。曹操为汉末魏初之人，其所记载的“九酝酒法”应该在东汉就已出现并广泛使用了。汉代酿酒技术的提高自然也使酒的种类更加丰富，仅马王堆汉墓出土的竹简就记载有“白酒二资”“温酒二资”“肋酒二资”“米酒二资”，即白酒、犁酒（也作醖酒）、肋酒、米酒各两罐。汉代酒类共有18种，分别为酎酒、醖酒、肋酒、米酒、白酒、黍酒、稻酒、秫酒、稗术酒、金浆、青酒、菊花酒、桂酒、百末旨酒、椒酒、柏叶酒、马酒、葡萄酒。

3. 乳饮料及果汁

在汉代已有乳饮料和果汁作为人们的日常饮品，虽然其种类不多，但也在一定程度上丰富了当时人们的饮食结构。乳饮料在北方游牧地区饮用较为普遍，果汁饮料在汉代见于记录的仅有柘浆（甘蔗汁）、梅浆。

从众多文学作品所反映出的汉代饮食中主食、副食、饮料三个方面的大致情况，就可以看到汉代人们的饮食水平较前代已有所发展，食物的数量、种类都比较丰富，其中一些食物的种类已与今日大致相当，其饮食结构也与后世相差不大了。

二、汉代烹饪

人们在历史发展过程中，饮食由以生食为主发展到以熟食为主就涉及烹饪方法，烹饪的历史是十分久远的。汉代的烹饪方法较先秦时更为多样，仅马王堆出土的遣册中就记载有77项馔品，涉及羹、炙、脍、濯、熬、炮、蒸、腊、濡、脯、菹等十多种烹饪法，另外，炒这种烹饪方法很像是汉朝的又一项发明。虽然它在文献材料或其他地方未被直接提到，但从人们特别强调要又薄又匀地切开食物的说法以及出现在考古记录中的镬模型中可以推知一二，不过关于炒法的出现还有一定争议。

在汉代，煮是最常见的烹饪方式之一，煮的对象也十分广泛，粮食、蔬菜、肉类都可以煮熟食用，如主食中的豆粥、麦粥即由煮法制成，而煮肉类则称为羹，把肉、菜等一同放入锅中煮好就是羹。在马王堆汉墓出土的遣册中所记录的羹就有5种24款，有狗巾羹、牛逢羹、笋白羹、醢羹、白羹、巾（堇）羹、药羹、苦羹等。羹是以肉为主料，配上不同的辅料煮制而成的，汉代人经常食用煮制食物，煮法是汉代烹饪方法中的重要一种。

炙即在火上烤肉，也是汉代烹饪中常见的烹饪方式。炙在具体操作上还分为不同种类，其中“貊炙”是把整个动物放在火上烤，是北方少数民族习惯的烧烤方法。民族的交流与融合使得这种烧烤方法传到中原地区，成为中原内地人们烤肉的方法之一。对炙法的接受和喜爱也使炙肉成为席间美食，马王堆汉墓出土的遣册上也记载有犬肝炙、牛脊炙等多种炙肉种类。在河南洛阳、山东金乡和山东长清出土的汉代画像砖上也有烤肉场景，这些出土地点就已表明，汉代烤肉而食在中原地区也较流行，炙法已成为常用的烹饪方法之一。

煎和熬也是汉代烹饪中常用的烹饪方式，两者都是把食物加水煮熟，不同之处在于煎法要把汤汁收干，而熬法则保留一些汤汁。煎熬之法所烹制的食材多为肉类，与今日并无太大差异，用此法烹调食物既可将食物煮熟煮烂，又可将各种味道融在一起，操作也简单易行，是时至今日仍然常用的一种烹饪方法。

蒸不仅是汉代烹饪中常用的烹饪方法，还是区分东西方烹饪的重要标志之一。中国的烹饪以蒸法见长，而西方则以烤法见长。中国蒸法历史悠久，先秦时期谷物多以粒食为主，将谷物蒸熟就是人们的主食。另外，汉代粮食加工技术得到发展，小麦也被磨成面粉制成饼食用，其中有一种蒸饼，不仅米面等主食可以蒸熟食用，菜品也可以用蒸法烹饪，马王堆汉墓遣册中就提到有蒸鲋、蒸鲍等。

脍法也是常用的烹饪方法。脍是将肉切碎，拌以佐料，生吃之法，当时人们十分喜食生鱼脍。

脯和腊是时至今日仍广泛使用的烹饪方法，二者都是把肉制成肉干以保存、食用。汉代用脯腊之法制肉仍十分普遍，不仅形体较大的动物可以被分解后制成腊肉，凉州鸟翅所制成脯腊还是当时的美味佳肴之一，另外巴蜀地区还有一种味道独特的羊腊也十分有名。

第三节 汉代居住文化与出行文化

一、汉代居住文化

（一）汉代建筑概述

汉代建筑在继承先秦建筑技术的基础上又有了进步与提高，在建筑结构及样式上也有了丰富和发展，使得中国古代传统建筑在结构和形制等方面都走向了成熟。

汉代的房屋结构以继承为主，由三部分构成：台基、屋体和屋顶。台基多由夯土制作而成，距地面有一定的高度，一方面可以加强房屋的稳定性、坚固性，另一方面可以防水防潮，还可以与整个房屋相互衬托，显出肃穆、庄重之感。因此汉代规模宏大的宫殿建筑多以厚重广阔的台基为底。

屋体的建筑主要以木结构为主，其建筑方式主要有三种：井干式、穿斗式和抬梁式。在这三种建筑方式中，井干式最为简易，即用木头重叠交叉构成井字形，采用此方式建构的房屋空间较为窄小，因此在发展过程中逐渐少用。穿斗式较为复杂一些，即用穿枋把众多立柱连接起来，构成房屋的框架结构，穿斗式施工也相对容易，但是它难以支撑构建规模较大的房屋楼阁，因此多用于普通民居建筑或小型建筑。抬梁式是最为复杂的结构形式，它先在众多立柱上架梁，然后又在横梁上再立矮柱，在矮柱上再次抬梁，因此它也被称为叠梁式。这种建筑方式施工难度较高，但可以扩大建筑物的高度、深度及室内空间，因此多用于规模宏大的宫室、府第及豪门宅院等建筑之中。

在房屋建构的方式中，梁柱的作用是十分重要的，它是房屋的结构框架，是房屋的承重部件，因此人们也十分重视房屋梁柱的选材与设置。一般来说，梁柱多为上好的粗壮木材，富贵人家还喜欢在梁柱上雕饰刻画，以增强其美感。

汉代屋体的墙也多由夯土制作而成，用版筑法进行建造，即先用木桩固定好挡土板，再将泥土充实在两板之间，打夯使其紧密结实，成为房屋的墙体。汉代的版筑法在继承前代的基础上又有了进一步的发展，即先用木模盛泥做好墙砖土坯，等土坯干透之后再用来筑墙，这种土坯被称作“墼”。

汉代时房屋的屋顶也已发展出多种样式，有四面坡的庑殿顶、两面坡的悬山顶、方形的攒尖顶以及歇山顶和囤顶等样式，其中四面坡的庑殿顶和两面坡的悬山顶最为普遍。四面坡的庑殿顶可覆盖较大面积，多用于规模较大的宫室、府第等建筑，而普通民居则多用覆盖面积较小的两面坡的悬山顶。在屋顶坡面的交汇处，即屋脊处还常装饰有凤、雀等形象，且屋脊在最末端还会稍稍向上翘起，形成一定的曲线，使建筑更加灵动美观。汉代房屋在房檐的尽头已广泛使用瓦当了，瓦当上多装饰有各种纹样，如动物、文字等，既可增添房屋的美感，又可表达吉祥的寓意，还可标明年代、地点等信息，极富文化内涵。

（二）汉代居住思想及建筑文化

建筑是文化的具体反映，虽然建筑物是实体存在，但它存在于一时一地，不仅能够反映出当时的建筑技术及科技水平，还能体现出一定的审美观念及时代精神。房屋建筑作为人生活的场所，无疑也可以保留下当时人们的某些生活方式及价值观念，房屋不再是一个死的实物，而是一个充满生活气息、具有时代特色、包含人文理念的综合体，它是科学技术、艺术文化、日常生活的完美结合。汉代的宫殿、府邸、普通民居等建筑当然也具有以上所说的这些属性，虽然我们无法看见汉代建筑的实貌，但是通过考古发现和文字记载，我们还是可以较为清晰地掌握汉代房屋建筑的相关情况。同时，文学作品在描写房屋建筑时也会自觉或不自觉融入当时的居住思想与建筑文化，这就为我们从文学作品中了解汉代居住思想及建筑文化打开了一扇视角独特的窗口。

1. 居住建筑与风水思想

汉代的人们在居住建筑方面较信奉风水，有许多风俗禁忌都与此有关，并形成了一套较为系统的图宅术及堪舆术。王充在《论衡·诘术篇》中就引用了古佚书《图宅术》的内容进行批驳，这也从另一方面反映出当时图宅术在社会上的流行。堪舆术与图宅术类似，也是判断房屋建筑吉凶优劣，教人趋吉避凶之术。在以图宅术、堪舆术为代表的风水思想中，居住建筑在地点选择、形制朝向等方面都有诸多要求与禁忌。

首先，在居住建筑的地点选择上，人们常以阴阳调和、山水环绕、地形高敞、历史悠久之地为吉为佳，这在宫殿及城市的选址上表现得尤为突出。例如，未央宫在选址时是经过一番考量的，龙为天子象征，建未央宫于龙首山给皇帝居住是再合适不过的了，而且依山势而建宫殿，宫殿高出全城，皇帝居于此自然是居高临下，威严神圣之感顿时彰显出来，天子气派油然而生。

其次，在居住建筑的朝向上也有诸多讲究与禁忌，风水与五行相结合，衍生出一系列吉凶之说。五行的相生相克与门庭朝向和家庭的吉衰联系到了一起，成为人们建筑房屋时的注意事项。大到城池，小到房屋，其方位朝向都要合乎风水规律，从而达到天佑吉祥的目的。

最后，在居住建筑的修建上还有许多风水禁忌。汉代时风水思想是被人们普遍接受和信奉的。汉代时的房屋多为土木结构，因此防火是保护建筑的重要内容。鲁灵光殿将屋顶建成井形，并在房屋上装饰圆渊及荷藻图案，都是出于防火安全的考虑，虽毫无科学依据，但却是汉代人们深信不疑的风水之术。

2. 居住建筑与等级秩序

房屋建筑是居住文化的外在表征，在房屋建筑及人们的居住生活中，无处不渗透着当时的社会思想与社会规范。从汉代帝王、权贵的宫室豪宅与普通百姓的房屋院落在形制、规模、装饰等方面的对比中，显示出了鲜明的等级差异。并且，在一个住宅单位内，按照长幼尊卑的顺序，每个人居住的房屋大小、朝向等也有所不同，这即家庭内部秩序在居住上的反映。

帝王、权贵的宫室豪宅在建筑时力求宏大华美，这一方面是出于追求享乐的需要，另一方面也是为了彰显自己的尊贵地位，体现贵贱之别。汉初，萧何在营作未央宫时就把“非壮丽无以重威，且无令后世有以加也”作为建设思想，宫室的壮丽就是为了显示帝王的威严、庄重，这是与帝王至高无上的身份相匹配适应的，因此得到了高祖的肯定。

富贵人家的房屋庭院精美华丽，可以彰显主人的与众不同，中等阶级的人在建筑规模及装饰精美的程度上已明显不如高等阶级的人，虽然这里面有财力物力等客观原因的影响，但仅从房屋规模及装饰程度等方面来看，这种差异也反映出高层主人在身份、等级上的不同，成为人的社会等级的体现与外化。而普通百姓及贫苦者所居之宅与以上宫室庭院相比则等级差异更为显著。

汉代时贫困者的住房可能与此所述相差不远，是十分简陋破落的，"白屋"之名就是最好的证明，贫苦人民将白茅作为屋顶，这与富贵者的"台榭连阁""黻绣帷幄"可谓是天壤之别，其中表现出来的身份地位的差异是极其悬殊的。总之，形成居住建筑或精美或简陋的原因是多方面的，然而仅从建筑物本身这一客观实体来看，它的确反映出居住者的社会地位高低，是人们身份等级的代表和象征，是尊卑贵贱的外化与体现。

不论是权贵富豪还是百姓贫民，虽然其居住的房屋在形制、规模等方面都有很大的差异，但是在他们所居住的一个住宅单位内，家庭内部成员所居住的房屋在大小、朝向等方面也有一些不同，这些不同是与家庭成员的长幼尊卑关系密切的，它体现了家庭内部的礼仪秩序。在徐州铜山利国出土的汉代画像石所绘制的四合院建筑中，主要房屋位于纵轴线上，次要配房位于两侧，前有门庭，中间有道，两侧设庑以备宾客住宿，就是按照家庭内部长幼尊卑、男女主仆的顺序来安排的，体现出了长幼有序、内外有别的秩序规范。一般来说，在家庭内部，长者、尊者居正室，幼者、卑者居侧室，正室在大小、朝向、装饰等方面都比侧室规格要高，以显示出一家之主的尊贵威严。另外，家庭内部的秩序规范在居住建筑的安排上也被清晰地表现出来。

3. 居住建筑与取法天地

居住建筑是人们居住的小世界，天地宇宙是人们生存的大世界，古人很早就认识到了这一点。古代先民把屋舍作为自己的整个宇宙世界，"宇宙"二字中"宇"即屋宇，"宙"即在屋宇中生活出入，他们日出而作，日落而息，时空与屋宇相联系，伴随着从屋宇中往来出入体会到时间与空间的概念。房屋与天地宇宙之间就以这种特殊的方式联系到了一起。房屋在修建装饰时取法天地，一方面是基于房屋与天地宇宙相似的这种概念，另一方面是希望得到天地的庇佑。顺应天地是古人对天地的尊崇信仰，相信它会赐予福祉降临尘世，是天人感应与天人合一思想的一种体现。

汉代时人们的居住建筑单元大到城市宫室，小到房屋，很多都有取法天地的痕迹存在。城池宫室在建筑时取法天地、仿照宇宙是汉代人们普遍认可并遵从的思想，这在众多描写都城及宫殿的文学作品中都有充分的体现。

班固明确提出了宫室“体象乎天地”这一观点，其认为宫室与天上星宿相互辉映。这与张衡描写的未央宫有一致之处，未央宫与天帝的紫宫相类似，众多宫殿环绕也如同上天众星拱卫，宫室与上天星辰之间极其相仿。在未央宫所建的苍龙阙、玄武阙、朱鸟阙、白虎阙也是上天星象的对应仿照，正如《三辅黄图》记载：“苍龙、白虎、朱雀、玄武，天之四灵，以正四方，王者制宫阙殿阁取法焉。”①这种对应仿照暗含了帝王的尊贵与对上天的顺应，因此也会得到上天的肯定，赋予统治者至高权力。王延寿在描写灵光殿时也将这一殿堂在结构上对应星宿，取法觜陬星，与天地群生相比照，以致“神仙玉女”也对其格外喜爱。虽然他们描写的宫室对象各有不同，但其中却包含了惊人的相似之处，由此可见汉代人们确信居住建筑若仿效天地、合乎规矩，则神灵自会眷顾，天地灵气也会汇聚于此，从而成为嘉吉福佑之宅，有利于屋内居住者的生存与发展。

城市皇宫有取法天地这一特点，帝王权贵游乐的池沼苑囿也有这一特点，武帝时期所修建的昆明池就是如此。昆明池中有牵牛、织女分立左右，有门出于扶桑，日落于濛汜，体象天文之意极为明显。池沼苑囿在修建时取象天地也是对天地群生的仿照顺应，既顺乎天地自然，又合乎礼法规矩，有利于承乎天地福佑。

家庭的居住建筑在修建及装饰时受当时的社会思想影响，也会追求取法天地。以云气仙灵图画装饰房屋，自然也是希望自己的住宅能够沾染一些仙气灵性，能有益于自己的发展。

栖居于世是人们日常生活的重要方面，人存在于广阔的宇宙空间之内，但具体的日常生活大多是在房屋这一较小的空间范围内展开的，房屋与居住伴随着人的出生至死亡，也伴随着整个人类发展进步的全部历程，因此这一日常性活动在某种程度上也逐渐打上了文化的烙印。汉代文学中有大量关于居住建筑的记载，这些文字展现了当时的居住建筑情况，同时也反映出了汉代的居住文化。它既对先秦有继承，又对后世有开创示范意义，在历史长河中成为承前启后的关键环节，也对整个中华文明中的居住文化起到了奠基性的作用。居住建筑中的建筑美与文学中的文字美相结合，两者共同构建出风韵别致的扇窗，从中我们可以看到汉代居住文化的壮美姿影。

---

① 何清谷. 三辅黄图校释 [M]. 北京：中华书局，2005.

二、汉代出行文化

出行交通是人们日常生活的重要方面，人们在学习、工作和生活中必然会发生空间位移，这就一定会涉及出行的相关方面，如交通工具的使用、出行风俗禁忌等，汉代作为继秦之后的统一王朝，其出行文化受秦影响较为广泛深刻。由于秦统一全国，并大规模修筑道路，开辟水运航线，有力地促进了交通运输及舟车制造业的发展，同时，秦朝时形成或制定的车舆制度及出行风俗，汉代统治者也多有继承。出行交通的思想文化在汉代基本发展成熟，包含了出行的各个方面，并在文学作品中得到了充分的反映。

（一）汉代出行的交通线路与工具

汉代的出行交通在继承秦的基础上又有了很大的发展进步，不论是在水陆交通线路建设上，还是在舟车交通工具制造上都有了长足的发展。不仅形成了连接各地的水陆交通网络，还开辟了对外联系的新道路及新航线。这些交通线路为汉朝对外的经济、文化交流提供了条件与便利，而经济、文化的交流发展又反过来推动了交通线路的建设完善，两者形成良性互动。这种良性互动带动了舟车制造业的进步，使其生产出更舒适实用、更能满足人们生产生活需要的交通工具，全面促进了汉代出行交通事业的繁荣，这种繁荣情况在文学作品中也有所体现。出行交通成为汉代文学中反映人们日常生活的不可忽视的一部分。

1. 水陆交通线路

汉代时的水陆交通线路在里程及分布上都较前代有了很大的发展，形成了通达全国的道路交通网络，不仅国内各城市地区之间联系便捷，中外交流也更加通畅。

（1）陆路交通网络

通过整理各类文献资料可以发现，汉代时的陆路交通网络主要由驰道、直道、驿道及各条线路组成。两汉时期分别形成了以长安和洛阳为中心的全国道路交通网络，另外，城市内部道路建设及中外交流的陆路通道在汉代也有了很大的发展。

驰道最初是专供皇帝使用的交通线路，主要分布在宫殿建筑群及京城之中。驰道的修建最初由秦始皇时开始，随着秦始皇多次出游巡视各地，驰道的修筑范围也越来越广，众多驰道形成了以咸阳为中心的道路网络，而这些驰道网络在汉代依然能够使用，是陆路交通的重要组成部分。后来，汉代在继承秦代驰道的基础上，又对驰道进行了大规模的开辟与修缮，保证了驰道的畅通无阻，因此，汉代驰道的路面情况是比较好的，道路环境也维护得不错。汉平帝之后，驰道得到了更充分的利用，在交通上的作用也更为显著。总的来说，驰道的修筑虽然与帝王关系密切，但其对陆路交通网络构建的意义却是十分重要的，对促进汉代的经济文化发展、维护国家统一也有积极的作用。

直道主要分布于北部及西北地区，主要是为了抵御匈奴侵扰而修筑的道路，因为此条道路直通北部边疆，平直便捷，故称之为直道。直道也是自秦始皇时期开始兴建的，以咸阳西北的云阳为起点，经过今陕西淳化的秦林光宫遗址北行，进入鄂尔多斯草原，过乌审旗北部，再经东胜县（今鄂尔多斯市东胜区），于昭君坟附近渡黄河，直抵包头市附近的秦九原郡。直道的修建征用了大量人力，因此得以在较短的时间内完成，且在汉代时依旧是重要的陆路交通线路。

秦在统一六国之后就建立了通达全国的邮驿交通网络，汉朝承袭秦制，并在驿道建设上进一步完善发展。其在驿道上通常会每隔一定的距离设置驿站，以供邮差或来往官员休整食宿之用，汉代时“驿马三十里一置”，在驿站中还设有其他配套设施。

汉代时除修建驰道、直道、驿道外，还修建了众多道路连接各地，形成了四通八达的陆路交通网络。北部及西北地区的主要道路有回中道和飞狐道。回中道位于渭水和洛水间的西北地区，元封四年（公元前 107 年），武帝行幸雍，祠五畤，始建回中道。它以长安以西的汧县（今陕西省陇县城关镇东南）为起点，经过安定附近的回中，北至萧关，以高平为终点。此条道路连接了今陕西、甘肃、宁夏等地，在当时对于加强西北地区与中原的联系，促进西北地区经济文化发展与政治稳定都有十分重要的作用。飞狐道是以军事防御为主要目的而在北方地区修建的一条道路，它因经过飞狐口而得名。东汉初年（公元 25 年），北方匈奴、乌桓等民族频繁侵扰边郡百姓，飞狐道的修建为加强北部边防提供了便利的条件。东南地区的主要道路为峤道，峤道连接今湖南及广东地区，其对于加强东南地区与中原的交流起到了重要作用。峤道的畅通对于交趾七郡与中原地区的物资交流具有十分重要的意义，既保障了人员、货物安全，又节省了时间，提高了运输效率。

（2）水路交通

汉代时的水路交通在继承前代的基础上又有了新的开拓和发展，在通航线路及通航里程上都有所增加，在海上交通和内河交通两个方面都有不同程度的发展。

汉代海上交通是中国交通史上海外海路交通的第一个繁荣鼎盛期，海上交通不仅加强了沿海地区相互间的联系，也加强了中外间的沟通交往。汉代时的海上交通主要分为近海航运和远洋航运两部分。

近海航运是加强国内沿海各地交流的便利方式。在秦朝时，近海航运就已初具规模，在今渤海、黄海、东海、南海海域就已经有近海航运活动的开展，到汉代时，由于汉朝统治疆域广阔，临海地区面积大，海岸线长，具备近海航运的自然条件，且造船及航海技术也有所提高，因此近海航运更加繁荣。

在东北部沿海地区，即渤海及黄海北部海域，海上交通既可连接环渤海的广大地区，又可沟通朝鲜半岛及日本地区。在汉代，中日两国通过海上航运已经有了频繁的往来，贸易活动与政治朝贡都必须通过海上航运得到实现。东北部的近海航运承担了地区交流与中外交流的重要任务，频繁的海上往来也说明了汉代近海航运水平的发展与提高。

在东部与南部沿海地区之间，即今黄海、东海及南海北部海域，近海航运主要是加强沿海各地区间的相互联系，同时配合陆路交通与内河航运加强沿海地区与内陆地区的交流沟通。当时朝廷对东南沿海地区的统治管理也是需要借助海上航运来实现的，东南沿海地区的近海航运无论是在经济、政治还是军事上都发挥着重要的作用。

2. 水陆交通工具

到了汉代，舟车在结构、形制等方面都有了较大的发展，人们可以根据实际需要制造并选用不同种类的工具。在样式上也有更多的变化，变得更加美观、舒适、实用了。

（1）陆上交通工具

汉代的陆上交通工具以车为主，车按照不同的标准可以分为众多种类，如以拉车的动力划分，就可分为马车、牛车、人力推车等；按照乘车的姿势划分，就可分为坐乘的安车和立乘的立车；按照车辆的形制规模，可分为大车、小车等。车的种类繁多也说明汉代陆上交通工具在制造和使用上都达到了一个较高的水平。另外，汉代陆上交通工具还有舆轿，舆轿的使用丰富了陆上交通工具的种类，为人们在无法使用车辆时提供了其他便利的选择。

（2）水上交通工具

早在先秦时期，我国古人就已经制造出舟船一类的水上交通工具，到汉代时人们对舟船作用的认识更加深刻。汉代船的种类更加多样，人们可以依据不同的用途选择不同的船只，船的结构形制也更加丰富，有筏、独木舟及木板船等。

（二）汉人出行的心态与目的

1. 汉人的出行心态

出行既是人们日常生活的基本内容，又是汉代文学所表现的主要题材。从汉代的文学作品中，我们可以看到当时人们对出行的心态，了解到出行对汉代人的影响与意义。总的来说，汉代文学中所表现出来的时人对出行的心态可以分为以下三类：一是豪迈壮阔的遨游之心，二是艰难困苦的悲慨之心，三是威武华丽的显耀之心。

汉朝作为一个疆域辽阔的大一统国家，交通出行条件较前代又有所进步，因此人们对于远方异域有更多的向往，希望能克服交通上的局限，遨游四方，饱览各地名胜，拓宽眼界视野，表现出一种豪迈壮阔的遨游理想，对于出行也是充满热情与激情的。这种观念使得汉人对出行充满热情，司马迁的足迹就曾遍布大江南北，身为天子的汉武帝则更是喜爱巡游四方。道路交通的不便与自身局限并不能阻挡人们前行的脚步，更无法阻止人们渴望探寻未知的激情与纵横捭阖的想象。虽然汉代的交通出行条件较前代有所发展，但在现实生活中，出行对于普通民众来说仍是一件困苦之事，尤其是长途旅行更是凶险不易。

出行的困苦让人们难免慨然悲叹、思念故乡，当时诗歌中的感叹与悲戚无不诉说着游子漂泊的辛酸，充满了浓烈的思乡情怀，可见汉代人们对出行还是怀有一种悲愁哀伤之情的，出行的艰难困苦也让思乡之情有了更深切真实的内涵。

对于社会上层的权贵者来说，出行既可以游赏沿途美景，又可显耀自身的不凡地位，是权贵者极其喜爱的一项活动，威武的出行车马队伍、华丽精美的装饰，无不表现出出行者追求威武华丽的显耀之心。

权贵者的出行，尤其是祭祀等带有礼仪性质的出行，其声势规模都是普通百姓所不敢奢望的，前后导从、仪仗的拥簇，旌旗配饰的华美精致，众多车马的整齐行进，此种威武气派的出行场面是与底层百姓旅途饥寒困苦的出行图景完全相反的，两者差异极大，而在两者的对比之中则更可显示社会上层权贵者出行时威武华丽的显耀之心。

2. 汉人的出行目的

在汉代，人们出行的目的是比较多的，总体说来，可以分为三类：第一类是以生活为目的的出行，包括经商、求学、宦游等；第二类是以游乐为目的的出行；第三类是因军事战争需要的出行。

以生活为目的的出行是最为常见的，人们在经商、求学、宦游等过程中远走他乡，饱尝生活的艰辛与旅途的困苦，辛苦可想而知。不论学子本身家境如何，他们为了学习背井离乡长期不归，当中所经历的种种磨难自然是不少的。

学子求学的最终目的之一就是从政，中国古代士人一直将“太上有立德，其次有立功，其次有立言，虽久不废，此之谓不朽”作为自己的人生信条，因此在仕途上多积极进取，希望有所作为，但仕途中定会有官职的升降变动，辗转各地当是为官者的仕宦常态。

以游乐为目的的出行是轻松快乐的，出行是行乐的方式之一，人们在出行中追求身心的欢愉，逍遥自得。

因军事战争而出行是所有出行中最为不幸的，然而在汉代，尤其是武帝时期进行了多次大规模的征战，所涉及的参战人数巨大。一次戍田就动用了60万人，可以想象整个汉代因战争远离家乡的人数是多么庞大。边地条件艰苦，战争死伤难测，在外戍边作战的战士思乡之情尤为浓烈，而其中的行旅之苦也是格外深重。

出行作为人们生活中的一项必备内容，涉及道路、车舆、风俗等多方面，汉代文学家将这些方面都纳入其文学作品中，以记录众多出行事件，真实地反映当时的交通出行状况，并从中折射出汉人出行的心态，展现出汉代的出行文化。汉代出行文化具有丰富的内涵及多样的层次，它既有大一统时代的豪迈勇敢，充满热情与活力，又带有特定时代背景下的等级划分与严格的规范约束，同时还带有不同阶层、不同生存境遇下个人的细腻情感体验，呈现出多种多样而又鲜活真切的生动画面，成为人们日常生活中色彩绚丽的一部分，也为后世出行交通文化模式的建构打下了基础，确立了范本与雏形，在源远流长的文化长河中占有重要位置。

参考文献

[1] 周保平．悬象著明：汉代文物中的吉祥文化 [M]．北京：生活·读书·新知三联书店，2023．
[2] 冯建志，吴金宝，冯振琦．汉代音乐文化研究 [M]．开封：河南大学出版社，2009．
[3] 刘霄．汉代教育文化 [M]．郑州：河南文艺出版社，2008．
[4] 孙机．汉代物质文化资料图说 [M]．北京：文物出版社，1991．
[5] 李立．文化嬗变与汉代自然神话演变 [M]．汕头：汕头大学出版社，2000．
[6] 杨树增．汉代文化特色及形成 [M]．北京：人民出版社，2008．
[7] 魏鸿雁．汉代小说文献与汉代文化研究 [M]．北京：中国社会科学出版社，2013．
[8] 徐兴无．谶纬文献与汉代文化构建 [M]．北京：中华书局，2003．
[9] 李中华．神秘文化的启示：纬书与汉代文化 [M]．北京：中国书籍出版社，2014．
[10] 李少林．中华文化大观：汉代文化大观 [M]．呼和浩特：内蒙古人民出版社，2006．
[11] 王磊．汉代公羊学的“五始”诠释及义理价值 [J]．船山学刊，2024（1）：104−117．
[12] 张涛．互文与涵化：汉代杂舞的动态变迁及其理论阐释 [J]．艺术探索，2024，38（1）：79−86．
[13] 唐一丹．论汉代百戏之实与名 [J]．音乐探索，2024（1）：19−28．
[14] 李淑芳，梁培新．浅论汉代的童蒙教育 [J]．西部学刊，2024（1）：132−135．
[15] 许继起．汉代的乐府版图 [J]．艺术学研究，2024（1）：23−36．
[16] 王洪军．汉代“大一统”国家的文人精神与文学气象 [J]．哈尔滨工业大学学报（社会科学版），2024，26（1）：84−98．

[17] 任政．汉代瓦当装饰图案的文化内涵分析 [J]．美术教育研究，2023（24）：43–45．
[18] 张彬．汉代百戏之角抵戏、乐舞杂戏服饰研究 [J]．纺织高校基础科学学报，2023，36（6）：61–66．
[19] 王洪福．当代雕塑中的汉代雕塑元素转化：重塑历史与文化 [J]．雕塑，2023（6）：74–75．
[20] 宋昊．汉代四神图像在礼制建筑上的应用 [J]．文物天地，2023（12）：61–65．
[21] 王楠．汉代墓葬壁画中的天象图研究 [D]．石家庄：河北科技大学，2023．
[22] 王璐．汉代玉器设计伦理属性的当代价值研究 [D]．兰州：兰州财经大学，2023．
[23] 许中康．汉代诗歌对《诗经》的发展 [D]．信阳：信阳师范学院，2023．
[24] 王娅玲．汉代瓦当铭文中的篆刻艺术元素研究 [D]．成都：成都大学，2023．
[25] 马名闻．贾谊的政治思想与汉代政治实践研究 [D]．长春：吉林大学，2023．
[26] 任怡庆．汉代孝亲敬老法律文化及当代借鉴 [D]．沈阳：辽宁大学，2023．
[27] 李彤．两汉时期婚育礼俗研究 [D]．哈尔滨：黑龙江大学，2023．
[28] 陈树淑．汉代休闲生活研究 [D]．济南：山东大学，2022．
[29] 王娜．汉代画像石乐舞百戏图像研究 [D]．南京：南京艺术学院，2022．
[30] 耿君．汉代舞蹈审美文化研究 [D]．济南：山东师范大学，2021．